国家自然科学基金青年项目（71703153）资助

中国新型城镇化转型与治理：
效率增进、产业升级与绿色发展

Transformation and Governance of
New-type Urbanization in China:
Efficiency Improvement, Industrial Upgrading
and Green Development

于斌斌　著

中国财经出版传媒集团
经济科学出版社
Economic Science Press

图书在版编目（CIP）数据

中国新型城镇化转型与治理：效率增进、产业升级与
绿色发展/于斌斌著 . —北京：经济科学出版社，2020.6
ISBN 978 - 7 - 5218 - 1633 - 4

Ⅰ.①中⋯　Ⅱ.①于⋯　Ⅲ.①城市化－研究－中国
Ⅳ.①F299.21

中国版本图书馆 CIP 数据核字（2020）第 099342 号

责任编辑：赵　芳
责任校对：李　建
责任印制：李　鹏　范　艳

中国新型城镇化转型与治理：效率增进、产业升级与绿色发展
于斌斌　著

经济科学出版社出版、发行　新华书店经销
社址：北京市海淀区阜成路甲 28 号　邮编：100142
总编部电话：010 - 88191217　发行部电话：010 - 88191522
网址：www.esp.com.cn
电子邮箱：esp@ esp.com.cn
天猫网店：经济科学出版社旗舰店
网址：http://jjkxcbs.tmall.com
北京季蜂印刷有限公司印装
710×1000　16 开　14 印张　260000 字
2020 年 6 月第 1 版　2020 年 6 月第 1 次印刷
ISBN 978 - 7 - 5218 - 1633 - 4　定价：56.00 元
（图书出现印装问题，本社负责调换。电话：010 - 88191510）
（版权所有　侵权必究　打击盗版　举报热线：010 - 88191661
QQ：2242791300　营销中心电话：010 - 88191537
电子邮箱：dbts@ esp.com.cn）

序　言

改革开放 40 多年以来，中国经历了世界历史上规模最大、速度最快的城镇化进程，城镇化成就举世瞩目。从 1978 年到 2018 年，中国城镇化率已从 17.92% 提高到 59.58%，城镇化率年均提高达 1.04%，远高于世界同期平均水平，城市人口规模也从 1.72 亿人增长到 8.31 亿人，城市数量由 193 个增加到 657 个。① 但与发达国家相比，中国城镇化发展长期存在"要素依赖""投资驱动""城乡二元结构"等典型特征，从而引发了"伪城镇化""被城镇化""滞后城镇化""过度城镇化""土地城镇化""大城市病"、规模结构不合理、地区之间不平衡、城镇化建设管理落后等诸多问题。正因如此，中国城镇化发展的主旋律正由以城镇化率增长为核心的传统城镇化转向以高质量发展为导向的新型城镇化。与传统城镇化相比，新型城镇化建设是一个涉及人口、经济、社会和环境的复杂系统工程，是以民生、可持续发展和质量提升为内涵，以追求平等、幸福、转型、绿色、健康和集约为核心目标，以实现区域统筹与协调一体、产业升级与低碳转型、生态文明和集约高效、制度改革和体制创新为重点内容的崭新的城镇化过程。

现阶段，新型城镇化建设是实现中国现代化的必由之路，是实现"中国梦"的重要途径，更是实现经济发展方式转型升级的核心战略。在"供给侧结构性改革"的重大战略背景下，如何让新型城镇化建设成为加快中国产业结构战略性调整并实现经济高质量发展是一个现实需求和难解命题。本书作为国家自然科学基金青年项目"新型城镇化下中国经济增长路径研究：基于结构调整与效率提升的双重视角"（项目编号：71703153）的研究成果，正是围绕上述问题开展研究的。本书共由 7 章组成，从效率增进、产业升级和绿色发展三个视角切入，并运用空间计量方法和中国数据对新型城镇化的转型与治理进行了系统的实证研究。

第 1 章，新型城镇化的内涵特征与科学评价。首先，在传统城镇化模式与新型城镇化模式的比较分析基础上，根据新型城镇化的内涵特征，从经济、人口、

---

① 资料来源：《中国统计年鉴》。

社会和环境四个维度重新构建了新型城镇化的评价指标体系。其次，运用改进后的熵权法和中国省级层面的数据对新型城镇化进行了科学评价，并系统考察了中国新型城镇化水平的变化趋势以及区域和省际层面的差异与特征。

第2章，新型城镇化的效率来源：产业结构与空间结构。首先，借鉴产业集聚理论、新经济地理学等理论的最新研究成果，构建了一个关于产业结构和空间结构影响新型城镇化的理论分析框架，并分析了其中的作用机制与约束因素。其次，运用修正的 Super－SBM 方法测算了中国新型城镇化效率，并利用动态空间面板模型实证考察了产业结构和空间结构对新型城镇化效率的影响效应。研究发现，与产业间结构的服务化调整相比，产业内结构优化尤其是各行业生产率增长是新型城镇化效率提升的主要来源；在省域空间尺度上，多中心的城市空间结构更有利于新型城镇化效率提升。最后，进一步从区域差异、发展阶段和城市规模三个维度考察了产业结构和空间结构影响新型城镇化效率的异质性和机制，发现产业内生产率增长仍是新型城镇化效率提升的主要来源。

第3章，城市产业结构调整的效率评价：幅度与质量。首先，从幅度和质量两个维度评价了城市产业结构调整现状，并运用曼奎斯特指数对中国城市的能源效率进行了测度，进而考察城市产业结构调整与能源效率的特征事实及空间相关性。其次，运用空间杜宾模型和中国城市数据实证检验了产业结构的调整幅度和调整质量对能源效率的影响效应。研究发现，与产业结构调整幅度相比，产业结构调整质量更有利于促进中国城市能源效率提升，并存在显著的空间溢出效应，但这种影响作用及空间溢出效应受地区差异的约束。最后，进一步在实证模型中引入技术创新发现，由于中国科技成果转化率较低，与技术创新投入相比，技术创新产出的增加能显著促进中国城市能源效率的提升。

第4章，城市产业结构升级的动力转换：生产性服务业集聚。由于中国产业结构升级的动力已逐渐由制造业转换为服务业尤其是生产性服务业，本章将从产业结构升级、区域经济增长和能源效率增进三个维度考察生产性服务业集聚的作用机制。首先，构建了生产性服务业集聚与产业结构升级的理论分析框架，并运用中国城市数据和空间计量模型进行了实证检验，发现生产性服务业集聚通过 MAR 外部性、Porter 外部性和 Jacobs 外部性作用于产业结构升级，并受到城市规模的约束。其次，在 CES 函数中引入了生产性服务业集聚，并实证分析了生产性服务业集聚模式对区域经济增长的影响作用。研究发现，生产性服务业集聚的 Jacobs 外部性才是中国城市经济增长的主要动力，并存在明显的行业、地区和城市规模异质性。最后，生产性服务业集聚对能源效率的影响表现为，Jacobs 外部性不仅显著促进了本地区的能源效率提升，还存在明显的空间溢出效应，而生产性服务业集聚的 MAR 外部性则仅有利于本地区的能源效率增进。

第5章，城市产业结构升级的动力优化：金融集聚与外溢。金融业作为生产性服务业最重要的行业之一，不仅决定了生产性服务业水平和层次，还是城市产业结构优化升级最为关键的因素。首先，本章构建了一个关于金融集聚与产业结构升级的理论分析框架，发现金融集聚通过外部规模经济、资源配置、网络经济、创新激励等效应促进了产业结构升级。其次，金融集聚对产业结构升级存在明显的空间溢出效应，即可以更远距离、更大范围内服务于周边或其他地区的产业结构升级，从而不支持金融服务"地理学终结"的论断。最后，金融集聚对产业结构升级的影响及空间溢出效应受限于产业发展阶段和城市规模，尤其是随着工业化推进和城市规模扩张，金融集聚对产业结构升级的促进效应会更明显。

第6章，新型城镇化的生态效应：产能化解与节能减排。首先，根据新型城镇化的评价体系，本章从经济、人口、社会和环境四个维度分析了新型城镇化化解工业产能过剩的理论机制与影响路径。其次，选择空间计量模型和中国省级层面的数据对上述理论机制进行实证检验，发现新型城镇化建设能有效化解工业产能过剩，而且经济城镇化、人口城镇化、社会城镇化和环境城镇化对工业产能过剩的作用效应亦是如此。最后，进一步考察新型城镇化的节能减排效应发现，中国新型城镇化存在显著的"减排增效"的生态效应，即新型城镇化建设显著降低了污染排放，并且明显提高了能源效率。

第7章，新型城镇化的绿色治理：环境规制与经济绩效。首先，根据中国新型城镇化的内涵特征与绿色发展趋势，本章从创新效应、成本效应和壁垒效应三个维度构建了新型城镇化环境治理与经济绩效的理论分析框架，并分析了环境规制的生态效应与经济绩效。其次，对上述理论分析框架的实证检验发现，环境规制存在显著的"只减排、不增效"的生态效应，并且周边地区的环境规制强度增加，对本地区也产生"只减排、不增效"的生态效应。最后，进一步考察环境规制的产能化解效应发现，加强环境规制有利于化解工业产能过剩，并且作用路径主要是创新补偿效应，而遵循成本效应并不明显。

目　　录

第 1 章

新型城镇化的内涵特征与科学评价

经过改革开放的实践，现如今对城镇化新定位的高度，已超越了其曾被一些学者赋予的"扩大内需的战略性"意义。国务院总理李克强在政府工作报告中也明确提出，要推动"以人为核心的新型城镇化"，坚持走"以人为本、四化同步、优化布局、生态文明、传承文化的新型城镇化道路"。《国家新型城镇化规划（2014—2020 年）》亦指出，要按照尊重意愿、自主选择、因地制宜、分步推进，存量优先、带动增量的原则，以农业转移人口为重点，兼顾高校和职业技术院校毕业生、城镇间异地就业人员和城区城郊农业人口，把促进有能力在城镇稳定就业和生活的常住人口有序转为市民。"以人为核心"的城镇化模式强调以人的活动为中心，力图使城镇化与产业结构相配套、与生产效率提升相协调。既能保证人们的"安居乐业"，又能更好地带动周边地区甚至后发地区实现"新型城镇化"的可持续发展。这一模式尚处于探索阶段，却或将是具有中国特色的"新型城镇化"的本质与必然要求。在推进"供给侧结构性改革"的背景下，更应着力推进产业结构调整和生产率提升，从而促进消除经济发展和城镇化在区域间的"双重差异"，深度融入"一带一路"的建设，这是当前的现实需求和待解命题。

1.1　新型城镇化提出：产业结构变迁与内涵式发展

20 世纪 30 年代开始，一些学者便开展了对产业结构的定义、划分及其演化等方面的研究，如费希尔（Fisher，1935）的三次产业划分法、克拉克（Lark，1940）法则、库兹涅茨（Kuznets，1941）的产业结构划分、里昂惕夫（Leontief，1953）对美国经济体系结构的研究等。以配第—克拉克定律（1967）等为代表的经典产业结构理论为探究产业结构与城镇化相互关系提供了深厚的理论基础。

对产业结构与城镇化互动关系的定性研究大多以这些理论为基础，从某一特定产业入手，通过分析产业结构演进过程中该产业发展水平和地位的变化及其对城镇化的影响，阐述了产业结构与城镇化的互动机理。例如，钱纳里和塞尔昆（Chanery and Serquin，1988）提出了城镇化与工业化的发展模型，概括了城镇化与工业化之间的正相关关系。库兹涅茨（1989）认为工业化和城镇化的关系呈"S型"上升曲线。戴维斯和亨德森（Davis and Henderson，2003）、叶振宇（2013）等也以工业与城镇化为切入点探讨了产业结构与城镇化的关系。马歇尔（Marshall，1989）、干春晖和余典范（2003）则通过论述三次产业分别对城镇化的影响探讨了产业结构变动的城镇化效应。与以定性为主的理论研究相比，更多的文献集中于利用数量经济、计量经济方法进行经验研究，以真实反映和更具针对性地分析某一地区、具体时期的产业结构与城镇化的互动关系。尽管大多数学者的研究表明在现实经济发展中，产业结构的演变与城镇化的发展确实是一个互相促进的过程（Henderson，2003；杨文举，2007），但也有一些文献通过研究发展中国家特有的城镇化进程得出城镇化对产业结构升级存在负面影响的结论。例如，有些学者认为，发展中国家在城市化过程中创新能力较低，难以推动新兴产业的发展，甚至会使第三产业发展畸形化，从而不利于推动产业升级（Farhana et al.，2012；郑有国和魏禄绘，2013）。

总结上述学者既往研究所取得的成果，可以作出以下基本判断：产业是城镇化发展的基础，城镇化是产业发展的载体。产业结构与城镇化之间可以形成良性的互动，即产业结构的优化升级有利于推动城镇化转型发展和质量的提高（钱纳里和赛尔昆，1988；Marshall，1989；郭克莎，2002；陈立俊和王克强，2010），而城镇化发展质量的提升又有利于产业结构升级与布局优化（Carter，1988；叶振宇，2013）。但这种良性互动机制的发挥必须以产业结构和城镇化的适度协调为基础，否则会相互制约（杨立勋和姜增明，2013）。例如，中国城镇化的滞后与工业化的超前就制约了两者的发展（苏卫东，2012）。然而，要素流动机制的健全就有助于发挥产业与城镇化的互促共进效应（Au and Henderson，2006）。

随着国家高度重视和关注新型城镇化，新型城镇化建设已然成为引领产业结构升级与经济可持续增长的新途径和新动力。

首先，新型城镇化能够为产业提供广阔的空间载体，通过消化过剩产能，吸纳剩余劳动力转移，促进了产业分工和重组，加速了产业协同集聚，最终推动产业结构优化升级。国内相关研究认为，新型城镇化能推动农业现代化，实现农业生产向高附加值产业转变，这不仅提升了第一产业的发展质量，还深化了工业化分工以及提升了产业发展层次（仇保兴，2012；任远，2014）；新型城镇化还可以推动工业向集约循环、创新驱动等方向发展，进而实现制造业升级与新型工业化（倪鹏飞，2013）；不仅如此，新型城镇化能促进产业结构转型与可持续发展，在此过程中推动互联网等高新技术产业、生产性服务业以及绿色产业的成长，从而为产业的创新转型与升级打下了基础（魏后凯和关兴良，2014；辜胜阻和李睿，2016）。

其次，新型城镇化加快了人力资本积累、知识外溢和相互交往，为产业发展提供了技术创新的源泉，从而推动了整个产业体系生产率的提升。迪朗东和蒲格（Duranton and Puga，2001）提出"技术池"观点，认为城镇化进程中所形成的专业化（交易成本和劳动力成本更低）、多样性（金融、科研、公共服务等）可以为企业提供更多的技术选择机会来改造生产流程，进而影响企业的规模生产、资本外溢、区位选择和技术匹配。迈克尔等（Michael et al.，2012）通过对世界城镇化进程的研究发现，城镇化为产业生产率增进提供了强大的动力支持，其主要是通过产业集聚尤其是现代新型产业的协同集聚，使生产技术复杂水平和创新能力显著提高，从而推动了产业生产率的快速提升（沈坤荣和腾永乐，2013）。孙叶飞等（2016）研究发现，新型城镇化可以通过"选择效应"来促进产业结构调整和提升企业生产率。

从新型城镇化与传统城镇化之间的内涵差异出发，新型城镇化的特征可以被归纳为以下四点（单卓然和黄亚平，2013；张占斌，2013；赵永平和徐盈之，2015）。

第一，新型城镇化的核心是人的城镇化，要求实现人的全面发展。在传统城镇化发展道路中，地方政府片面地追求城市建成区规模和人口规模扩张，而新型城镇化更注重以人为本，不是简单的户籍非农化或农民"身份市民化"，而是要求城乡居民享受公平的公共服务，完善社会保障制度，实现农民"权益市民化"，即提升城市文化水平和宜居程度，提高劳动力素质，实现人民生活水平、生活方式、思想观念和角色意识的全面转变。

第二，新型城镇化是注重质量水平提升的内涵式发展。传统城镇化道路是强调数量规模扩张的外延式发展，追求发展速度而轻视质量，是以牺牲生态换取经济增长的粗放型发展。新型城镇化道路则更重品质，要求由依靠廉价劳动力和土地资源的要素驱动转向创新驱动，优化升级产业结构，提高资源配置效率，发展低碳、循环经济，加强生态文明建设，重视环境效益，实现可持续发展。

第三，新型城镇化是大、中、小城市和小城镇均衡发展，优化空间布局。传统城镇化政策更多地向大城市倾斜，中、小城市发展相对滞后。新型城镇化道路则要求加快健全中、小城市和重点小城镇的基础设施，合理控制大城市扩张速度，引导人口和产业集聚，形成大、中、小城市、小城镇和农村新型社会均衡合理的发展体系，优化城镇地理空间布局。

第四，新型城镇化的目标是实现城乡一体化发展。传统城镇化道路在一定程度上忽视了农村发展，导致城乡差距拉大，不利于社会公平。新型城镇化要求破除长期存在的城乡二元思维定式，强调城乡协调发展，大力发展现代农业，保障粮食安全，加强新型农村社区建设，充分利用农村闲置资源和土地，改善农村居民生活质量。合理规划城乡关系，推进城乡基础设施、公共服务均等化，实现城乡要素和公共资源配置均衡，形成有序的城乡发展格局。

1.2 新型城镇化的评价体系构建

新型城镇化不仅表现在单纯的经济城镇化、人口城镇化，最主要是推进"以人为本"的高质量城镇化，这必然涉及社会、生态、创新、城乡一体等诸多内容。在对新型城镇化的内涵与特征深刻理解的基础上，借鉴国内外关于新型城镇化评价的相关研究成果，遵循科学性、导向性、可比性、可操作性等原则，从不同维度综合考虑，弱化总量指标，建立了由经济城镇化、人口城镇化、社会城镇化、环境城镇化 4 个系统层 30 个指标构成的新型城镇化评价体系（见表 1-1）。

表 1-1 新型城镇化评价体系

目标层	系统层	指标	单位	类型
新型城镇化水平	经济城镇化	人均地区生产总值	元/人	+
		单位地区生产总值的固定资产投资额	元	−
		城镇居民人均可支配收入	元	+
		研究与开发（R&D）经费支出占地区生产总值的比重	%	+
		单位地区生产总值能耗	吨标准煤/万元	−
		第二产业占地区生产总值的比重	%	+
		第三产业占地区生产总值的比重	%	+
	人口城镇化	城镇人口比重	%	+
		城镇人口密度	人/平方千米	+
		每十万人高等学校在校学生人数	人	+
		城镇居民家庭人均消费支出	元	+

目标层	系统层	指标	单位	类型
新型城镇化水平	人口城镇化	城镇登记失业率	%	−
		第二产业单位从业人员占总就业人口的比重	%	+
		第三产业单位从业人员占总就业人口的比重	%	+
	社会城镇化	城镇人均道路面积	平方米/人	+
		每万人拥有公共交通车辆数	辆/万人	+
		教育经费占地区生产总值的比重	%	+
		每千人口医疗卫生机构床位数	张/千人	+
		城镇职工基本养老保险参保人数占总人口的比重	%	+
		城镇职工基本医疗保险参保人数占总人口的比重	%	+
		城乡居民家庭恩格尔系数之比	——	−
		城乡居民消费水平之比	——	−
	环境城镇化	工业 SO_2 排放量	万吨	−
		工业废水排放量	万吨	−
		城市生活垃圾无害化处理率	%	+
		工业固体废物综合利用率	%	+
		工业污染治理投资额占工业总产值的比重	%	+
		人均公园绿地面积	平方米/人	+
		建成区绿化覆盖率	%	+
		自然保护区占辖区面积比重	%	+

（1）经济城镇化。城镇化既是经济发展的动力，也是经济发展的结果。而新型城镇化积极倡导经济发展要集约高效，有效推动产业结构优化升级，尤其突出"创新驱动"对经济发展的贡献。因此，选取了人均地区生产总值、单位地区生产总值的固定资产投资额、城镇居民人均可支配收入、研究与开发（R&D）经费支出占地区生产总值的比重、单位地区生产总值能耗、第二产业占地区生产总值的比重、第三产业占地区生产总值的比重 7 项指标。

（2）人口城镇化。城镇化最直接的现象和结果就是人口从农村向城市的集聚过程以及由此对经济社会发展产生的影响。而新型城镇化不仅关注城市化率和城市人口密度，更加强调人口素质结构、充分就业状况和人民生活水平，以反映"内涵式"的城镇化发展理念。因此，选取了城镇人口比重、城镇人口密度、每十万人高等学校在校学生人数、城镇居民家庭人均消费支出、城镇登记失业率、第二产业单位从业人员占总就业人口的比重、第三产业单位从业人员占总就业人口的比重7项指标。

（3）社会城镇化。如何让更多的人享受经济发展和社会公共服务带来的福利以及实现"农民市民化"是解决传统城镇化社会问题的主要任务。而以基础设施完善、公共服务均等化、社会保障体系健全、城乡一体化为表征的社会城镇化，能塑造公平、和谐的社会环境，提高城市综合承载能力，这也是推进"以人为本"的新型城镇化的重要内容。因此，选取了城镇人均道路面积、每万人拥有公共交通车辆数、教育经费占地区生产总值的比重、每千人口医疗卫生机构床位数、城镇职工基本养老保险参保人数占总人口的比重、城镇职工基本医疗保险参保人数占总人口的比重、城镇居民家庭恩格尔系数之比、城乡居民消费水平之比8项指标。

（4）环境城镇化。生态环境是城镇化可持续发展的重要保障，也是城乡居民生产、生活的重要载体。新型城镇化强调经济、社会、环境的协调发展，以资源循环利用、生态空间优美、生活环境宜居为表征，充分考虑城镇化发展的资源与环境承载能力。因此，选取了工业 SO_2 排放量、工业废水排放量、城市生活垃圾无害化处理率、工业固体废物综合利用率、工业污染治理投资额占工业总产值的比重、人均公园绿地面积、建成区绿化覆盖率、自然保护区占辖区面积比重8项指标。

对于新型城镇化评价体系的指标权重赋值，采用改进的熵权法来确定指标权重[①]。改进的熵权法不仅避免了主观赋权法的主观因素干扰，还在熵权法的基础上增加了对指标差异性的评价，从而使评价结果更准确且更符合现实。假设有 m 个对象，n 项评价指标，则 α_{ij} 表示第 i 个对象的第 j 项指标值。由于指标体系中各指标的量纲和正负取向都存在差异，需要对原始数据进行标准化处理。

正向指标的处理方法为：

$$\bar{x}_{ij} = \frac{\alpha_{ij} - \min(\alpha_{ij})}{\max(\alpha_{ij}) - \min(\alpha_{ij})} \tag{1-1}$$

---

① 熵权法是一种客观赋权法，其利用模糊综合评价矩阵和输出熵来确定各指标的权系数。某项指标的指标值离散程度越大，熵值越小，说明该指标所提供的有效信息量越大，其权重也就越大，反之亦然。

逆向指标的处理方法为：

$$\bar{x}_{ij} = \frac{\max(\alpha_{ij}) - \alpha_{ij}}{\max(\alpha_{ij}) - \min(\alpha_{ij})} \qquad (1-2)$$

由于标准化后指标值会出现 0，不利于后面的计算，因而通过 $x_{ij} = 1 + \bar{x}_{ij}$ 对标准化指标进行坐标平移。接下来，计算第 i 指标值在第 j 项指标中所占的比重：

$$p_{ij} = x_{ij} / \sum_{i=1}^{m} x_{ij} \qquad (1-3)$$

计算第 j 项指标的熵值：

$$e_j = -(\ln m)^{-1} \sum_{i=1}^{m} (p_{ij} \ln p_{ij}) \qquad (1-4)$$

计算第 j 项指标的权重：

$$w_j = (1 - e_j) / \sum_{j=1}^{n} (1 - e_j) \qquad (1-5)$$

式中，$1 - e_j$ 是第 j 项指标的差异性系数。

依据上述计算，可以得到新型城镇化综合指数：

$$Urban_i = \sum_{j=1}^{n} w_j x_{ij} \qquad (1-6)$$

1.3　新型城镇化的特征事实分析

根据上述评价和测度方法，可以得到中国新型城镇化水平的测算结果（见图 1-1、图 1-2）。关于数据来源，除西藏自治区大量数据缺失以外，选择了中国 30 个省（自治区、直辖市）的面板数据作为样本进行实证分析①，主要来源于 2005~2016 年《中国统计年鉴》《中国城市统计年鉴》《中国工业统计年鉴》《中国环境统计年鉴》《中国能源统计年鉴》《中国科技统计年鉴》《中国社会统计年鉴》《中国人口和就业统计年鉴》、各省（自治区、直辖市）"统计年鉴" 以及高校财经数据库。

从整体性特征来看，在 2004~2015 年，中国新型城镇化水平呈现出渐进式上升趋势，而且均在 2014 年出现了先下降后上升的 "拐点"。究其原因主要在于，中国经济社会发展在 2014 年进入了以 "三期叠加"（增长速度换挡期、结构调整阵痛期和前期刺激消化期）为特征的 "经济新常态"，并于 2015 年针对

---

① 本书研究不包括香港、澳门、台湾的数据。

经济发展质量和城市工作提出"供给侧结构性改革"的重大发展战略以化解这些矛盾和难题。

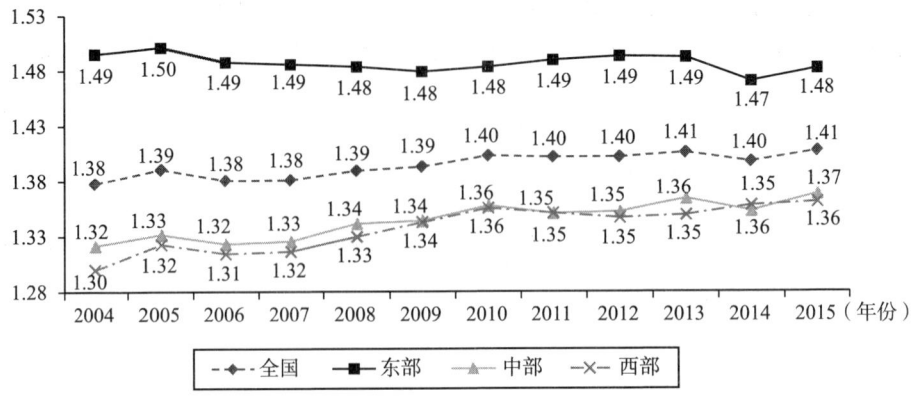

图1-1 中国新型城镇化发展水平的变化趋势

为了分析中国区域之间的差异，将北京、天津、河北、辽宁、上海、江苏、浙江、福建、山东、广东、海南11个省份作为东部地区，把山西、内蒙古、吉林、黑龙江、安徽、江西、河南、湖北、湖南9个省份作为中部地区，把广西、重庆、四川、贵州、云南、陕西、甘肃、青海、宁夏、新疆10个省份作为西部地区①。从区域差异上看，中国新型城镇化水平表现出"东＞中＞西"梯度递减的分布格局；东部地区的新型城镇化水平明显高于全国平均水平及中、西部地区，而中、西部地区的新型城镇化水平又显著低于全国平均水平。这主要由中国长期采取区域非均衡发展战略的制度安排所致，使东部地区在经济基础、产业发展、人口集聚、基础设施以及财政、投资、贸易、教育、科技等政策环境方面都领先于中、西部地区。

中国新型城镇化存在较大的省际差异。从图1-2中可以看出，中国新型城镇化发展水平遥遥领先的是北京、上海和天津，居全国前三位，浙江、广东和江苏三个省份的表现也较为突出，而河北、广西和贵州则相对落后，居全国后三位。这说明新型城镇化发展质量与经济发展水平密切相关，因而由经济发展带来的人口集聚、公共服务和环境治理也表现优异。

① 本书关于东、中、西部三个地区的划分，均以此为标准。

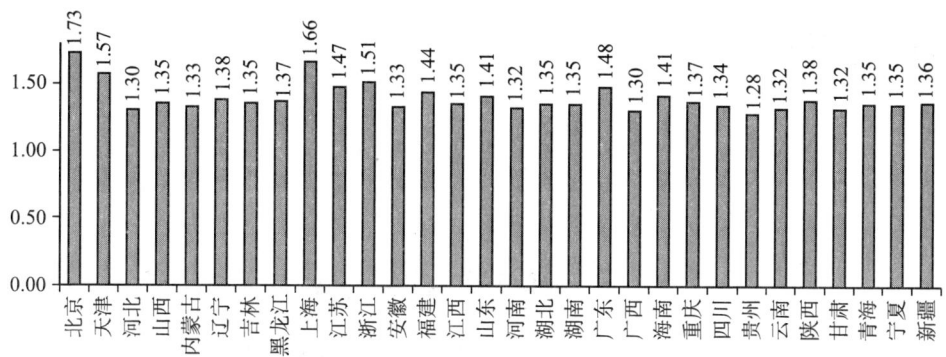

图 1－2　2004～2015 年中国新型城镇化发展的平均水平

第 2 章

新型城镇化的效率来源：
产业结构与空间结构

改革开放以来，中国城镇化快速推进并取得了举世瞩目的成就，城镇化率从1978 年的 17.92% 提高到 2018 年的 59.58%，城市数量也从 1978 年的 193 个增加至 2018 年的 657 个（人口超过百万的城市数量已达 102 个）。但与发达国家相比，中国城镇化发展长期存在"要素依赖""投资驱动""城乡二元结构"等典型特征，引发了"伪城镇化""被城镇化""滞后城镇化""过度城镇化""土地城镇化""大城市病"、规模结构不合理、地区之间不平衡、城镇化建设管理落后等诸多问题（戴永安，2010；Gu et al.，2012；简新华等，2013；薛德升和曾献君，2016；金浩等，2018）。这些问题的根源可归结为城镇化进程中产业结构和空间结构的"双重失衡"，而破解上述难题的关键在于提高城镇化效率，即以较低的劳动力、资本、土地、能源、环境等要素投入，获得最大化的经济、社会、生态效益。因此，在未来很长一段时期内，中国城镇化发展的主旋律将由以城镇化率增长为核心的传统城镇化转向以质量内涵为导向的新型城镇化，而提升城镇化效率是实现城镇化由粗放推进向高质量发展跨越的"桥梁"。

那么，如何有效提升城镇化效率？大多数研究聚焦于城镇化要素投入的配置效率，往往忽视了城镇化过程中产业结构和空间结构对于要素配置效率的决定性作用。近年来，一些文献研究表明，城镇化效率在不同的产业结构和空间结构上均表现出显著的差异性（Zoppi and Lai，2011；Brezzi and Veneri，2014；范建双等，2015；刘修岩等，2017）。这带来的思考是，到底怎样的产业结构和空间结构有利于城镇化效率提高？《国家新型城镇化规划（2014—2020 年）》对此有针对性的阐述，即中国城镇化发展要集约节约土地利用，强化产业支撑和优化产业结构，促进大中小城市与小城镇协调发展、互促共进。需要指出的是，现有政策对于提升城镇化效率具有明确的目标指向，但对产业结构调整和空间结构布局的有效性缺乏相应的理论和实证支撑。一方面，产业结构调整引发了生产要素在不同部门的转移和重组，而这种重新配置效应是否提高了城镇化效率，取决于产业结构调整的方向和效果；另一方面，虽然政策导向是将中、小城市和小城镇作为下一步人口转移与集聚的首选之地，但单中心城市还是多中心城市的空间结构有利于城镇化效率提升，也需要进一步的实证检验。因此，深入分析产业结构与空间结构对城镇化效率的影响效应，挖掘城镇化失衡的深层机制，对于新型城镇化高质量发展具有重要的现实意义。

2.1　理论机制分析

城镇化效率作为城镇化高质量发展的重要衡量标准，越来越受到学术界的关注。《中国经济周刊》和中国社会科学院城市发展与环境研究所于 2013 年联合发布的《中国城镇化质量报告》指出，城镇化效率是一个判断城镇化优劣的综合指标，特指城镇化各要素的发展质量、协调程度和推进效率。已有文献也从不同视角对城镇化效率的内涵进行了阐释。例如，范建双等（2015）指出，城镇化效率反映的是城乡投入要素的配置效率和产出效率，是衡量城镇化进程中要素投入—产出比的指标；魏后凯等（2017）则认为，城镇化效率应体现可持续发展理念，主要是指城镇化进程中劳动力、资本、土地、能源、环境等资源要素的使用效率，只有低成本、高效率的城镇化才能实现城镇化高质量、可持续发展。对于城镇化的驱动因素，乌达尔（Udall，1980）和马歇尔（1984）进行了较早关注，并指出国家政策、教育水平、交通条件等因素加快了城镇化进程。而对于中国城镇化的推进，李培（2007）则以中国 216 个城市为样本，利用因子分析法和空间计量方法分析了中国城市经济增长的效率，结果显示，地理位置、产业结构、要素投入和市场化水平是影响城镇化推进的重要因素。但需要指出的是，城镇化的驱动因素并非是城镇化效率的提升来源，这也是关注城镇化率的传统城镇化与注重城镇化质量的新型城镇化在认识上的差异。由于产业和空间是城镇化要素资源配置的基础和载体，因而产业结构升级和空间布局优化可能才是中国新型城镇化效率提升的源泉（见图 2 - 1）。

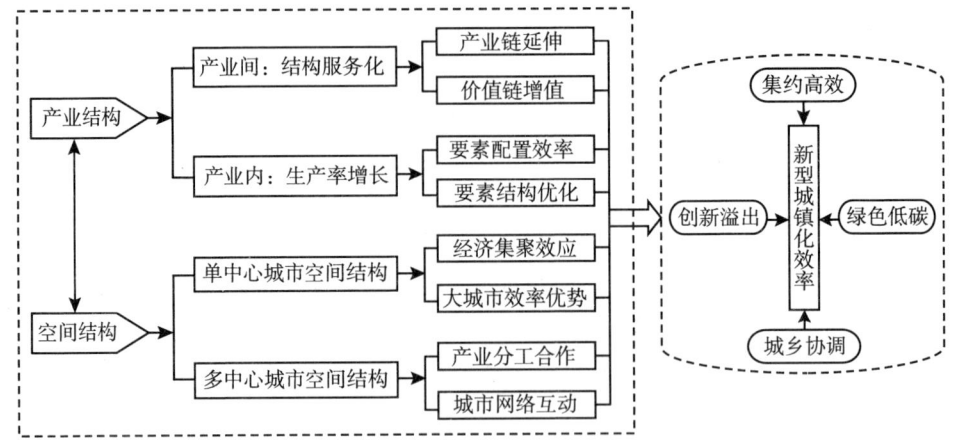

图2－1　产业结构与空间结构对新型城镇化效率的作用机制

　　关于产业结构调整对城镇化效率的影响作用，最早可以追溯到产业结构与城镇化发展之间的关系研究，其主要以配第—克拉克定律等为代表的经典产业结构理论为基础。其中，库兹涅茨（1966）早就指出，产业结构变动的城镇化效率是由产业属性的差异引起的，而且消费结构也会通过产业结构作用于城镇化。钱纳里等（1986）提出了工业化与城镇化的互动模式，即随着经济发展水平的提高，工业化推动了产业结构不断优化，带动了城镇化水平的持续上升。卡特（Carter，1988）、马歇尔（1989）在钱纳里等分析的基础上，从城市系统创新的视角发现，产业结构和产业政策是城镇化初、中期阶段的主要动力。戴维斯和亨德森（2003）认为，主导产业由农业向工业和服务业变迁带来的经济集聚效应是促进城镇化发展的重要因素。莫雷蒂（Moretti，2010）则以美国1980～2000年的人口普查数据为样本研究了产业结构升级的城镇化效应，发现制造业的就业岗位每增加1单位就能创造非贸易部门就业岗位1.6个单位，这一乘数效应在高新技术产业的作用尤为明显。国内学者对以上问题的研究起步较晚，主要以中国整体及典型区域为研究对象，从就业结构、金融深化、城乡差距、科技创新、经济增长等维度分析了产业结构调整对城镇化发展的影响效应（工业化与城市化协调发展研究课题组，2002；蒙荫莉，2003；陆铭和陈钊，2004；程开明和李金昌，2007；中国经济增长与宏观稳定课题组，2009；于斌斌和金刚，2014）。通过对上述文献的梳理可知，产业结构调整的城镇化效应主要遵循两种路径：一方面，主导产业在三次产业的演替表现为产业结构的"二产化"到"三产化"，引致了城镇化由初级阶段向高级阶段跃迁；另一方面，主导产业内部的结构调整与升级，加快了产业链的延伸和价值链的增值，并在产业内部形成了制造业"服务化"和服务业"制造化"的新发展趋势，从而推动城镇化进入"产城融合"阶段。

　　产业结构调整促进了城镇化效率提升吗？对此，多数研究聚焦于产业结构调整对生产率增长的影响作用。哈伯格（Harberge，1998）拓展了索罗经济增长模型的核算框架，将全要素生产率增长分解为要素配置效应和行业生产率增长效应两部分，提出了要素资源从低生产率部门向高生产率部门配置的"蘑菇效应"，从而开创了实证研究产业结构影响生产率的先河。蒂默和西尔迈（Timmer and Szirmai，2000）则以亚洲四国的制造业为研究对象，采用偏离—份额分析法证明产业结构调整对生产率存在"结构红利"。随后，很多学者对其方法进行了大量的验证和推广，重点围绕产业结构调整对生产率增长的"结构红利"进行了实证检验，但所得到的结果都不尽相同。其中，以中国特征事实为对象的研究结论分化成了两类观点：（1）产业结构调整对生产率存在"结构红利"。张军等（2009）采用随机前沿方法（SFA）对中国工业行业的全要素生产率进行分解，发现工业细分行业之间的产业结构调整提升了工业全要素生产率；赵春雨等（2011）则利用数据包络分析法（DEA）测算了中国 8 大工业部门和工业分行业的全要素生产率，结果显示，劳动要素在行业内的配置效率促进了生产率增长。（2）产业结构调整对生产率的"结构红利"不显著或不存在。李小平和卢现祥（2009）实证检验了中国制造业在 1985～2003 年的结构变迁与生产率增长之间的关系，其研究结论并不支持产业结构调整对生产率增长存在"结构红利"；曾先峰和李国平（2011）则检验了中国工业在 1985～2007 年的结构变迁与生产率增长之间的关系，发现中国工业生产率增长主要来源于工业自身全要素生产率的增长，而"结构红利"作用并不显著。

　　空间结构作为资源、要素和经济活动在空间上的组织和分布状态，是城镇化效率提升过程中容易被忽视的一个决定性因素。根据中心城市的职能定位和经济（人口）规模，城镇化空间结构可以分为单中心（monocentricity）和多中心（polycentricity）两种模式。纵观现有文献，经济集聚效应和大城市效率优势为单中心空间结构对城镇化效率的影响提供了两个重要的研究视角。其中，经济集聚效应的有效范围一般被限定在单个地理单元（城市）内部，通常围绕微观—产业（micro-industry）的视角展开（Camagni et al.，2015）。从城市层面来看，经济集聚效应主要通过共享（市场风险分担与基础设施共享）、匹配（劳动力市场匹配）和学习（厂商或个人面对面的交流学习）三种机制影响企业的区位选择、资本外溢、市场规模和技术匹配，进而作用于城镇化效率，这类似于迪朗东和蒲格（2001）与王（Wang，2003）针对城市集聚经济提出的"技术池"和"市场区”的观点。另外，经济（人口）密度大的城市具有"大城市生产率优势"，其主要来源于集聚、选择和群分三种效应（张国峰等，2017）。除上述集聚效应外，大城市中的企业竞争程度较周边中、小城市更加激烈，并通过优胜劣汰的市场机制将生产率较低的企业淘汰出局，进而只有生产率较高的企业保留下来，这就是新新经济地理学提出的"选择效应"（Melitz，2003；Syverson，2004；Melitz and Ottaviano，2008）。有本有元等（Arimoto et al.，2014）和李晓萍等（2015）的研究也发现，大城市的生产率水平明显高于外围地区，企业生产率存在显著的"左断尾"分布特征。而群分效应的存在形式及对城镇化的作用效应并未得到一致的研究结论。鲍德温和奥库卢（Baldwin and Okulo，2006）、高伯特（Gaubert，2018）的研究结果显示，高效率企业更愿意迁往大城市，而低效率企业则会选择周围小城市。福冈等（Fukao et al.，2011）通过日本制造业的普查数据发现，因小城市在劳动力、土地等要素价格方面存在明显的比较优势，高效率企业为降低生产成本更愿意在小城市设置新厂。福斯利德和奥库博（Forsdlid and Okubo，2015）则发现中等效率企业愿意留在大城市，而高效率企业更愿意选择小城市，原因在于中等效率企业受运输成本的制约更大。

与单中心城镇化空间结构相比，多中心空间结构可以改善单中心空间结构所引发的拥挤效应，通过优化空间结构布局，进而影响城镇化效率（魏守华等，2016；刘修岩等，2017）。动态集聚经济理论指出，当一个城市的经济（人口）规模达到一定阈值后，拥挤效应将占主导并阻碍生产率增长（Fujita and Ogawa，1982）。亨德森（2003）从城市系统的视角发现，每个城市都存在一个最优规模，即在达到最优规模之前，集聚效应有利于城市绩效增长，而在超过最优规模之后，就会出现拥挤效应并对城市绩效产生不利影响。迈耶斯和伯格（Meijers and Burger，2010）分析了美国多中心空间结构的经济绩效，也发现多中心空间结构能显著提高生产效率。通过文献整理发现，多中心空间结构对城镇化效率的影响可概括为两条途径：（1）产业分工合作效应。对于一个多中心空间结构的城市体系而言，资源要素在各层次城市间的合理分工与优化配置使城市间的竞争状态由"零和博弈"演变为"合作博弈"，促进了中心城市相关产业在体系内的有序转移与转型升级。这不仅有效避免了资源过度集中所造成的效率损失，还能通过要素流通带动体系内中、小城市的发展。迪朗东和蒲格（2001）也指出，在城市分工体系中，中心城市主要扮演着创新型产业孵化器的功能，而专业化的中、小城市则是成熟产业的生产集聚地，其目的是降低企业的生产成本。（2）城市网络互动效应。一个多中心空间结构有助于形成一个联系紧密、交流密切的城市网络，从而大大促进了城市间劳动力、资本、信息、知识等要素的交流与合作

（Glaeser et al.，2016）。菲尔普斯和小泽（Phelps and Ozawa，2003）认为，多中心空间结构可以让内部的城市共享集聚经济的溢出效益，而且随着交通设施的完善，多中心空间结构会实现对单中心空间结构的完全替代，并有利于缩小地区之间的收入差距（Jahansson and Quigley，2004）。迈耶斯和霍格尔鲁格（Meijers and Hoogerbrugge，2016）则对阿隆索（Alonso，1973）提出的"借用规模"（borrowed size）进行了验证，发现"借用规模"来源于多中心空间结构的城市网络，而城市网络互动也可以对单中心空间结构的集聚效应进行替代。卡马尼（Camagni，2015）利用欧洲 136 个城市的数据对"借用规模"进行了静态和动态检验，也发现"借用规模"导致的多中心空间结构是现实存在的。

2.2　新型城镇化效率测度

2.2.1　测算方法

城镇化与工业化相伴相生，这一过程带来了能源过度消耗、土地资源退化、生态环境破坏等诸多问题，因而环境约束日益成为新型城镇化效率提升的制约因素。对于新型城镇化效率的测算，现有研究大都忽视了环境因素的重要性。本章将在包含非期望产出的 SBM 模型基础上，进一步采用戈麦斯·卡尔维特等（Gómez-Calvet et al.，2014）提出的 Super-SBM 模型，并通过求解最优化问题得到超效率值。假设有 L 个决策单元（Decision Making Unit，DMU），要素投入集、期望产出集和非期望产出集可分别表示为 $X = [x_1, \cdots, x_L] \in \mathfrak{R}_+^{m \times L}$，$Y^g = [y_1^g, \cdots, y_L^d] \in \mathfrak{R}^{s_1 \times L}_+$ 和 $Y^b = [y_1^b, \cdots, y_L^b] \in \mathfrak{R}_+^{s_2 \times L}$。可行生产技术集表示为：

$$T = \left\{ (x, y^g, y^b) \mid x \geqslant \sum_{j=1}^{L} \lambda_j x_j, \, 0 \leqslant y^g \leqslant \sum_{j=1}^{L} \lambda_j y_j^g, \right.$$

$$\left. y^b \geqslant \sum_{j=1}^{L} \lambda_j y_j^b, \, l \leqslant e\lambda \leqslant \mu, \, \lambda \geqslant 0 \right\} \qquad (2-1)$$

在上述生产技术集的基础上，包含非期望产出的 SBM 模型可以通过如下计算方法得到效率值：

$$\rho^* = \min_{(\lambda, s^-, s^g, s^b)} \left\{ \frac{1 - \dfrac{1}{m} \sum_{i=1}^{m} s_i^- / x_{i0}}{1 + \dfrac{1}{s_1 + s_2} \left(\sum_{r=1}^{s_1} \dfrac{s_r^g}{y_{r0}^g} + \sum_{k=1}^{s_2} \dfrac{s_k^b}{y_{k0}^b} \right)} \right\}$$

$$\text{s. t.} \quad x_0 = X\lambda + s^-$$
$$y_0^g = Y^g\lambda - s^g$$
$$y_0^b = Y^b\lambda + s^b$$
$$s^- \geqslant 0, \ s^g \geqslant 0, \ s^b \geqslant 0, \ l \leqslant e\lambda \leqslant u, \ \lambda \geqslant 0 \qquad (2-2)$$

式中，$s^- \in \Re_+^m$ 和 $s^b \in \Re_+^{s_2}$ 分别表示投入和非期望产出过剩，$s^g \in \Re_+^{s_1}$ 表示产出损失。ρ^* 为最优化问题的解，其取值范围为 $0 \leqslant \rho^* \leqslant 1$。当 $\rho^* = 1$ 且 $s^- = s^b = s^g = 0$ 时，说明被评价的决策单元有效，否则被评价单元需在投入产出上改进，提高效率。上述最优化问题可以通过 Charnes – Cooper 变换转化为等价的线性规划问题：

$$[\text{LP}]\tau^* = \min_{(t, \Lambda, S^-, S^g, S^b)} \left\{ t - \frac{1}{m}\sum_{i=1}^{m} S_i^- / x_{i0} \right\}$$
$$\text{s. t.} \quad 1 = t + \frac{1}{s_1 + s_2}\left(\sum_{r=1}^{s_1} \frac{S_r^g}{y_{r0}^g} + \sum_{k=1}^{s_2} \frac{S_k^b}{y_{k0}^b} \right)$$
$$x_0 = x\Lambda + S^-$$
$$y_o^g t = Y^g\Lambda - S^g$$
$$y_o^b t = Y^b\Lambda + S^b$$
$$S^- \geqslant 0, \ S^g \geqslant 0, \ S^b \geqslant 0, \ \Lambda \geqslant 0, \ t > 0 \qquad (2-3)$$

式中，$\Lambda = t\lambda$，$S^- = ts^-$，$S^g = ts^g$，$S^b = ts^b$。此时，该最优化问题的解 $\tau^* = \rho^*$ 即为考虑非期望产出的效率值。但在实际应用中，SBM 有效的决策单元通常不止一个。为此，借鉴托恩（Tone，2002）的思想，采用戈麦斯·卡尔维特等（2014）提出了包含非合意产出的 Super – SBM 模型，定义排除了一个决策单元的有限可行生产技术集为：

$$T \backslash (x_0, y_0^g, y_0^b) = \left\{ (\bar{x}, \bar{y}^g, \bar{y}^b) \ \middle|\ \bar{x} \geqslant \sum_{\substack{j=1 \\ j \neq 0}}^{L} \lambda_j x_j, \ 0 \leqslant \bar{y}^g \leqslant \sum_{\substack{j=1 \\ j \neq 0}}^{L} \lambda_j y_j^g, \right.$$
$$\left. \bar{y}^b \geqslant \sum_{\substack{j=1 \\ j \neq 0}}^{L} \lambda_j y_j^b, \ l \leqslant e\lambda \leqslant \mu, \ \lambda \geqslant 0 \right\} \qquad (2-4)$$

定义生产可能性集 $T \backslash (x_0, y_0^g, y_0^b)$ 的子集 $\bar{T} \backslash (x_0, y_0^g, y_0^b)$ 为：
$$\bar{T} \backslash (x_0, y_0^g, y_0^b) = T \backslash (x_0, y_0^g, y_0^b) \cap \{ \bar{x} \geqslant x_0, \ \bar{y}^g \leqslant y_0^g \ 且\ \bar{y}^b \geqslant y_0^b \} \qquad (2-5)$$
可以通过求解如下最优化问题得到超效率值：

$$\delta^* = \min_{(\lambda, \bar{x}, \bar{y}^g, \bar{y}^b)} \left\{ \frac{\dfrac{1}{m + s_2}\left(\sum_{i=1}^{m} \bar{x}_i / x_{i0} + \sum_{k=1}^{s_2} \bar{y}_k^b / y_{k0}^b \right)}{\dfrac{1}{s_1}\left(\sum_{r=1}^{s_1} \bar{y}_r^g / y_{r0}^g \right)} \right\}$$

s. t.　$\bar{x} \geqslant \sum\limits_{\substack{j=1 \\ j \neq 0}}^{L} \lambda_j x_j$

$\bar{y}^g \leqslant \sum\limits_{\substack{j=1 \\ j \neq 0}}^{L} \lambda_j y_j^g$

$\bar{y}^b \geqslant \sum\limits_{\substack{j=1 \\ j \neq 0}}^{L} \lambda_j y_j^b$

$\bar{x} \geqslant x_0,\ \bar{y}^g \leqslant y_0^g,\ \bar{y}^b \geqslant y_0^b,\ \bar{y}^g \geqslant 0,\ \bar{y}^b \geqslant 0,\ l \leqslant e\lambda \leqslant u,\ \lambda > 0$

$$(2-6)$$

通过引入变量参数 $\phi \in \mathfrak{R}^m$，$\psi \in \mathfrak{R}^{s_1}$，$\gamma \in \mathfrak{R}^{s_2}$，且 $\bar{x}_i = x_{i0}(1 + \phi_i)\,(i = 1,\ \cdots,$ $m)$，$\bar{y}_r^g = y_{r0}^g(1 + \psi_r)\,(r = 1,\ \cdots,\ s_1)$，$\bar{y}_k^b = y_{k0}^b(1 + \gamma_k)\,(k = 1,\ \cdots,\ s_2)$。由此，将参数 ϕ，ψ，γ 代入式（2-6）可等价为：

$$\delta^* = \min_{(\lambda,\ \phi,\ \psi,\ \gamma)} \left\{ \frac{1 + \dfrac{1}{m + s_2}\left(\sum\limits_{i=1}^{m} \phi_i + \sum\limits_{k=1}^{s_2} \gamma_k \right)}{1 - \dfrac{1}{s_1}\left(\sum\limits_{r=1}^{s_1} \psi_r \right)} \right\}$$

s. t.　$\sum\limits_{\substack{j=1 \\ j \neq 0}}^{L} \lambda_j x_{ij} - x_{i0}\phi_i \leqslant x_{i0}$

$\sum\limits_{\substack{j=1 \\ j \neq 0}}^{L} \lambda_j y_{rj}^g + y_{r0}^g \psi_r \geqslant y_{r0}^g$

$\sum\limits_{\substack{j=1 \\ j \neq 0}}^{L} \lambda_j y_{kj}^b - y_{k0}^b \gamma_k \leqslant y_{k0}^b$

$\phi_i \geqslant 0(\,\forall_i),\ \psi_r \geqslant 0(\,\forall_r),\ \gamma_k \geqslant 0(\,\forall_k),\ \lambda_j \geqslant 0,\ l \leqslant e\lambda \leqslant u,\ \lambda > 0$

$$(2-7)$$

将式（2-7）通过 Charnes - Cooper 变换，上述最优化问题可以转化为如下线性规划问题：

$$[\mathrm{LP}]\delta^* = \min_{(\Lambda,\ \Phi,\ \Psi,\ \Gamma)} \left\{ t + \frac{1}{m + s_2}\left(\sum\limits_{i=1}^{m} \Phi_i + \sum\limits_{k=1}^{s_2} \Gamma_k \right) \right\}$$

s. t.　$1 = t - \dfrac{1}{s_1}\left(\sum\limits_{r=1}^{s_1} \Psi_r \right)$

$\sum\limits_{\substack{j=1 \\ j \neq 0}}^{L} x_{ij}\Lambda_j - x_{i0}\Phi_i - x_{i0}t \leqslant 0,\ (i = 1,\ \cdots,\ m)$

$$\sum_{\substack{j=1 \\ j \neq 0}}^{L} y_{rj}^g \Lambda_j + y_{r0}^g \Psi_r - y_{r0}^g t \geq 0, \ (r = 1, \cdots, s_1)$$

$$\sum_{\substack{j=1 \\ j \neq 0}}^{L} y_{kj}^b \Lambda_j - y_{k0}^b \Gamma_k - y_{k0}^b t \geq 0, \ (k = 1, \cdots, s_2)$$

$$\Phi_i \geq 0(\forall_i), \ \Psi_r \geq 0(\forall_r), \ \Gamma_k \geq 0(\forall_k), \ \Lambda_j \geq 0,$$

$$lt \leq e\Lambda \leq ut, t > 0 \tag{2-8}$$

式中，$\Lambda = t\lambda$，$\Phi = t\phi$，$t\Psi = t\psi$，$\Gamma = t\gamma$。该最优化问题的解 δ^* 即为考虑非期望产出的 Super – SBM 方法下测算的效率值，其具有以下特性：第一，属于考虑非期望产出的 DEA 模型；第二，解决了投入、产出变量的松弛问题；第三，对多个同时有效的决策单元进一步区分排序。

在进行新型城镇化效率评价时，需要假设规模报酬不变（Constant Returns to Scale，CRS）或规模报酬可变（Variable Returns to Scale，VRS），但对于选择哪种规模报酬假设尚未形成共识。这里将选择 VRS 假设，理由如下：一是 DMU 在 CRS 假设下的规模实则为理想的规模，事实上各 DMU 的生产规模不尽相同，可能处于递增、递减阶段，因而 CRS 假设可能降低测算结果；二是当 CRS 和 VRS 假设下的测算结果有差异时，一般应该优先选用 VRS 下的测算结果。在动态分析中，关于基准生产前沿面的主要构建方法包括当期 DEA、序列 DEA、窗口 DEA 和全局 DEA。由于全局 DEA 是将所有时期的全部投入、产出数据构造生产技术集作为不同时期共同的生产前沿面，可避免基准生产前沿面变动导致不同时点的效率和生产率缺乏可比性问题，且基于全局 DEA 的 GML 指数既满足可传递性要求，又具有可避免线性规划无可行性解的优点。因此，本章主要采用全局 DEA 对新型城镇化效率进行测算。

2.2.2　指标选取

在充分参考现有研究及深入理解新型城镇化内涵的基础上，将从要素投入、期望产出和非期望产出三个维度来构建新型城镇化效率的指标体系（见表 2 – 1）。（1）要素投入包括劳动、资本、土地和能源四个部分。劳动投入主要利用城镇单位就业人员数量来表示；资本投入包含社会固定资产投资总额和地方政府财政支出两个指标，其中社会固定资产投资总额以 2003 年为基期，利用永续盘存法进行估计：$K_{j,t} = (1 - \delta)K_{j,t-1} + I_{j,t}$，并借鉴单豪杰（2008）的计算结果，将固定资产折旧率 δ 设定为 10.96%；土地投入利用建成区面积来衡量；能源投入采用能源消耗量来表示。（2）期望产出包括人口、经济、土地和社会四个方面。其中，人口城镇化利用城镇人口占总人口比重来度量；经济城镇化采用第二、第三产业产值之和来度量；土地城镇化采用建成区面积占土地总面积的比重来度量；社会城镇化反映的是城乡一体化程度，利用农村和城镇居民人均可支配收入之比来度量。（3）非期望产出选择了废水排放和废气排放两个指标。其中，废气排放采用了化学需氧量（COD）排放量来衡量；废气排放利用二氧化硫（SO_2）排放量来衡量。自 2000 年以后，各地区的 COD 和 SO_2 一直受各地区的严密监控，能有效反映各地区的环境污染程度。

表 2−1　　　　　　　　　　　　新型城镇化效率测算的指标体系

指标类型	指标释义	指标构成（单位）
要素投入	劳动投入	城镇单位就业人员数量（万人）
	资本投入	社会固定资产投资总额（亿元）
		地方政府财政支出（亿元）
	土地投入	建成区面积（平方米）
	能源投入	能源消费量（万吨标准煤）
期望产出	人口城镇化	城镇人口占总人口的比重（%）
	经济城镇化	第二、第三产业产值之和（亿元）
	土地城镇化	建成区面积占土地总面积的比重（%）
	社会城镇化	农村和城镇居民人均可支配收入之比（%）
非期望产出	废水排放	化学需氧量（COD）排放量（万吨）
	废气排放	二氧化硫（SO_2）排放量（万吨）

2.2.3　特征性事实分析

根据上述 Super−SBM 的测算方法，得到了中国新型城镇化效率的计算结果（见图 2−2）。从变化趋势上看，在 2003～2009 年，中国新型城镇化效率出现了小幅波动的下降趋势，并在 2009 年达到最小值 0.4000；但自 2009 年以后，除在 2015 年表现出一定幅度的波动外，整体呈现较为稳健的上升趋势，并于 2016 年达到最大值 0.8149。可能的原因在于：一方面，2008 年的国际金融危机引发了中国社会投资趋弱、农村劳动力转移和就业增长减少、出口产品价格下行压力增大等现象，这在短期内影响了中国城镇化进程和效率；另一方面，党的十八大以后，中国整体进入"五位一体"的战略布局，释放了新型城镇化效率提升的政策红利，但由于中国经济社会在 2014 年进入了"三期叠加"的"经济新常态"，之后在 2015 年针对经济发展质量和城市工作提出了"供给侧结构性改革"的重大发展战略，从而导致中国新型城镇化效率在 2015 年出现短期的下滑，随之又在 2016 年呈现大幅上升。从新型城镇化效率的区域差异上看，东部地区明显高于全国平均水平及中、西部地区，而中、西部地区则低于全国平均水平（2016年除外）；不仅如此，中部地区新型城镇化效率在 2003～2012 年都显著低于西部地区，而在 2012 年以后则出现了大幅上升并于 2016 年超过全国平均水平，效率值达到0.8265。这可能是由中国长期实施区域非均衡发展战略的制度安排所致，使得中部地区在承接东部地区落后产能的同时形成了粗放式的发展模式，导致创新效率落后于东部地区，而生态效率又落后于西部地区。但党的十八大以后的战略布局"倒逼"了中部地区向绿色、低碳、集约发展方向转型升级，从而助推了中部地区新型城镇化效率的大幅提升。

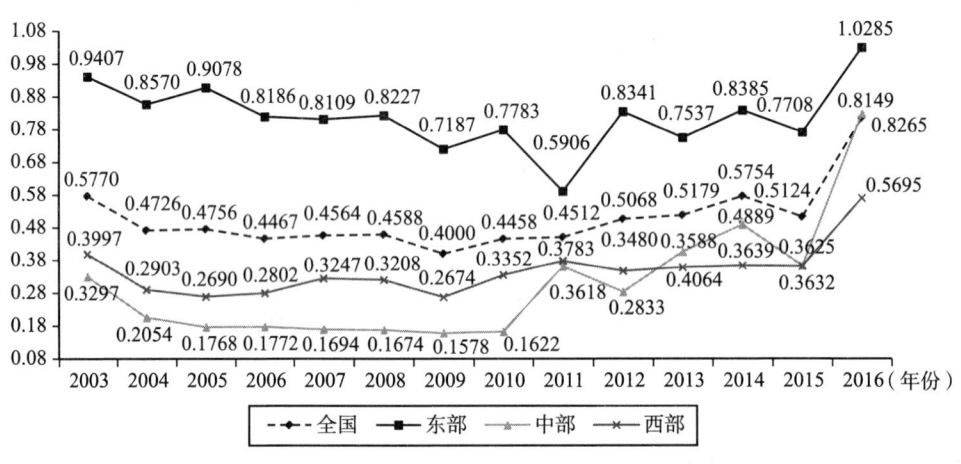

图 2-2 2003～2016 年中国新型城镇化效率的变化趋势

从图 2-3 中可以看出，中国新型城镇化效率存在明显的省际差异：遥遥领先的是海南（1.1164）、上海（1.0297）、北京（1.0209）、天津（1.0125）和青海（1.0087），居全国前五位，属于第一梯队；广东（0.9260）、江苏（0.9074）和浙江（0.9053）的表现也比较突出，属于第二梯队；而内蒙古（0.1936）、陕西（0.1843）、广西（0.1595）、云南（0.1156）和甘肃（0.0785）等中、西部地区则远远落后于第一梯队。这说明：一方面，中国新型城镇化效率存在显著的"俱乐部效应"且俱乐部之间的差距较大，进一步佐证了中国"两个大局"制度安排的政策效果；另一方面，中国新型城镇化效率与经济发展质量密切相关，尤其是经济转型升级带来的创新投入、环境治理、资源集约配置、公共服务集聚等推动了新型城镇化效率提升。

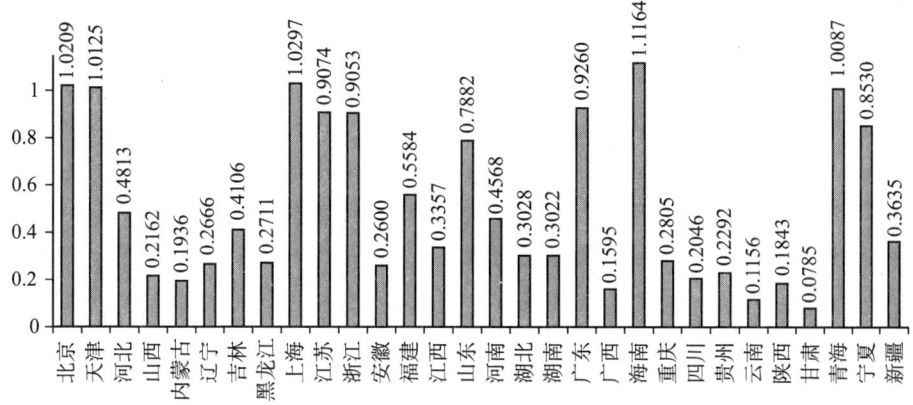

图 2 - 3　2003 ~ 2016 年中国省际层面新型城镇化效率的平均水平

2.3　实证研究设计

2.3.1　计量模型设定

根据理论机制分析，构建如下基准模型来考察产业结构和空间结构对新型城镇化效率的影响效应：

$$UrbanE_{it} = \alpha + \gamma Stru_{it} + \eta\,Space_{it} + \delta X_{it} + \mu_i + \nu_t + \varepsilon_{it} \qquad (2-9)$$

式中，i 和 t 分别为地区和时间，$UrbanE_{it}$ 为新型城镇化效率，$Stru_{it}$ 为产业结构变量，$Space_{it}$ 为空间结构变量，X_{it} 为控制变量，μ_i、ν_t 分别为个体效应和时间效应，ε_{it} 为随机扰动项。

为了识别和判断中国新型城镇化效率在区域之间可能存在的空间交互作用，将在式（2 - 9）基础上利用空间计量方法来分析产业结构和空间结构对新型城镇化效率的影响效应。根据研究目的，空间计量模型可以设定为空间滞后模型（SLM）和空间误差模型（SEM）两种类型，分别表示为：

$$UrbanE_{it} = \alpha + \rho \sum_{j=1}^{n} WUrbanE_{it} + \gamma Stru_{it} + \eta\,Space_{it} + \delta X_{it} + \varepsilon_{it} \qquad (2-10)$$

$$UrbanE_{it} = \alpha + \gamma Stru_{it} + \eta\, Space_{it} + \delta X_{it} + \varepsilon_{it}, \quad \varepsilon_{it} = \lambda \sum_{j=1}^{n} W\varepsilon_{it} + \mu_{it} \qquad (2-11)$$

式中，ε_{it}、μ_{it} 分别为服从正态分布的随机误差项，W 为空间权重矩阵，ρ、λ 分别为空间滞后系数和空间误差系数。对于 W 的设置，选择基于省域间地理距离倒数的空间权重来表示。

由于产业结构和空间结构会伴随新型城镇化效率的改善而不断调整，进一步引入新型城镇化效率的时间滞后项，构建包含时间效应和空间效应的动态空间面板模型。这既有效结合了空间计量模型和动态面板模型的双重优点，又避免了内生性问题（Elhorst，2012）。最终，将实证模型设定为：

$$UrbanE_{it} = \beta UrbanE_{it-1} + \rho \sum_{j=1}^{n} WUrbanE_{it} + \gamma Stru_{it} + \eta\, Space_{it} + \delta X_{it} + \varepsilon_{it1},$$

$$\varepsilon_{it} = \lambda \sum_{j=1}^{n} W\varepsilon_{it} + \mu_{it} \qquad (2-12)$$

2.3.2　变量选择

（1）新型城镇化效率。直接采用前文在 Super－SBM 方法基础上测算的结果。

（2）产业结构。产业结构本身是一个不断变迁的动态性指标，其在本质上至少包含两方面的内涵：一是产业之间比例关系的变化；二是产业内部门生产率的提高。因此，本章将从产业间和产业内两个维度对产业结构进行评价。其中，对于产业间结构（$StruB$）的测度，采用服务业与工业之比来表示，以反映产业结构服务化的趋势和程度。对于产业内结构（$StruH$）的测度，借鉴孙晓华等（2017）的做法，采用"产业结构优度"来反映产业内结构的优劣程度，其计算公式为：

$$StruH_{it} = \sum_{j=1}^{n} \frac{y_{ijt}}{y_{it}} \ln\left(\frac{p_{ijt}}{p_{jt}}\right) \qquad (2-13)$$

式中，y_{ijt} 为 i 省份 j 行业的产值，y_{it} 为 i 省份的地区总产值，p_{ijt} 为 i 省份 j 行业的劳动生产率，p_{jt} 为全国 j 行业的劳动生产率。该指标采用行业份额来反映产业内某行业在地区经济发展中的重要程度，利用行业功效来体现这一行业在全国层面的先进程度。

（3）空间结构。采用 Zipf 法则系数法对省域内空间结构进行测度，其计算公式为：

$$\ln P_i = C - q\ln R_i \qquad (2-14)$$

式中，P_i 为 i 城市的人口规模，R_i 为 i 城市在省内的城市位序，C 为常数。

通过对式（2－14）进行最小二乘法回归，可以得到回归系数的绝对值 q，也被称为单中心指数。当 $q > 1$ 时，表明省域内核心城市地位突出，呈现单中心空间结构；当 $q < 1$ 时，表明省域内城市人口分散，呈多中心空间结构；当 $q = 1$ 时，表明省域内城市空间布局服从 Zipf 法则。为了增强省际空间结构的可比性，借鉴迈耶斯和伯格（2010）的做法，利用省域内城市人口规模排名前两位、前三位和前四位计算得到的 q 值取平均值即获得省域单中心指数的 mono 指数。对于城市人口规模，采用市辖区人口来表示。

（4）控制变量。人力资本潜力（Human），采用在校大学生人数占总人口的比重来衡量；研发投入（RD），采用 R&D 经费支出占地区生产总值的比重来衡量；外商直接投资（FDI），采用实际利用外资（按历年人民币汇率的平均价格折算）占地区生产总值的比重来衡量；所有制结构（Owner），采用城镇私营和个体就业人数占城镇单位总就业人数的比重来衡量；基础设施（Infra），采用城镇人均道路面积来衡量；政府干预程度（Gov），采用地方政府财政支出占财政收入的比重来衡量。

2.3.3　数据来源

本章使用的数据来源于 2004～2017 年的《中国统计年鉴》《中国城市统计年鉴》《中国城市建设统计年鉴》《中国能源统计年鉴》《中国科技统计年鉴》《中国人口和就业统计年鉴》以及高校财经数据库。在测算省域新型城镇化效率时，除西藏大量数据缺失以外，选择了中国 30 个省（自治区、直辖市）的统计数据。在测算省域空间结构时，由于直辖市的单中心属性及部分省份城市数量过少（少于 4 个）等原因，进一步删除了北京、上海、天津、重庆、新疆、青海、海南等省份，最终选取了中国 23 个省份 2003～2016 年的面板数据进行实证分析。主要变量的描述性统计结果如表 2－2 所示。

表 2－2　　　　　　　　　主要变量的描述性统计结果

变量	符号	均值	标准差	最小值	最大值
新型城镇化效率	UrbanE	0.7295	0.2681	0.2785	1.4720
产业间结构	StruB	0.8177	0.1867	0.4943	1.8895
产业内结构	StruH	－0.0808	0.3698	－0.8645	1.5584
单中心指数	mono	0.8169	0.4136	0.0423	1.8394

变量	符号	均值	标准差	最小值	最大值
人力资本潜力	*Human*	1.5487	0.5168	0.1811	3.0462
研发投入	*RD*	1.1821	0.6006	0.2075	5.1325
外商直接投资	*FDI*	0.3431	0.4779	0.0611	5.8579
所有制结构	*Owner*	0.7453	0.3189	0.1980	1.7656
基础设施	*Infra*	13.1253	4.2894	4.2885	25.8200
政府干预程度	*Gov*	2.0629	0.7808	0.2498	4.3487

2.4　计量结果分析

2.4.1　基准模型的结果分析

对于空间面板模型到底采取 SLM 模型还是 SEM 模型，通过比较两个 Lagrange 乘数及其稳健性可知，选择 SLM 模型作为最终的分析模型。对于动态空间面板模型的估计主要有两种方法：一是首先将空间相关性剔除，其次再采用传统面板技术进行估计（Griffith，2000；Getis and Griffith，2002）；二是采用无条件 ML 方法（unconditional maxi-mum likelihood estimation）对传统 ML 方法进行改良（Elhorst，2005）。埃尔霍斯特（Elhorst，2012）的证明结论显示，第二类方法更加渐进有效。鉴此，本章也采用无条件 ML 方法对模型进行估计。

表 2-3 报告了产业结构与空间结构影响新型城镇化效率的动态空间面板模型的估计结果。模型（1）到模型（4）的结果显示，中国新型城镇化效率的动态效应和空间效应都通过了显著性检验。ρ 值均为负说明，中国新型城镇化效率改善存在明显的空间异质性特征，表现为城镇化要素资源的区域竞争性有逐渐强化的趋势。从模型（1）和模型（2）的估计结果可知，与产业间结构的服务化调整相比，产业内结构的生产率增进更有利于新型城镇化效率提升，并且产业内结构的系数均通过了 1% 水平下的显著性检验。这一结果在未加入控制变量和加入控制变量时均呈现较强的稳健性。该结论的启示：一是在城镇化快速推进的过程中，单纯依靠服务业对工业的"腾笼换鸟"并不一定能提升新型城镇化效率，应谨慎一味地采取"退二进三"的城镇化发展战略；二是产业内各行业的生产率

增长是新型城镇化效率提升的重要来源，尤其是进入工业化中后期后，工业和服务业的生产率增长应成为产业结构调整最重要的目标。上述实证结果也进一步佐证了于斌斌（2015）的研究结论，即产业结构"服务化"调整是导致中国城市经济发展陷入"结构性减速"的主要原因，经济增长动力已由产业间结构调整转换为全要素生产率提升。

表 2 - 3　　　　　　　　　　基准模型的估计结果

变量	模型（1）	模型（2）	模型（3）	模型（4）
$UrbanE_{-1}$	0.0807 * ［1.95］	0.1028 *** ［2.69］	0.1041 * ［1.78］	0.0127 ** ［2.14］
$StruB$	0.0815 ［0.39］	0.0624 ［0.69］		
$StruH$	0.4930 *** ［3.09］	0.2732 *** ［5.38］		
$mono$			- 0.3420 * ［- 1.74］	- 0.3861 * ［- 1.63］
$Human$		- 0.0119 ［- 0.27］		- 0.0223 ［- 0.10］
RD		- 0.0114 ［- 0.39］		0.0892 ［0.58］
FDI		0.0236 ［0.77］		- 0.0904 ［- 0.51］
$Owner$		0.1181 * ［1.94］		0.1860 ［0.44］
$Infra$		- 0.0081 * ［- 1.80］		- 0.0257 ［- 0.57］
Gov		- 0.0162 ［- 0.59］		- 0.0944 * ［- 1.84］
ρ	- 3.6860 *** ［- 3.27］	- 0.6636 ** ［- 2.01］	- 4.7273 *** ［- 4.88］	- 4.6599 *** ［- 2.72］

续表

变量	模型（1）	模型（2）	模型（3）	模型（4）
LogL	21.8120	35.3404	−70.7128	−72.8771
n	322	322	322	322

注：（1）＊、＊＊、＊＊＊分别表示通过10%、5%、1%水平下的显著性检验；（2）方括号内为 T 值检验结果。

模型（3）和模型（4）的估计结果显示，无论是否加入控制变量，单中心指数 mono 的系数都是显著为负。这表明，在省域空间范围内，多中心空间结构更有利于新型城镇化效率提升。一个可能的原因在于，省域是一个较大的空间地理尺度，要素资源过度集中在某一个城市会因距离过远而无法有效发挥空间溢出效应。这意味着，小城市通过"借用规模"享受大城市的经济溢出效应是存在地理边界的，而省域的空间尺度已完全超越了这个边界，这类似于新经济地理学提出的大城市作用于周边小城市的"集聚阴影效应"（agglomeration shadow effect）。另一个可能的原因是，政府往往会通过行政干预、政策倾向等方式重点支持省域内个别城市的发展，虽然加快了个别城市的发展，但这种非市场资源配置方式损害了其他城市效率，因而单中心空间结构无法改善省域整体的新型城镇化效率（刘修岩等，2017）。

2.4.2 稳健性检验

（1）多种模型估计方法的检验。为了确保研究结论的可靠性，分别采用动态 GMM、SLM 和 SEM 三种模型对上述实证模型进行了估计，结果如表 2－4 所示。从表 2－4 中的估计结果可以看出，产业结构对于新型城镇化效率的影响效应与基准估计模型基本一致，仅在显著性和系数大小上存在一些差异。这说明，产业结构调整对于新型城镇化效率的影响效应非常稳健可靠。关于单中心空间结构对新型城镇化效率的影响效应，在系统 GMM 估计结果中并未通过显著性，而在 SLM 模型和 SEM 模型的估计结果中则均显著负相关。这带来的启示是，当考虑空间溢出效应时，多中心城市空间结构将更有利于新型城镇化效率提升。即便如此，采用三种模型估计方法的检验结果也进一步验证了基准模型研究结论的稳健性。

表 2－4　　　　　　　　　　不同模型估计方法的检验结果

变量	系统 GMM		SLM		SEM	
	模型（1）	模型（2）	模型（3）	模型（4）	模型（5）	模型（6）
$UrbanE_{-1}$	0.2499 ** [2.42]	0.1520 ** [2.33]				
$StruB$	0.1306 [1.32]		0.0953 [1.20]		－0.0434 [－0.46]	
$StruH$	0.2731 *** [5.11]		0.2619 *** [6.05]		0.3233 *** [5.70]	
$mono$		－0.0906 [－1.24]		－0.0605 * [－1.69]		－0.0799 ** [－2.00]
$Human$	0.0082 [0.32]	0.1054 *** [2.98]	－0.0111 [－0.29]	0.0687 [1.61]	－0.1297 ** [－2.53]	0.0735 * [1.94]
RD	－0.0323 [－1.50]	－0.0113 [－0.81]	0.0019 [0.07]	0.0104 [0.3865]	0.0527 [1.66]	0.0118 [0.41]
FDI	－0.0149 [－0.29]	0.0479 [1.14]	0.0976 * [1.82]	0.1308 ** [2.32]	－0.0679 [－1.00]	－0.0362 [－1.44]
$Owner$	0.1474 * [1.64]	0.1715 *** [5.64]	0.0319 [1.14]	0.0627 ** [2.18]	0.0490 [1.53]	0.0582 ** [1.99]
$Infra$	－0.0023 [－0.40]	－0.0056 [－1.08]	－0.0029 [－0.73]	－0.0041 [－0.89]	0.0027 [0.53]	－0.0056 [－1.16]
Gov	－0.0200 [－0.68]	－0.792 ** [－2.42]	0.0086 [0.35]	－0.0432 * [－1.78]	－0.1032 *** [－2.87]	－0.0646 *** [－3.73]
ρ/λ			－0.9999 *** [－4.16]	－0.9999 *** [－4.10]	0.6559 *** [10.43]	0.3720 *** [3.72]
LogL			51.6289	34.4871	65.6662	35.2235
n	322	322	322	322	322	322

注：（1）＊、＊＊、＊＊＊分别表示通过 10%、5%、1% 水平下的显著性检验；（2）方括号内为 T 值检验结果。

（2）新型城镇化效率的重新评价。在基准回归模型中，新型城镇化效率评价方法的假设前提是规模报酬可变（VRS）。为了检验基准模型估计结果的可靠性，重新将新型城镇化效率评价方法的假设前提设定为理想状态下的规模报酬不变（CRS），并同样采取全局 DEA 的 Super – SBM 模型进行估计。表 2 – 5 中模型（1）和模型（2）分别报告了以 CRS 假设条件下的新型城镇化效率为被解释变量的估计结果。结果显示，中国新型城镇化效率的动态效应和空间效应，以及产业间结构、产业内结构和空间结构对新型城镇化效率的影响效应均与基准模型的回归结果相同，从而进一步佐证了基准模型估计结果的稳健性和可靠性。

表 2 – 5　　　　　更换效率评价方法与空间结构指标的估计结果

变量	模型（1）	模型（2）	模型（3）
$UrbanE_{-1}$	0.0149 ** [2.16]	0.0734 * [1.81]	0.0471 ** [1.99]
StruB	− 0.0564 [− 0.61]		
StruH	0.2167 *** [4.12]		
Mono/S		− 0.6896 * [− 1.69]	− 0.1165 ** [− 2.46]
Human	− 0.0557 [− 1.23]	0.0160 [0.34]	0.0752 [1.60]
RD	− 0.0051 [− 0.17]	0.0139 [0.34]	0.0143 [0.47]
FDI	0.0233 [0.73]	0.0433 [1.35]	0.0570 * [1.83]
Owner	0.1268 ** [2.03]	0.1560 ** [2.43]	0.1390 ** [2.21]
Infra	0.0023 [0.48]	0.0035 [0.66]	− 0.0084 * [− 1.67]
Gov	− 0.0075 [− 0.27]	− 0.0390 [− 1.50]	− 0.0597 ** [− 2.31]
ρ	− 1.0320 *** [− 2.59]	− 0.9010 ** [− 2.19]	− 0.6443 * [− 1.90]

续表

变量	模型（1）	模型（2）	模型（3）
LogL	29.5191	20.1084	26.1414
n	322	322	322

注：（1）*、**、***分别表示通过10%、5%、1%水平下的显著性检验；（2）方括号内为 T 值检验结果。

（3）更换空间结构的测度指标。为了进一步验证空间结构对新型城镇化效率影响的稳健性，将反映单中心结构的城市首位度作为空间结构的衡量指标。关于城市首位度的测度方法主要有两种：一是测度首位城市规模占整个区域城市规模的比重；二是测度区域内一定数量城市间的规模比，典型的有两城市规模比、四城市规模比、十一城市规模比等。前一种方法因没有考虑到不同省域内的城市个数差异，并不利于进行省域之间的比较分析。后一种方法的两城市规模之比只考虑了省域内两个城市的规模，而十一城市规模之比囿于省域内城市数量。因此，最终选择四城市规模之比来测度城市首位度：

$$S = P_1 / (P_2 + P_3 + P_4) \tag{2-15}$$

式中，P_i 为省域内第 i 位城市的市辖区人口规模（$i=1，2，3，4$）。

表 2-5 中模型（3）给出了以式（2-15）计算的城市首位度作为核心解释变量的估计结果。从估计结果中可以看出，城市首位度的估计系数依然通过了10%水平下的显著性检验。这意味着，与单中心空间结构相比，多中心空间结构更有利于省域整体新型城镇化效率提升的研究结论非常稳健。

（4）不同空间权重矩阵的检验。构建邻接空间权重矩阵和经济空间权重矩阵来替换距离空间权重矩阵，对基准模型的估计结果进行稳健性检验。其中，经济空间权重矩阵的构建公式为：

$$W_{ij}^e = W_{ij}^d \text{diag}\left(\frac{\overline{Y}_1}{\overline{Y}}, \ \frac{\overline{Y}_2}{\overline{Y}}, \ \cdots, \ \frac{\overline{Y}_n}{\overline{Y}}\right) \tag{2-16}$$

式中，W_{ij}^d 为距离空间权重矩阵，$\overline{Y}_i = 1/(t_1 - t_0 + 1)\sum_{t_1}^{t_0} Y_{ij}$ 为考察期内第 i 个省份的地区生产总值均值，$\overline{Y} = 1/n(t_1 - t_0 + 1)\sum_{i=1}^{n}\sum_{t_1}^{t_0} Y_{ij}$ 为考察期内地区生产总值均值。

表 2-6 报告了更换空间权重矩阵的估计结果。结果显示，无论采取邻接空间权重矩阵还是经济空间权重矩阵，产业间结构的服务化调整与产业内行业的生

产率增长对新型城镇化效率的影响效应与基准模型的研究结论完全一致，而单中心程度指数 mono 的系数也为负但均未通过显著性检验。这表明，虽然空间权重矩阵的变化对空间结构的作用效应存在一定程度的影响，但研究结论仍然较为稳健。

表 2 - 6 　　　　　　　　　　更换空间权重矩阵的估计结果

变量	邻接矩阵		经济矩阵	
	模型（1）	模型（2）	模型（3）	模型（4）
$UrbanE_{-1}$	0.1990 ** [2.57]	0.1707 ** [2.11]	0.0820 * [1.70]	0.0954 * [1.82]
$StruB$	0.0823 [1.03]		0.0922 [1.02]	
$StruH$	0.2652 *** [5.84]		0.2725 *** [5.32]	
$mono$		-0.0523 [-1.30]		-0.0574 [-1.30]
$Human$	-0.0143 [-0.35]	0.0431 [0.96]	-0.0118 [-0.26]	0.0578 [1.19]
RD	-0.0114 [-0.43]	0.0068 [0.24]	-0.0098 [-0.33]	0.0074 [0.24]
FDI	0.0157 [0.58]	0.0514 * [1.83]	0.0259 [0.83]	0.0626 ** [1.99]
$Owner$	0.1186 ** [2.15]	0.1340 ** [2.30]	0.1183 * [1.93]	0.1412 ** [2.19]
$Infra$	-0.0098 ** [-2.41]	-0.0084 * [-1.76]	-0.0073 [-1.61]	-0.0073 [-1.40]
Gov	-0.0146 [-0.58]	-0.0685 ** [-2.76]	-0.0150 [-0.55]	-0.0692 ** [-2.58]
ρ	0.2023 *** [8.28]	0.2096 *** [8.11]	0.0002 [0.27]	0.0003 [0.46]
LogL	57.2083	44.6549	34.2666	19.5151
n	322	322	322	322

注：（1）*、**、***分别表示通过10%、5%、1%水平下的显著性检验；（2）方括号内为 T 值检验结果。

2.4.3 拓展性分析

（1）区域差异的影响。在"两个大局"制度安排下，中国地区之间的工业化和城镇化存在较大差异，而且产业结构和空间结构也存在明显的区域差异。那么，产业结构与空间结构对新型城镇化效率的影响是否也存在区域差异？本章将引入东、中、西部地区虚拟变量，构建虚拟变量与核心解释变量之间的交互项，分析不同地区的产业结构与空间结构对新型城镇化效率的影响效应，估计结果如表 2－7 所示。需要说明的是，如果采用分样本回归，不同样本系数的大小差异会因样本量差异导致估计结果无法进行对比分析。尤其是，分样本回归的空间权重矩阵要根据样本数重构，但这可能会导致估计结果出现偏误。从表 2－7 中的估计结果可以看出，引入区域差异的虚拟变量以后，产业结构与与空间结构对新型城镇化效率的影响效应并未因区域不同而发生明显变化。这说明，基准模型的研究结论在考虑区域差异时依然非常稳健，即以生产率增长为目标的产业结构优化以及多中心城市空间布局是中国新型城镇化效率提升的重要来源。

表 2－7 　　　　　　　　　　　　考虑区域差异的估计结果

变量	模型（1）	模型（2）	模型（3）	模型（4）
$UrbanE_{-1}$	0.1660 ** [2.09]	0.1652 * [1.86]	0.1081 ** [2.30]	0.0906 * [1.73]
$StruB \times Region$	－0.0093 [－0.14]	－0.0611 [－0.86]		
$StruH \times Region$	0.2013 ** [2.17]	0.1938 ** [1.95]		
$mono \times Region$			－0.1121 *** [－3.07]	－01263 *** [－3.21]
$Human$		0.1264 [－0.86]		－0.0673 [－0.36]
RD		0.1205 [1.13]		0.0863 [0.68]
FDI		－0.0218 [－0.19]		－0.1230 [－0.88]

变量	模型（1）	模型（2）	模型（3）	模型（4）
Owner		0.3008 [1.03]		0.2668 [0.77]
Infra		−0.0303 [−1.03]		−0.0289 [−0.78]
Gov		−0.1004 *** [−2.64]		−0.0894 ** [−2.11]
ρ	−3.9325 *** [−3.81]	−5.2284 *** [−4.66]	−4.7267 *** [−3.12]	−4.8774 *** [−3.42]
LogL	−32.1175	−89.0750	−52.7544	−73.2588
n	322	322	322	322

注：（1）*、**、*** 分别表示通过10%、5%、1%水平下的显著性检验；（2）方括号内为 T 值检验结果。

（2）发展阶段的影响。由于城镇化发展具有明显的阶段性特征，而不同的城镇化阶段对于人才、资金、土地、技术等要素的需求也不同，从而可能决定了不同的新型城镇化效率。不仅如此，产业结构和空间结构也会因城镇化程度的不同而有所差异。这意味着，产业结构与空间结构对新型城镇化效率的作用效应可能也会受到发展阶段的制约。为此，通过构建城镇化率与核心解释变量的交互项，以考察不同城镇化阶段的产业结构与空间结构对新型城镇化效率的影响效应（见表 2-8）。估计结果显示，与基准模型的估计结果不同的是，产业间结构调整与城镇化率交叉项的系数在加入控制变量前后均显著为正，而单中心指数 *mono* 与城镇化率交叉项的系数为正但并未通过显著性检验。其中的含义有：一是随着城镇化程度的提高，产业间结构的服务化调整将有利于新型城镇化效率的改善，这也进一步验证了于斌斌（2015）的研究结论，即工业化阶段的城市经济增长更多地依赖于全要素生产率提升，而城市化阶段的城市经济增长则可以从产业间结构调整中获得显著的"结构红利"；二是城镇化程度的提高减弱了空间结构对新型城镇化效率的影响，而且进入高度城镇化阶段后，城市经济集聚效应将逐渐显现。

表 2 - 8　　　　　　　　　　考虑发展阶段的估计结果

变量	模型（1）	模型（2）	模型（3）	模型（4）
$UrbanE_{-1}$	0.0769* [1.93]	0.0946* [1.87]	0.1712* [1.85]	0.1564** [2.02]
$StruB\ UrbanR$	0.3269** [2.35]	0.2692* [1.87]		
$StruH\ UrbanR$	0.4847*** [5.74]	0.4650*** [4.44]		
$mono\ UrbanR$			0.0824 [1.18]	0.0531 [0.59]
$Human$		0.1524 [0.36]		0.0193 [0.59]
RD		-0.0265 [-0.90]		-0.0043 [-0.14]
FDI		0.0257 [0.85]		0.0575* [1.84]
$Owner$		0.0955 [1.56]		0.1237* [1.91]
$Infra$		-0.0062 [-1.37]		-0.0041 [-0.78]
Gov		-0.0180 [-0.66]		-0.0861*** [-3.26]
ρ	-0.5934* [-1.80]	-0.6033* [-1.83]	-0.7629** [-2.13]	-0.7454** [-2.17]
LogL	34.1116	35.9128	5.4539	16.5388
n	322	322	322	322

注：（1）*、**、***分别表示通过10%、5%、1%水平下的显著性检验；（2）方括号内为 T 值检验结果。

（3）城市规模的影响。根据理论和实证研究发现，城市规模过小无法产生"集聚效应"，城市规模过大又会造成"拥挤效应"，并且大城市往往存在较为明显的效率优势。这意味着城市规模可能会通过影响产业结构和空间结构对新型城镇化效率产生作用。因此，将引入城市规模与核心解释变量的交互项，分析不同城市规模下的产业结构与空间结构对新型城镇化效率的影响效应。为了体现不同省域城市规模的差异性和可比性，通过如下方法设置不同城市的规模水平：人口规模100万人以下计为0、人口规模100万~200万人计为1、人口规模200万~300万人计为2、人口规模300万~400万人计为3，并以此类推。然后，将省域内各城市规模水平加总并除以城市个数，从而得到各省域的城市规模水平。表2-9中的估计结果显示，产业内结构优化依然能够显著促进新型城镇化效率提升，而产业间服务化调整与单中心空间结构对新型城镇化效率的影响并不显著。这说明，无论城市规模大小，各行业生产率的持续增长才是新型城镇化效率提升的根源，而省域内城市空间结构布局也会随着城市规模水平的变化不断进行相应的调整。

表2-9　　　　　　　　　　　　考虑城市规模的估计结果

变量	模型（1）	模型（2）	模型（3）	模型（4）
$UrbanE_{-1}$	0.0961 ** [2.18]	0.0976 * [1.71]	0.0898 ** [2.26]	0.0816 * [1.92]
$StruB\ UrbanS$	0.0484 [0.37]	-0.2284 [-1.07]		
$StruH\ UrbanS$	0.6467 ** [2.93]	0.8343 *** [4.11]		
$mono\ UrbanS$			0.0575 [0.23]	-0.4215 [-1.06]
$Human$		-0.0403 [-0.25]		-0.0015 [-0.01]
RD		0.1138 [0.91]		0.1477 [0.80]
FDI		0.0104 [0.09]		-0.0515 [-0.28]
$Owner$		0.3460 [1.01]		0.2326 [0.51]
$Infra$		-0.0422 [-1.25]		-0.0298 [-0.61]

变量	模型（1）	模型（2）	模型（3）	模型（4）
Gov		-0.1279^{***} $[-2.88]$		-0.1272^{**} $[-2.09]$
ρ	-3.4037^{***} $[-3.05]$	-5.4779^{***} $[-4.12]$	-4.3788^{***} $[-3.63]$	-4.9086^{***} $[-2.72]$
LogL	-32.2792	-110.5431	-42.2728	-81.0565
n	322	322	322	322

注：（1）*、**、***分别表示通过10%、5%、1%水平下的显著性检验；（2）方括号内为 T 值检验结果。

2.5　本 章 小 结

本章将产业结构和空间结构同时纳入新型城镇化效率提升的理论分析框架，并运用修正的 Super – SBM 方法测算了中国新型城镇化效率，然后利用动态空间面板模型实证考察了产业结构和空间结构对新型城镇化效率的影响效应。研究结论显示：（1）在 2003～2016 年，中国新型城镇化效率呈现波动式的上升趋势，并存在明显的区域差异和省际差异，但地区之间的差异在缩小。（2）与产业间结构的服务化调整相比，产业内结构优化尤其是各行业生产率增长是新型城镇化效率提升的主要来源；在省域空间尺度上，多中心的城市空间结构更有利于新型城镇化效率提升，也为大城市作用于周边小城市的"集聚阴影"和"借用规模"等理论机制提供了中国证据。（3）通过考虑不同的模型估计方法、改变新型城镇化效率评价方法、替换核心解释变量、更换空间权重矩阵等方式进行了一系列稳健性检验后，发现产业结构和空间结构对新型城镇化效率的影响效应仍然非常稳健和可靠。（4）进一步从区域差异、发展阶段和城市规模三个维度考察了产业结构和空间结构影响新型城镇化效率的异质性和机制，发现产业内结构优化促进新型城镇化效率提升的结论依然稳健，而且随着城镇化的推进和城市规模的扩大，省域内城市的空间结构布局对新型城镇化效率的影响效应逐渐被弱化。

上述研究结论的重要政策启示：一是城镇化的高质量发展应以提高城镇化效率为目标，尤其是要将产业内各行业的生产率增长作为城镇化产业结构调整的主要指向与效率提升的重要来源；二是在城镇化程度不高和城市规模不大的情况下，应慎重采用服务业对工业的"腾笼换鸟"或"退二进三"的城镇化发展战略，这很有可能造成新型城镇化效率损失，进而影响城镇化进程和质量提升；三是在全国或省域层面，应培育和发展多中心的城市空间结构，通过完善基础设施、打破市场分割、加快要素流动等方式形成多中心、网络化、集群化的城市空间结构，从而降低资源错配和要素市场扭曲的负面影响。

第 3 章

城市产业结构调整的效率
评价：幅度与质量

改革开放以来，中国经济一直保持高速增长，总体经济规模增加了 20.5 倍，成为全球最大的出口国、"世界工厂"、世界第二大经济体，创造了举世瞩目的"中国奇迹"。但长期以来，高投入、高能耗的粗放型经济发展模式，不仅让中国成为世界上最大的能源生产国和消费国，同时也成为温室气体和大气污染物排放大国[①]（关伟和许淑婷，2015；张志辉，2015）。当前，中国正处于工业化和城市化的快速发展阶段，能源消费需求持续攀升且具有刚性。伴随着能源供需矛盾的日益紧张，"新常态"下中国经济发展将会面临越来越严重的能源环境约束问题；再加上煤炭的资源和价格优势，决定了中国以煤炭为主的能源消费格局将在很长时间内不会改变（林伯强等，2012）。因此，通过进一步优化能源结构来实现节能减排的空间不大，而提高能源效率才是解决问题最重要、最现实的途径。

随着全球气候变暖以及气候异常现象的不断出现，中国政府在节能减排问题上面临的国际压力越来越大。在此背景下，中国政府公布了控制温室气体排放的指标，承诺在 2020 年碳排放强度较 2005 年降低 40% ~45%。对于如何实现节能减排的战略目标，调整产业结构、优化能源结构和推动技术进步是目前已经形成共识的三大路径。其中，据学者们的乐观估计，产业结构调整对实现碳排放强度目标的贡献度在 70% 以上（王文举和向其凤，2014）。究其原因主要在于产业结构是经济活动和生态环境的重要载体，既是各类经济投入与产出的"资源转换

[①] 国际能源机构（IEA）发布的《温室效果 CO_2 排放统计》指出，2007 年中国 CO_2 排放总量达 62 亿吨，超过美国成为世界碳排放最多的国家；英国石油公司（BP）发布的《BP 世界能源统计年鉴》显示，2010 年中国能源消费量占全球的 20.3%，超过美国成为世界最大的能源消费国。

器"，又是各种污染物种类和数量的"环境控制器"：一方面，产业结构的组合类型和调整强度决定了经济效益和能源利用效率；另一方面，生态环境承载力又直接制约着区域产业结构及其转化方向（彭建等，2005；王菲等，2014）。换言之，产业结构调整可以促进资源的合理配置，既能提高社会经济效率，又能控制环境污染，实现了经济与环境的"双赢"。但需要指出的是，由于中国区域经济发展不平衡以及资源禀赋、制度环境、工业化与城市化进程等诸多方面的差异，产业结构调整与能源效率改善都呈现出一定的空间关联性（关伟和许淑婷，2015）。尤其是随着区域产业转移和能源跨区域流动（如西气东输、北煤南运、西电东送等工程项目）的不断推进，产业结构调整与能源效率改善的空间联系更加紧密，已超越了地理学意义上单纯的"近邻"关系。鉴此，本章将系统考察中国城市产业结构调整与能源效率改善的主要特征及其演变趋势，并运用空间计量方法深入分析产业结构调整、技术创新影响能源效率的空间溢出效应。

3.1 理论机制分析

能源效率作为能源经济学的一个热点问题日益受到学术界的关注，这方面的国内外文献汗牛充栋。从能源效率的测度方法来看，主要分为单要素能源效率和能源效率两类（林伯强和杜克锐，2013）。单要素能源效率主要是以经济产出—能源投入比或能源投入—经济产出比来度量。前者被称为能源生产率，测度的是单位能源的经济产出；后者是通常所说的能源强度，测度的是单位 GDP 的能源消耗量。单要素能源效率的优点是定义直观、方法简单、应用方便，而且通过不同的因素分解方法可以考察产业结构、技术进步、规模效应等因素对能源效率变化的贡献度，代表性的文献包括史丹等（2008）、刘家骏等（2011）、公维凤等（2012）、李梦蕴等（2014）。但是单要素能源效率只是经济产出与能源投入之间简单的数量关系，并没有考虑到劳动、资本等生产要素对经济产出的贡献度及不同生产要素之间的替代作用。

能源效率将劳动、资本、能源等生产要素同时纳入新古典生产理论框架下进行效率分析，考察了能源与其他生产要素之间的替代效应且具有多维度特征。其主要通过对生产可能集（或生产技术）进行定义，利用各生产单位的要素投入与经济产出的相关数据构造出前沿生产边界，并分析各生产单位与前沿生产边界之间的关系，以确定该生产单位的资源有没有得到充分利用或是否存在帕累托改进空间。与单要素能源效率相比，全要素能源生产率讨论的是能源及其他生产要素的利用效率，能更好地反映能源与经济之间的相互作用关系，现已被国内外学者普遍采用（魏楚和沈满洪，2007；师博和沈坤荣，2008；屈小娥，2009；孙广生等，2011；李兰冰，2012；林伯强和杜克锐，2013；胡秋阳，2014；韩晶等，2015；Hu and Wang，2006；Kortelainen，2007；Zhou et al.，2012；He et al.，2013；Lin and Yang，2013；Arabi et al.，2014）。对能源效率的测算方法主要有非参数估计的数据包络分析（DEA）与参数估计的随机前沿函数分析（SFA）。由于数据包络分析无需设定具体函数形式，其适用范围比参数估计的随机前沿函数分析更为广泛。随着学术界对中国环境污染和生态破坏问题的重视，基于非期望产出（如 CO_2 排放量、SO_2 排放量、工业废水排放量、工业烟尘排放量等）的 DEA 模型在能源效率评价中得到了越来越普遍的应用（袁晓玲等，2009；张伟和吴文元，2011；周五七和聂鸣，2012；钱争鸣和刘晓晨，2014；王强等，2014；韩晶等，2015；Li and Hu，2012；Hu，2014；Lu et al.，2014）。

随着能源供需矛盾的日益突出，在探讨能源效率影响因素的相关研究中，产业结构变化对能源效率的影响越来越受到人们关注，但目前尚未得到一致的研究结论。

一种观点认为，产业结构变动是影响能源效率的重要因素，并且产业结构调整将有助于提高能源效率。马和斯特恩（Ma and Stern，2008）依据中国 1980 ~ 2003 年的统计数据，利用对数平均迪氏指数法（LMDI）对能源强度进行了分解，发现中国产业结构变迁提高能源强度。高振宇和王益（2006）采用聚类分析法将中国划分为高、中和低三类能源效率区，并通过 1995 ~ 2003 年的面板数据回归发现第二、三产业比重的增加对能源效率存在显著的正向影响，是提高能源效率的主要因素。魏楚和沈满洪（2008）运用 DEA 模型测算和分解了中国 1995 ~ 2006 年省级层面的能源效率及其演化趋势，结果表明"退二进三"的产业结构调整能改善能源技术效率。程叶青等（2013）基于空间自相关分析方法和空间计量面板模型的分析也发现，优化产业结构是减少碳排放强度和实现节能减排目标的重要途径。肖挺和刘华（2014）通过产业结构均衡和产业结构优化两个维度讨论了 1998 ~ 2012 年中国产业结构调整对二氧化硫排放的影响效应，结果发现产业结构均衡化调整有助于减少工业二氧化硫排放并提高了能源效率。而雷明和虞晓雯（2015）利用全局 Malmquist - Luenberger 指数对中国低碳经济发展进行了动态评估，结果显示产业结构合理化调整是促进中国低碳经济增长的重要原因。王文举和向其凤（2014）构建了产业结构调整的动态投入产出模型，并利用投入产出表预测了中国在 2020 年节能减排潜力，发现产业结构调整对实现中国碳强度目标的贡献度可达 60% 左右。

另一种观点认为，产业结构调整对能源效率提升的贡献度很小，甚至为负。廖等（Liao et al.，2007）通过 Törnqvist‒Sato‒Vartia 指数法将中国 1997～2002 年的能源强度变化分解为生产效率效应和部门结构效应，结果发现生产效率对能源强度下降的贡献度最大，而结构调整对其影响较小。张（Zhang，2003）采用 Laspeyres 分解法对中国 29 个工业部门在 1990～1997 年的能耗强度进行了分解，结果表明工业能耗强度下降的 88% 来自部门能耗下降，而工业内部结构调整的贡献很小。王迪等（2011）也利用 Laspeyres 分解法对东部地区的能源效率进行了研究，认为产业结构调整的短期节能效应并不显著且呈现阶段性变化特征。此外，王玉潜（2003）分析了 1987～1997 年中国能耗强度变动的原因，指出产业结构调整对单位产出能耗下降的影响是负面的。王秋彬（2010）运用 DEA 和动态面板模型分析发现，重工业占 GDP 比重上升对中国 2000～2006 年的地区能源效率存在明显的负向影响。吴琦和武春友（2010）则利用超效率 DEA 方法测度了中国在 1978～2007 年的能源技术效率，并对能源效率的影响因素进行了回归分析，结果显示第三产业每提高 1 个百分点，能源技术效率将降低 1.252%。原毅军等（2012）对中国 29 个省（自治区、直辖市）的产业结构与能源效率进行分析，发现产业结构调整在短期内能提升能源效率，但长期内对能源效率的影响并不显著。林伯强和杜克锐（2014）针对指数分解法（IDA）和生产理论分解法（PDA）的不足，重新建构一个分析框架证实产业结构变化阻碍了中国能源强度的下降。

上述两类研究的主要结论之所以大相径庭，究其原因在于能源效率测度指标、产业结构调整变量、实证分析时段和研究方法不同等差异所造成的。虽然两类研究结论差别很大，但大都是通过因素分解法和计量方法得出的。格里宁等（Greening et al.，1997）对能源效率的六种因素分解法进行了比较分析，认为适应性迪氏分解法（AWD）较为稳健，但无论是迪氏（Divisia）还是拉氏（Laspeyres）分解法都会存在余值问题，即因素分解法只能分离出一种结构调整的贡献份额，却难以将其他结构影响因素从总的内部增长效应中分离出来。而计量模型受模型设定、变量选取、数据来源等因素的影响，得出的研究结论差异较大。需要指出的是，现有研究仅从时间维度检验产业结构调整与能源效率之间的相互关系，较少从空间维度来探索二者的互动关系，更忽视了产业结构调整与能源效率提升所产生的空间溢出效应；同时，传统计量经济学方法将研究单元视为均质且相互独立的个体，忽略了邻域单元间的空间联系和相关性。在"两个大局"战略思想的制度安排下，中国经济发展采取的是非均衡发展道路，所以空间关联性就成为理解中国产业结构调整与能源效率相关关系的重要切入点。于斌斌（2014，2015）运用空间计量方法检验了中国区域之间产业结构调整存在显著的空间溢出效应，而周建（2008）、徐盈之和管建伟（2011）、程叶青等（2013）、潘雄锋等（2014）等学者证实了中国能源效率在省际也存在明显的空间相关性和空间依赖性，却鲜有文献针对二者的空间相关性和空间溢出效应进行研究。由于中国不同区域间产业结构和能源效率差异较大（齐绍洲和罗威，2007；屈小娥，2009；王锋和冯根福，2013），因而运用空间计量方法来分析产业结构调整对能源效率的影响效应和空间溢出效应就显得尤为重要。

3.2　实证研究设计

3.2.1　测算方法与变量选择

本章将选择 DEA – Malmquist 指数[①]法对中国城市能源效率进行估算，其基本思路是通过非参数方法构造出最佳前沿面（frontier），再将决策单元（DMU）的实际生产与最佳前沿面进行比较。对于某一个决策单元 DMU，令 x^t 和 y^t 分别为在 t 时刻的投入向量和产出向量。生产可能性集合 $T^t = \{(x^t, y^t):$ 能够产出 y^t 的所有投入 $x^t\}$ 表示在 t 时刻的生产技术。进一步定义产出距离函数 $D_o^t(x^t, y^t) = \inf\{\varnothing > 0: (x^t, y^t/\varnothing) \in T^t\}$，其中，inf 表示生产可能性集合的最大下界，下标 O 代表采用基于产出视角的效率分析模型。产出距离函数 $D_o^t(x^t, y^t) \leqslant 1$，只有当 y^t 处于由 x^t 决定的生产可能性集合的最佳前沿面上时才有 $D_o^t(x^t, y^t) = 1$。借助产出距离函数可以进一步构造 Malmquist 生产率变化指数为：

$$M_i(x^{t+1}, y^{t+1}; x^t, y^t) = \left[\frac{D_i^t(x^{t+1}, y^{t+1})}{D_i^t(x^t, y^t)} \times \frac{D_i^{t+1}(x^{t+1}, y^{t+1})}{D_i^{t+1}(x^t, y^t)}\right] \quad (3-1)$$

在全要素能源效率的测算过程中，选取劳动力、资本存量、能源消费作为投入要素指标，选择期望性产出实际地区生产总值以及非期望性产出废水排放量、二氧化硫排放量和烟尘排放量为产出要素指标。如果 Malmquist 指数大于 1，则表明全要素能源效率水平出现增长；如果小于 1，则全要素能源效率水平出现下降；如果等于 1，那么全要素能源效率水平没有发生变化。

---

① DEA – Malmquist 指数运用距离函数来定义，用来描述不需要说明具体行为标准的多输入、多输出生产技术。它至少具有四方面的优点：一是适用于面板数据分析；二是不需要相关的价格信息；三是无需特定的生产函数和生产无效率项的分布假设；四是可以进一步分解为技术效率和技术进步两类指数。

（1）投入指标。一是劳动力投入。劳动力投入以各个城市的从业人数来表示。二是资本存量。资本存量以社会固定资产投资来替代，估计方法采用永续盘存法：$K_{j,t} = (1-\delta)K_{j,t-1} + I_{j,t}$。其中，$K$ 和 I 分别表示资本存量和新增社会固定资产投资，j 和 t 表示地区和年份，δ 表示固定资产折旧率，具体参照单豪杰（2008）的处理方法，设定折旧率为 10.96%。三是能源消费。由于中国总能源投入数据被明显低估且电力消耗数据更加准确，借鉴秦炳涛（2014）的做法，采用全市全年用电量来反映能源消费水平。

（2）产出指标。一是实际地区生产总值。以 2003 年为基期，根据各个城市所在省份的地区生产总值平减指数进行平减消除价格因素的影响。二是废水排放量。对非期望性产出废水排放量的处理方法上，大多数文献采用投入处理法和方向性距离函数法。但由于特定生产过程中的非期望性产出与劳动、资本等要素投入并非总是保持同比例关系，因此通过方向性距离函数法得到的效率值受方向向量的影响较大，即如果方向向量选择错误，那么测算的效率值就会不准确（韩晶，2015）。为此，利用赛福德和朱（Seiford and Zhu，2002）提出的线性数据转换函数法对生产过程中的废水排放量进行处理。具体处理方法为：设第 i 个城市第 j 年度的废水排放量为 Q_{ij}，$Q_{ij} = (Q_{i1}, Q_{i2}, \cdots, Q_{ij})^T > 0$，$(i = 1, 2, \cdots, n)$；取 $\eta = \max(Q_{ij}) + C$，其中 C 为任意大于 0 的常数，这里取值为 1；通过线性数据转换后，废水排放量可表示为 $Q_{ij}^* = -Q_{ij} + \eta$。三是二氧化硫排放量和烟尘排放量。这两类非期望性产业也采取上述线性数据转换函数法进行处理。

（3）产业结构调整。大多数研究采用第二、三产业增加值占地区生产总值的比重或制造业占地区生产总值比重来表征产业结构（包群和彭水军，2006；蔡昉等，2008；孙晶和李涵硕，2012），更多地局限于三次产业之间的变化，但事实上产业结构调整应该是一个不断变迁的动态性指标，因而这一静态指标无法考察产业结构调整的真实情况。本章将从产业结构调整幅度和产业结构调整质量两个维度来考察中国产业结构的调整状况。对于产业结构调整幅度（$StrI$）的测度，借鉴芬代森和苏德姆（Findeisen and Südekum，2008）的方法，通过测算从业人员在行业间重新配置的强度来反映产业结构的调整幅度，其计算公式表示为：

$$StrI = \frac{\left[\sum_{i=1}^{n} |e(i, t+1) - e(i, t)|\right] - |e(t+1) - e(t)|}{e(t)} \quad (3-2)$$

式中，$e(i, t+1)$ 和 $e(i, t)$ 分别表示一个城市的产业 i 在 $t+1$ 期和 t 期的就业人数，$e(t+1)$ 和 $e(t)$ 分别为该城市在 $t+1$ 期和 t 期的总就业人数；$StrI \geqslant$

0，即只有当城市所有行业就业人数随总就业人数同比例增减时，$StrI = 0$。该指数隐去了城市总就业水平的年度变化，反映了劳动力跨行业配置的幅度。

产业结构调整质量（$StrH$）。产业结构调整质量是产业结构从低级向高级发展的过程，从技术角度可以把产业结构调整质量表述为：资源要素从生产率较低的产业部门转移到生产率较高的产业部门，使生产率较高的产业部门比例持续增加，最终引致不同产业部门的生产率共同提高。因此，产业结构调整质量本质上具有两个特征：一是比例关系的变迁；二是生产率水平的提高。这意味着产业结构调整质量包括数量（比例关系）和质量（生产率）两部分内容，其计算公式表示为：

$$StrH_{it} = \sum_{j=1}^{J} (S_{ijt} \times F_{ijt}) \qquad (3-3)$$

式中，i、j 和 t 分别表示城市、行业和时间；J 为行业总数；S_{ijt} 为 i 城市 j 产业的增加值在 t 时间占所有行业总增加值的比重；F_{ijt} 为 i 城市 j 产业的劳动生产率。式（3-3）表明，一个经济体系中劳动生产率越高的产业在总产业中占比越大，其产业结构调整质量 $StrH$ 就越大。

（4）控制变量。一是经济发展水平（$Econ$）。经济发展水平的提高会带来生产率增长、技术创新和产业结构升级，从而进一步促进能源效率提升（关伟等，2015）。采用人均地区生产总值并取对数来反映一个城市的经济发展水平。二是人力资本（Edu）。人力资本水平的提升既能提升企业的管理效率和创新效率，还可以提高生产效率和促进产业结构升级。借鉴于斌斌（2015）的做法，采用平均受教育年限来代理人力资本变量[①]。三是外商直接投资（FDI）。FDI 的流入不仅可以增加该地区的资本存量，还能促进当地和其他地区节能技术的普及与应用，对节能降耗存在积极的影响（Hübler and Keller，2010）。这里采用第 2 章的计算方法将按历年人民币汇率的平均价格对 FDI 进行折算，并以 FDI 占地区生产总值的比重用来反映一个城市的外商直接投资水平。四是政府干预程度（Gov）。在财政分权体制下，对地方政府的评价体系、官员晋升博弈、产业与能源政策制定实施等因素必然会对一个地区的产业结构调整和能源效率变化存在显著的影响。本章同样借鉴第 2 章的计算方法以财政支出占财政收入的比重来控制一个城市的政府干预程度。

----

①　为计算各地区的平均受教育年限，本章设定不同教育水平的受教育年限：小学为 6 年、初中为 9 年、高中为 12 年、大专以上为 16 年。然后，以各受教育水平在人口中的比例为权数，计算得到各地区的平均受教育年限。

3.2.2 计量模型设定

由于传统计量模型尚未考虑地理单元间的空间交互关系，本章继续选择空间计量方法来分析产业结构调整对能源效率的影响作用与空间溢出效应。关于处理面板数据的空间计量方法，安瑟兰等（Anselin et al.，2008）提出了空间误差模型（SEM）和空间滞后模型（SLM）。随后，詹姆斯和凯利（James and Kelly，2009）将 SLM 模型进行拓展，提出了同时包含被解释变量和解释变量滞后项的空间杜宾模型（SDM）。那么，应该选择哪一种空间计量模型？埃尔霍斯特（2010）研究表明：如果 LM 检验结果拒绝了 OLS 模型，并且同时存在空间误差和空间滞后，则应选择 SDM 模型。检验 SDM 可被简化为 SEM 模型的零假设为 H_0：$\gamma + \delta\beta = 0$，经过 Wald 或似然比（LR）检验后通过了 5% 的显著性水平则拒绝原假设；检验 SDM 可被简化为 SLM 模型的零假设为 H_0：$\gamma = 0$，经过 Wald 或似然比（LR）检验后通过了 5% 的显著性水平则拒绝原假设。SDM 模型的估计采用极大似然估计（ML），其基本形式表示为：

$$Y_{it} = \delta \sum_{j=1}^{n} W_{ij} Y_{it} + \beta X_{it} + \gamma \sum_{j=1}^{n} W_{ij} X_{it} + \mu_i + \upsilon_t + \varepsilon_{it} \quad \varepsilon_{it} \sim N(0, \sigma^2 I)$$

$$(3-4)$$

式中，Y_{it} 和 X_{it} 分别为被解释变量和解释变量，$\delta \sum_{j=1}^{n} W_{ij} Y_{it}$ 和 $\gamma \sum_{j=1}^{n} W_{ij} X_{it}$ 分别为被解释变量和解释变量的空间滞后项，W 为空间权重矩阵。对于空间权重矩阵的设置，大都采用邻接矩阵，即相邻区域赋值 1，不相邻的区域赋值 0。但二元邻接矩阵认为不相邻区域间不存在空间相关性的理念与现实情况存在较大出入。鉴此，采用区域单元在远距离同样存在空间联系的距离权重矩阵，见式（3-5）：

$$W_{ij} = \begin{cases} e^{-\alpha d_{ij}}, & i \neq j \\ 0, & i = j \end{cases} \quad (3-5)$$

式中，W_{ij} 是包含 i 行和 j 列元素的空间权重矩阵，对角线上都为 0；α 为系数，d_{ij} 是地理单元 i 和 j 之间的地理距离，采用城市之间最短距离的倒数来替代。

当存在空间滞后项时，空间计量回归系数不再是简单地反映解释变量对被解释变量的影响作用。勒萨热和佩斯（LeSage and Pace，2009）指出使用点估计方法检验空间溢出效应会导致偏误，应使用微积分方法将总效应划分为直接效应和间接效应，从而能更好地描述变量之间空间溢出效应的存在性。直接效应和间接效应分别表示解释变量对本地区与其他地区的平均影响，将 SDM 模型改写成向量形式为：

$$Y_t = (1 - \delta W)^{-1}(\beta X_t + \gamma W X_t) + (1 - \delta W)^{-1}\varepsilon_t \qquad (3-6)$$

以第 k 个解释变量为自变量对式（3-6）进行求导，可以得到如下偏微分矩阵：

$$\left[\frac{\partial Y}{\partial X_{1k}} \quad \cdots \quad \frac{\partial Y}{\partial X_{Nk}}\right]_t = (1 - \delta W)^{-1}\begin{bmatrix} \beta_k & w_{12}\lambda_k & \cdots & w_{1N}\lambda_k \\ w_{21}\lambda_k & \beta_k & \cdots & w_{2N}\lambda_k \\ \vdots & \vdots & \ddots & \vdots \\ w_{N1}\lambda_k & w_{N2}\lambda_k & \cdots & \beta_k \end{bmatrix}_t \qquad (3-7)$$

由偏微分矩阵可知，若一个地区的解释变量发生变化，则该地区和其他地区的被解释变量都会发生变化。该地区和其他地区被解释变量的变化分别被称之为直接效应和间接效应，在偏微分矩阵中分别反映为对角线元素的平均值和非对角线元素的平均值。当 $\lambda_k = 0$ 时产生的间接效应为局部效应，是 W 矩阵内相邻区域对本地区的影响效应；当 $\delta = 0$ 时产生的间接效应为全局效应，是 W 矩阵内、外所有地区对本地区的影响效应。需要指出的是，局部效应和全局效应在实证研究中很难将两者区分开来。

3.2.3　数据来源

实证研究的数据来源于《中国城市统计年鉴》（2004～2014 年）、《中国区域经济统计年鉴》（2004～2014 年）和《中国统计年鉴》（2004～2014 年），并采用插值法补充个别城市所缺失的数据。需要指出的是，在 2011～2013 年，国务院撤销了安徽省的巢湖市，在贵州省升格毕节和铜仁两个地级市，并在海南省成立三沙市以及在青海省设立地级海东市，使中国地级及以上城市数量变为 290个。为统一口径，最终选择除拉萨（缺少数据）、巢湖、毕节、铜仁、三沙、海东之外的 285 个地级及以上城市数据进行分析。

3.3　特征事实分析

3.3.1　产业结构调整与能源效率的时变特征

图 3-1 和图 3-2 展示了中国及其东、中、西部地区的产业结构调整幅度与

调整质量的时间变化趋势。从变化数量上，西部地区的产业结构调整幅度最大，中部次之，而东部最小；与之相反的是，东部产业结构调整质量最高，而中、西部地区则相对较低。从变化趋势上，在2004～2014年，产业结构调整幅度呈"波浪式"变化趋势，但值得注意的是，全国及东、中、西部地区的产业结构调整幅度分别从2012年的0.12、0.11、0.14、0.13同时上升到2013年0.22，上升幅度接近1倍；全国及东、中、西地区的产业结构调整质量在2004～2012年都处于逐年上升的趋势，并以2013年为拐点开始出现小幅下降。可能的原因在于：一是在"两个大局"战略思想的引导下，东部地区经济起步较早，其产业结构明显优于中、西部地区，但在"西部大开发""中部崛起"等区域一体化战略的影响下，中、西部地区通过承接产业转移和优化内部产业结构等方式加快了产业结构调整幅度，从而不断优化本地产业结构并获得了丰富的"结构红利"。二是党的十八大以后，中国经济逐渐进入了"新常态"发展阶段，其典型特征是"三期叠加"（增长速度换挡期、产业结构调整阵痛期和前期刺激政策消化期）和"三重冲击"（资本积累速度下降、人口红利消失和"干中学"技术进步效应削减）。正是由于中国长期依赖"三高一低"的产业发展模式，使得"结构红利"和"人口红利"消耗殆尽，短期内即便进行高强度的产业结构调整，也难以实现产业结构升级。

从中国能源效率的区域差异上（见图3-3），东部地区的能源效率明显高于中、西部地区及全国平均水平。从变化趋势上，在2004～2013年，全国及东、中、西部地区的能源效率都呈"M"形，并以2008年、2009年、2011年为拐点。在东部地区，能源效率从2004年的0.88逐年上升至2008年的0.99，随后出现"断崖式"下降，到2009年降为0.93，然后又开始逐渐上升，到2010年达到最大值1.03，随之又开始下降至2013年的0.92；在中部地区，能源效率从2004年的0.80上升至2008年的0.97，到2009年下降至0.92，2011年上升至1.02后再下降至2013年的0.91；在西部地区，能源效率从2004年的0.81上升至2008年的0.97，到2009年下降至0.92，2011年上升至1.00后开始下降到2013年的0.88。究其原因可能在于：一是东、中、西部地区的能源效率差异源于三个地区的产业结构差异，即东部地区产业结构调整质量要优于中、西部地区。二是2008年金融危机爆发以后，国内外市场需求紧缩使得国内投资锐减（如FDI转移或撤资）与产能过剩的矛盾日益突出，导致中国能源效率在2009年出现大幅下降；随后，在2010年，国家提出"加快转变经济发展方式"的战略性调整，通过东、中、西部地区产业转移和创新驱动等战略提高了能源效率；但伴随中国经济发展逐渐进入"新常态"，能源效率随之从2012年开始下降。

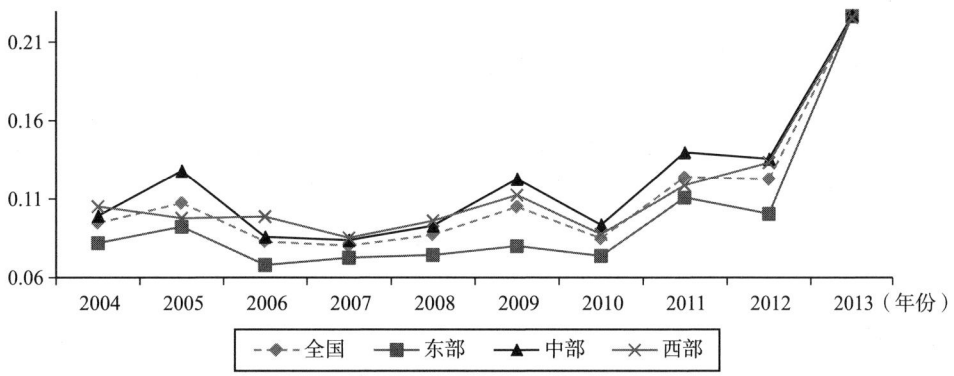

图3-1　中国产业结构调整幅度的变化情况

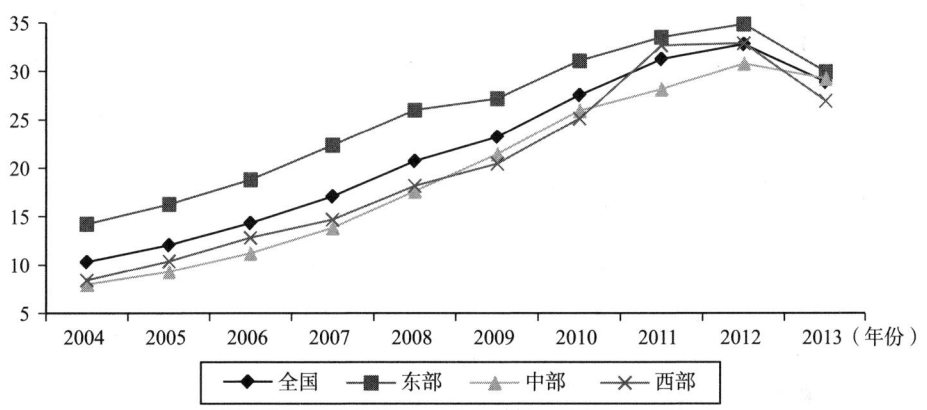

图3-2　中国产业结构调整质量的变化情况

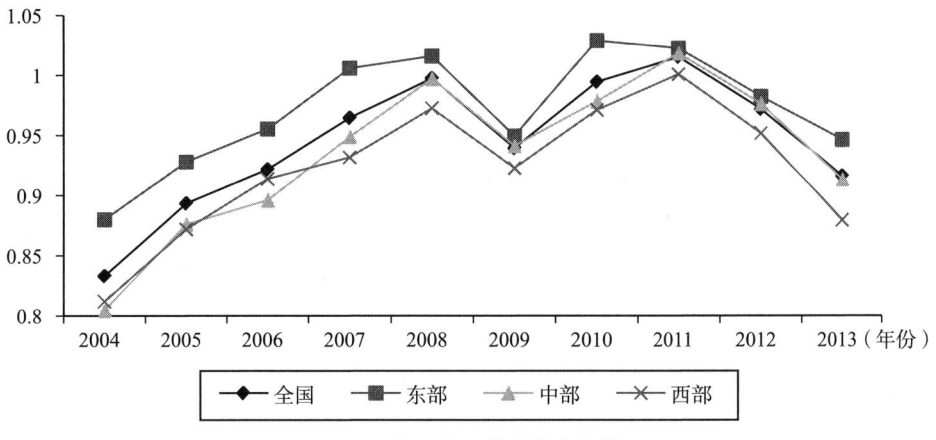

图3-3　中国能源效率的变化情况

3.3.2 产业结构调整与能源效率的空间相关性

空间自相关是对地理单元值空间集聚程度的测量（Getis and Ord，1992）。判断产业结构调整、能源效率是否存在空间相关性，可以采用 Moran's I 指数来检验，其计算公式为：

$$\text{Moran's I} = \frac{\sum\limits_{i=1}^{n}\sum\limits_{j=1}^{n}W_{ij}(Y_i - \bar{Y})(Y_j - \bar{Y})}{S^2\sum\limits_{i=1}^{n}\sum\limits_{j=1}^{n}W_{ij}} \tag{3-8}$$

式中，$S^2 = \frac{1}{n}\sum\limits_{i=1}^{n}(Y_i - \bar{Y})^2$，$\bar{Y} = \frac{1}{n}\sum\limits_{i=1}^{n}Y_i$，$Y_i$、$Y_j$ 分别表示第 i、j 个城市的观测值，n 为观测值数量，W_{ij} 是空间权重矩阵。Moran's I 指数的取值范围为 $[-1，1]$。当 Moran's I 指数为正时，表示存在空间正相关性；当 Moran's I 指数为负时，表示存在空间负相关；当 Moran's I 指数为 0 时，表示空间不相关。对于 Moran's I 指数的显著性水平，采用标准统计量 Z 来检验，其计算公式为：

$$Z(\text{Moran's I}) = \frac{\text{Moran's I} - E(\text{Moran's I})}{\sqrt{\text{VAR}(\text{Moran's I})}}，\quad E(\text{Moran's I}) = -\frac{1}{n-1} \tag{3-9}$$

表 3-1 给出了 2004~2013 年中国城市产业结构调整与能源效率的 Moran's I 指数检验结果。结果显示，在 2004~2013 年，产业结构调整幅度在 2007 年、2008 年和 2012 年没有通过空间相关性的显著性检验。产业结构调整一般来源市场竞争和政府引导两个方面，而与产业结构调整质量相比，产业结构调整幅度更容易受政府引导，尤其是在中央政府与地方政府的换届期，产业结构调整缺乏相应的推动力。从产业结构调整质量的检验结果看，其空间相关性在 2004~2013 年都通过了 1% 显著性水平的检验，这说明中国城市产业结构调整质量在区域之间都存在稳健且明显的空间依赖性；能源效率的检验结果亦是如此。由此，可以推断：地理距离是中国城市产业结构调整与能源效率改善的重要影响因素，也为下一步研究产业结构调整影响能源效率的空间溢出效应提供了统计意义上的逻辑支持。

表 3 – 1　　　　中国城市产业结构调整与能源效率的 **Moran's I** 指数检验结果

变量	2004 年	2005 年	2006 年	2007 年	2008 年	2009 年	2010 年	2011 年	2012 年	2013 年
$StrI$	0.0517*** [4.0133]	0.0557*** [4.3427]	0.0256** [2.1797]	0.0125 [1.1606]	0.0040 [0.5232]	0.0288** [2.3645]	0.0412*** [3.2461]	0.0872*** [6.6516]	0.01716 [1.4838]	0.1268*** [9.4945]
$StrH$	0.2064*** [15.6984]	0.1710*** [13.3755]	0.1611*** [12.6319]	0.1751*** [13.7853]	0.1493*** [11.6868]	0.1406*** [10.7416]	0.1297*** [9.9451]	0.0940*** [7.3713]	0.1171*** [8.9446]	0.1246*** [9.5993]
EnE	0.1830*** [13.5422]	0.1586*** [11.7678]	0.1637*** [12.1442]	0.1730*** [12.8218]	0.1599*** [11.8694]	0.1615*** [11.9887]	0.1587*** [11.7812]	0.1438*** [10.7024]	0.1629*** [12.0858]	0.1542*** [11.4561]

注：(1) ** 、*** 分别表示通过 5%、1% 水平下的显著性检验；(2) 方括号内为 Z 值检验结果。

3.3.3　产业结构调整与能源效率的耦合关系

由于产业结构调整与能源效率之间相互影响、相互作用，构成了彼此耦合的交互体，选用以变异系数为基础的耦合度模型对两个系统的耦合关系进行分析，其计算公式为：

$$C = \left\{ \frac{S_i(x) E(y)}{\left[\frac{S_i(x) + E(y)}{2} \right]^2} \right\}^k \qquad (3-10)$$

式中，$S_i(x)$ 和 $E(y)$ 表示产业结构调整指数和能源效率。k 为区别系数，其取值范围为 [2，5]。为了加强区分度，设定 $k=4$。为划分产业结构调整与能源效率的耦合类型，借鉴马丽等（2012）的做法，构建耦合协调指数 $R = \sqrt{C \times [0.6E(x) + 0.4S_i(x)]}$。在对耦合度和耦合协调度计算之前，对数据采用 min – max 标准化方法进行标准化处理，并利用中值分段法对耦合度和耦合协调度分段（见表 3 – 2）。

表 3 – 2　　　　　　　　耦合度和耦合协调度的阶段划分标准

耦合度	耦合阶段	耦合协调度	协调耦合阶段	综合耦合阶段
$0 < C \leqslant 0.3$	分离阶段	$0 < R \leqslant 0.3$	低协调耦合阶段	低协调分离阶段
$0.3 < C \leqslant 0.5$	拮抗阶段	$0.3 < R \leqslant 0.5$	中协调耦合阶段	中协调拮抗阶段
$0.5 < C \leqslant 0.8$	磨合阶段	$0.5 < R \leqslant 0.8$	高协调耦合阶段	高协调磨合阶段
$0.8 < C \leqslant 0.1$	耦合阶段	$0.8 < R \leqslant 0.1$	极协调耦合阶段	极协调耦合阶段

中国城市产业结构调整与能源效率的耦合结果显示，中国城市产业结构调整幅度与能源效率的耦合度和耦合协调度要明显优于产业结构调整质量与能源效率的耦合度和耦合协调度。具体而言，由产业结构调整幅度与能源效率的耦合分布显示，处于高协调磨合阶段和极协调耦合阶段的城市数占全国城市总数的49.47%，典型的有宜昌、娄底、扬州等城市；而产业结构调整质量与能源效率的耦合分布则显示，有89.82%的城市处于低协调分离阶段和中协调拮抗阶段，例如鸡西、黑河、双鸭山等资源型城市。这意味着产业结构调整幅度与能源效率改善的关系更加密切，尤其是产业结构由"硬化"（如重工业）向"软化"（如轻工业、服务业）的调整幅度越大对提高能源效率的作用就越明显。究其原因主要在于不同行业的能源密度差异较大，例如化工、冶金、建筑等行业的单位产值能耗约为 3 ~ 4 吨标准煤，是精密仪器、电子及通信设备等制造业的 50 倍以上（关伟和许淑婷，2015）。

3.4 计量结果分析

3.4.1 基准模型的结果分析

表 3 - 3 给出了不同空间模型的估计结果。结果显示，在考虑解释变量的空间滞后项以后，SDM 模型的估计结果与 SEM、SLM 模型存在一定差异。空间滞后项系数反映了解释变量的空间相关性强度，也可以理解为其他地区解释变量对本地区被解释变量的加权影响。这意味着一个地区能源效率的改善不仅受本地区产业结构调整与相关变量的影响，还受周边地区产业结构调整与相关变量的影响。经过检验，Wald spatial lag 和 LR Spatial lag 的值分别为 89.24 和 54.35，都在 1% 的显著水平上拒绝了 $\gamma = 0$ 的原假设，而且 Wald spatial error 和 LR spatial error 的值依次为 73.25 和 44.26，也都在 1% 的显著水平上拒绝了 $\gamma + \rho\beta = 0$ 的原假设。由此最终选择 SDM 模型为最终分析模型。进一步的，Hausman 检验结果显示拒绝了随机效应的原假设，即应采取固定效应模型对 SDM 模型的估计结果开展机理解释。

表 3 - 3　　　　　　　　　　　　　　基准模型的估计结果

变量	SEM		SLM		SDM	
	系数	T 值	系数	T 值	系数	T 值
StrI	- 0. 1139 ***	- 4. 5575	- 0. 0830 ***	- 3. 5940	- 0. 0116	- 0. 0902
StrH	0. 0020 ***	8. 6930	0. 0016 ***	7. 2278	0. 0012 ***	4. 0488
Econ	0. 0368 ***	5. 6048	0. 0170 **	2. 2984	0. 0266 ***	31. 2561
Edu	0. 0047	0. 5629	- 0. 0016	- 0. 2042	- 0. 0038	- 0. 8027
FDI	- 0. 0140	- 1. 2708	- 0. 0124	- 1. 1744	- 0. 0075 *	- 1. 8172
Gov	- 0. 1903 ***	- 4. 9698	- 0. 1878 ***	- 5. 1264	- 0. 0896 ***	- 8. 0700
$W \times StrI$					- 0. 0791 **	- 2. 1962
$W \times StrH$					0. 0004	0. 0019
$W \times Econ$					0. 0188 ***	17. 8059
$W \times Edu$					- 0. 0161	- 1. 2445
$W \times FDI$					- 0. 2681 ***	- 4. 0276
$W \times Gov$					- 1. 3312 ***	8. 0906
ρ / λ	0. 6690 ***	15. 4702	0. 7189	9. 9033	0. 7410 ***	4. 9543
$Agi - R^2$	0. 7271		0. 8005		0. 8353	
LogL	1735. 3351		1702. 2139		2621. 7933	
LR	56. 7361 ***		61. 2615 ***		60. 7165 ***	
n	2850		2850		2850	

注：＊、＊＊、＊＊＊分别表示通过 10% 、5% 、1% 水平下的显著性检验。

SDM 模型的计量结果表明，在地区能源效率改善的过程中产业结构调整有其重要影响，且彼此之间存在着空间交互性，城市之间能源效率还会受到其他地区产业结构调整的影响。具体而言，产业结构调整幅度对能源效率的影响为负但未通过显著性检验，而产业结构调整质量提高则有利于能源效率改善且通过了 1% 水平下的显著性检验。与 SDM 模型不同的是，在 SEM 和 SLM 模型中，产业结构调整幅度对能源效率的负向影响通过了 1% 水平下的显著性检验。之所以出现不同的研究结论，主要原因在于 SEM 和 SLM 模型并没有考察产业结构调整幅度对能源效率影响的空间溢出效应。当然空间溢出效应的大小也不能通过空间滞后项看出，但可以通过比较直接效应、间接效应和总效应进行分析（见表 3 - 4）。由表 3 - 4 可以看出，产业结构调整幅度的直接效应为正但未通过显著性检验，而其间接效应和总效应都为负且通过了1%或5%水平下的显著性检验。这说明，产业结构调整幅度增强对本地区能源效率改善并不显著，但其他地区提高产业结构调整幅度对本地区能源效率改善具有明显的抑制效应。其主要原因是在区域产业结构调整过程中，一个地区对产业的"腾笼换鸟"倾向于将低能效、高能耗、高排放的落后产业向周边地区或其他地区转移。由产业结构调整质量的估计结果可知，产业结构调整质量的直接效应、间接效应和总效应对能源效率改善都存在显著的促进效应。这意味着提高产业结构调整质量不仅可以改善本地区的能源效率，还能促进周边地区能源效率的提升。可能的原因在于，某一地区在推动产业结构升级的过程中，可以通过信息、技术溢出等途径改善周边地区的能源效率，或者会引发邻近地区的学习与模仿效应，导致邻近区域之间呈现能源效率改善的"俱乐部收敛"趋势。

表3-4 空间杜宾模型的直接效应、间接效应和总效应

变量	直接效应		间接效应		总效应	
	系数	T 值	系数	T 值	系数	T 值
StrI	0.1002	1.2038	− 0.3523 ***	− 3.1623	− 0.2435 **	− 2.1837
StrH	0.0065 ***	2.9384	0.0117 **	1.9978	0.0056 ***	3.2465
Econ	0.2389 ***	3.1078	0.1395 ***	2.9044	0.1572 ***	4.6283
Edu	0.1826 *	1.7265	− 0.0928	− 0.7463	− 0.0252	− 1.2708
FDI	0.2073 **	2.3417	− 0.5295 ***	− 3.0928	− 0.3405 *	− 1.7702
Gov	− 2.0115 ***	− 4.9253	− 1.4248 ***	− 3.9406	− 1.2834 ***	− 3.1098

注：* 、** 、*** 分别表示通过10%、5%、1%水平下的显著性检验。

在控制变量方面，一个地区的经济发展水平不仅对本地区能源效率具有显著的正向影响，而且对周边地区能源效率也存在显著的促进效应和空间溢出效应。通过经济发展水平的提高，可以增强整个地区的投资能力，从而为能源效率改善提供了更好的物质保障；同时，经济发展层次越高，越有利于生产率提升、技术进步和知识外溢，从而推动能源结构优化升级。提高人力资本水平和外商直接投资仅对能源效率的直接效应显著为正，但二者对能源效率的间接效应和总效应并没有通过显著性检验。究其原因主要在于人力资本市场与外商直接投资区际分割现象的存在。由政府干预程度的估计结果显示，政府干预程度的提高不仅对本地区能源效率的改善具有明显的阻碍作用，而且对周边地区能源效率改善也存在显

著的抑制效应。这也说明政府干预是地方保护主义的根源所在，可能的原因在于：一方面，各级地方政府强调的是本地区的经济发展，往往忽视与周边地区产业发展政策与环境污染治理的统筹协调；另一方面，地方政府之间以邻为壑、环境倾销等短视行为导致了区域之间的环境冲突。鉴于此，地方政府在制定本地区产业结构调整战略时应考虑到其他地区的经济发展战略，若不能及时对它们在产业、资本、人才等方面的策略做出响应，则可能使本地区面临能源效率上的损失。

3.4.2　按地区分组的检验

为了考察不同区域产业结构调整影响能源效率的空间溢出效应，分别对东、中、西部地区进行空间杜宾模型估计（见表 3 - 5）。从表 3 - 5 中可以看出，各地区的表现不仅各自之间差异明显，与全国层面的估计结果也大不相同。东、西部地区的估计结果与全国层面比较接近，加快产业结构调整幅度并不利于能源效率的改善，而提高产业结构调整质量则有助于能源效率的提升。但需要指出的是，东部地区产业结构调整幅度和调整质量的系数绝对值都要相应地大于全国层面的估计结果，而西部地区则正好相反。这说明，在经济发达、基础设施完善的东部地区，产业结构调整幅度过大对能源效率改善的抑制效应更强，而提高产业结构调整质量对能源效率的正向作用更加明显；对于西部地区而言，产业结构层次较低、产业结构相对滞后，过快的产业结构调整必然会引致"三高一低"企业的入驻，引致了能源消费和环境污染。从中得到的启示有：一是产业结构不断优化升级，逐渐形成了规模经济、促进劳动分工和技术进步，促进能源效率不断提升；二是产业结构分化变迁在推动工业化和城市化发展的同时，使能源消费进一步增加，加速了要素市场扭曲、能源供需失衡、能源消费不合理等问题的发生（林伯强和杜克锐，2013）。对于东部地区而言，提高能源效率更应该注重产业全要素生产率的提升，而不是简单的"退二进三"或"腾笼换鸟"。中部地区的估计结果与东部地区存在很大差异，其扩大产业结构调整幅度对本地区能源效率改善具有显著的促进作用，而不利于其他地区的能源效率提升；与之相反的是，其提高产业结构调整质量对其他地区能源效率的影响显著为正。这一结论为中部地区继续通过承接产业转移来改善本地区的能源效率提供了论据支撑，但需指出，承接效果应以提升产业结构调整质量为目的。

表 3-5　　东、中、西部地区空间杜宾模型的直接效应、间接效应和总效应

变量		东部		中部		西部	
		系数	T值	系数	T值	系数	T值
直接效应	StrI	-0.0865*	-1.9070	0.0458***	3.1105	-0.0965*	-1.9376
	StrH	0.0212***	4.8772	0.0012	0.0350	0.0013***	4.2113
	Econ	0.0006	0.0681	0.0343***	17.5438	-0.0009	-0.1035
	Edu	0.1176**	2.0912	0.0075	0.8507	-0.0132	-1.5070
	FDI	-0.0106	-1.0204	-0.0838***	-10.4451	0.1449	0.6271
	Gov	-0.1212***	-2.8355	-0.1528	-1.3989	0.2617*	1.7217
间接效应	StrI	-1.0242***	-5.1268	-0.4593***	-4.2336	-0.4031***	-2.9422
	StrH	0.0125***	2.7341	0.1374**	2.2050	0.0060***	2.9726
	Econ	-0.0093	-0.2896	0.0098***	4.6672	0.0229	0.8336
	Edu	0.4727***	3.6088	-0.0445	-1.0535	0.3801***	2.6251
	FDI	-0.0461	-0.4769	-0.0763	-1.4213	6.3469***	3.0060
	Gov	-1.1568**	-2.0422	0.5079	0.4795	7.0506**	2.5403
总效应	StrI	-1.1106***	-5.6019	0.1283	0.9974	-0.4996***	-3.1441
	StrH	0.0113**	2.4566	0.0116*	1.6938	0.0074***	3.6266
	Econ	-0.0087	-0.2690	0.3762***	3.9471	0.0220	0.8103
	Edu	0.4651***	3.4999	0.0289	1.1904	0.3669**	2.4983
	FDI	-0.0567	-0.5792	-0.1235**	2.3355	6.4918***	3.0007
	Gov	-1.0355*	-1.8081	0.8398	0.7742	7.3123***	2.6186

注：*、**、***分别表示通过10%、5%、1%水平下的显著性检验。

从控制变量的估计结果可知，提高经济发展水平对中部地区的能源效率具有显著为正的空间溢出效应。人力资本水平提升有助于东部和西部地区的能源效率改善，这可能由东部地区产业结构和能源结构优化升级对于高端人才的旺盛需求以及西部地区本身人才匮乏所致。外商直接投资对中部地区能源效率存在显著为负的直接效应，而对西部地区则具有显著为正的间接效应。可能的原因在于，外商直接投资在中部地区的流入会弱化这些地区的环境监管来引起能耗强度的提高，但是却能促进西部地区节能技术的应用，从而对西部地区能源效率的改善是积极的（张宇和蒋殿春，2013）。政府干预程度对东部与西部地区能源效率的空间溢出效应截然相反，即对东部地区具有显著的负向效应，而对西部地区则存在

明显的正向作用。这意味着地方政府应根据市场化程度实施相应的能源效率改善举措。

3.5 引入技术创新的拓展性分析

除了产业结构调整，技术创新也被认为是提升能源效率的重要途径。由于能源消耗费用是企业生产成本的重要组成部分，在竞争压力和环境约束的前提下，企业既有动力又有压力进行技术创新，例如引入新节能技术或优化工艺流程，不断减少能源消耗，从而降低生产成本并提高产出效益。盖尔等（Gale et al.，2014）研究发现，为了降低能源消耗，采取管理创新（如调整组织结构、人力资源管理制度改革等）的企业更偏向于使用节能技术。特里亚尼等（Trianni et al.，2013）以意大利初级金属制造中小企业为样本的研究指出，企业工艺创新引进了新的节能技术，从而提高了能源效率。科斯塔·坎必等（Costa - Campi et al.，2015）对西班牙制造企业的实证研究发现，企业若采取了技术创新，能源效率则会提高 43.6%。近年来，随着新一代网络信息技术的快速发展和广泛应用，信息与通信技术（ICT）发展对能源效率的促进作用已基本形成共识。ICT 本身蕴含的技术进步，不仅有助于消除生产过程的冗余和浪费，并且还能与企业其他的节能措施进行协同，从而提高能源利用效率（Berkhout and Hertin，2004；Moyer and Hughes，2012；Kim and Heo，2014）。已有研究表明，ICT 产生节能效应是通过对能源节约投资减少了财务成本或通过自动化控制生产流程来实现的（Bunse et al.，2011；Ishida，2015；Schulte et al.，2016）。梅等（May et al.，2017）研究发现，应用 ICT 引致的生产过程自动化、基于 ICT 的生产控制及对企业生产流程与信息流的整合等，都可以减少企业能源消耗，提升能源效率。昆蒂亚等（Khuntia et al.，2018）对印度 300 家制造业企业的截面数据分析表明，企业进行以运营为导向的 ICT 投资或设备可以有效提高能源效率。

3.5.1 计量模型与变量选择

由于能源效率的变化是一个动态过程，而且产业结构和技术创新也会伴随能源效率的改善而不断调整，因此，将构建包含时间效应和空间效应的动态空间面板模型。最终，将实证模型设定为：

$$TEE_{it} = \beta UrbanE_{it-1} + \rho \sum_{j=1}^{n} WTEE_{it} + \gamma Stru_{it} + \eta Inno_{it}$$

$$+ \delta X_{it} + \varepsilon_{it}, \quad \varepsilon_{it} = \lambda \sum_{j=1}^{n} W\varepsilon_{it} + \mu_{it} \qquad (3-11)$$

式中，ε_{it}、μ_{it} 为随机误差项，W 为空间权重矩阵，ρ、λ 分别为空间滞后系数和空间误差系数。对于 W 的设置，同样采取区域间地理距离的倒数来表示。

关于能源效率（EnE）的测算，重新采用第 2 章的 Super – SBM 方法进行测算，假设规模报酬可变，并通过要素投入、期望产出和非期望产出三个维度来构建投入—产出指标体系。（1）要素投入包括劳动、资本和能源三个部分。劳动投入采用社会从业人员数量来表示，资本投入选择社会固定资产投资总额来表示，能源投入采用折算为标准煤单位的能源消耗量来表示。其中，社会固定资产投资总额以 2003 年为基期，利用永续盘存法进行估计：$K_{j,t} = (1-\delta)K_{j,t-1} + I_{j,t}$，仍将固定资产折旧率 δ 设定为 10.96%。（2）选择地区生产总值作为期望产出的指标。（3）非期望产出选择了废水排放和废气排放两个指标。其中，废气排放采用了化学需氧量（COD）排放量来衡量，废水排放利用二氧化硫（SO_2）排放量来衡量。

关于产业结构的测算，延用第 2 章关于产业结构的计算方法，将分别从产业间（$StruB$）和产业内（$StruH$）两个维度对产业结构进行评价。关于技术创新的测算，将从创新投入和创新产出两个维度对技术创新进行评价。对于技术创新投入（$InnoI$）的测度，采用 R&D 经费支出占地区生产总值的比重来衡量；对于技术创新产出（$InnoO$）的测度，采用专利申请授权数占地区生产总值的比重来衡量。

为了尽可能减少遗漏变量，还控制了经济发展水平（$Econ$）、人力资本潜力（$Human$）、工业污染治理水平（$PolC$）、外商直接投资（FDI）、城镇化水平（$UrbR$）和政府干预程度（Gov）。其中，经济发展水平、人力资本潜力、外商直接投资和政府干预程度的计算方法与前文一致，工业污染治理水平利用各省工业污染治理投资额占工业总产值的比重来衡量，城镇化水平利用城镇人口占总人口的比重来表示。

该实证研究选择了中国 30 个省份作为样本，数据来源于 2004～2017 年的《中国统计年鉴》《中国能源统计年鉴》《中国环境统计年鉴》《中国科技统计年鉴》《中国人口和就业统计年鉴》以及高校财经数据库。

3.5.2　计量结果分析

在进行计量分析之前，首先通过散点图来观察产业结构、技术创新与能源效率之间的关系。由图3-4可知，产业间结构、产业内结构、技术创新投入和技术创新产出均与能源效率存在一定程度的正相关关系。但关于产业结构调整与技术创新对能源效率的影响程度及具体的作用机制，还需要进一步通过回归分析进行验证。

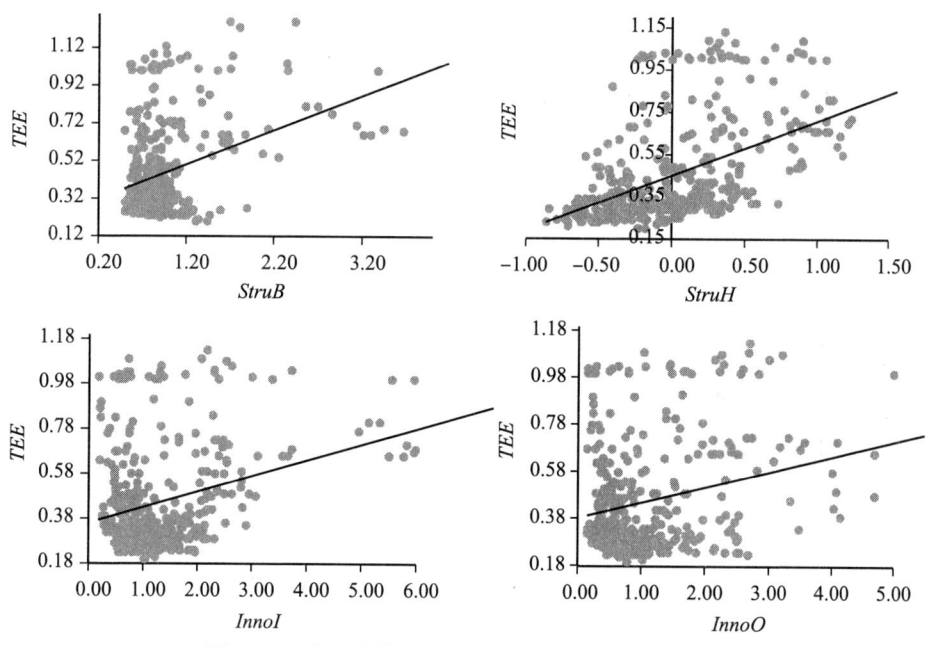

图3-4　产业结构、技术创新与能源效率的散点图

表3-6报告了产业结构与空间结构影响能源效率的动态空间面板模型的估计结果。模型（1）至模型（4）的结果显示，中国能源效率的动态效应和空间效应均显著。这说明，中国能源效率存在明显的动态效应和空间效应。从模型（4）的估计结果可知，产业间结构的服务化调整和产业内结构的生产率增长都显著促进了能源效率的提升，并且两个变量的系数均通过了1%水平下的显著性检验。究其原因在于：一是随着中国进入工业化中后期，一些发达的区域工业比重逐渐降低，并进入了服务化阶段，导致能源投入和污染排放相对减少了；二是产

业内各行业劳动生产率的增长提高了生产要素的投入产出水平，这也是能源效率提升的根源。从技术创新的估计结果来看，技术创新投入对全要素能源效率的影响不显著，而技术创新产出的提高则促进了能源效率的提升，并且通过了 5% 水平下的显著性检验。可能原因在于：虽然中国科技研发投入连年增长，但是科技资源配置不合理，利用率较低，大量的科研成果并不能转化为应用技术；根据国家统计局的数据显示，2016 年中国科技研发经费占 GDP 比重达到 2.11%，但是科技成果转化率仅为 10% 左右，远低于发达国家 40% 的水平。正因如此，技术创新投入对能源效率提升虽为正但不显著。

表 3－6 动态空间面板模型的估计结果

变量	模型（1）	模型（2）	模型（3）	模型（4）
EnE_{-1}	0.0164 ** [2.09]	0.0199 ** [2.25]	0.0247 ** [2.31]	0.0219 ** [2.02]
$StruB$	0.0821 *** [3.89]	0.0942 *** [4.55]	0.0755 *** [3.02]	0.0903 *** [3.47]
$StruH$		0.1778 *** [4.42]	0.1756 *** [4.37]	0.1667 *** [4.14]
$InnoI$			0.0206 [1.33]	0.0012 [0.06]
$InnoO$				0.0304 ** [2.10]
$Econ$	0.0888 *** [2.89]	0.0444 [1.41]	0.0438 [1.39]	0.0536 * [1.70]
$Human$	－ 0.1188 *** [－5.57]	－ 0.0975 *** [－4.56]	－ 0.1113 *** [－4.69]	－ 0.0908 *** [－3.54]
$PolC$	－ 0.1149 [－1.47]	－ 0.0814 [－1.06]	－ 0.0747 [－0.98]	－ 0.0522 [－0.68]
FDI	0.1379 *** [5.72]	0.1315 *** [5.59]	0.1388 *** [5.75]	0.1364 *** [5.64]
$UrbR$	0.0103 *** [6.58]	0.0063 *** [3.53]	0.0059 *** [3.27]	0.0053 *** [2.89]

续表

变量	模型（1）	模型（2）	模型（3）	模型（4）
Gov	0.1063 *** [8.56]	0.1125 *** [9.18]	0.1139 *** [9.26]	0.1217 *** [9.57]
ρ	0.0754 *** [3.51]	0.0741 *** [3.50]	0.0771 ** [2.53]	0.0803 ** [2.55]
LogL	184.6420	195.2538	196.3850	198.2952
n	420	420	420	420

注：（1）*、**、*** 分别表示通过 10%、5%、1% 水平下的显著性检验；（2）方括号内为 T 值检验结果。

控制变量的估计结果显示，人力资本结构对能源效率的影响显著为负。这可能由人力资本结构与产业结构存在"结构失衡"所致，即人力资本程度提高并不符合要素结构优化和产业结构升级所需。此外，外商直接投资、城镇化水平和政府干预程度均显著促进了能源效率的提升。这说明，外商直接投资对中国能源效率改善存在较强的正外部性，在一定程度上否定了外商直接投资是"污染避难所"的假说。城镇化水平的提升对能源消费和污染排放存在更高的标准和要求，有利于加快落后产能淘汰或转移并推动工业集约化发展，优化了能源消费结构。随着经济全球化和污染治理全球化的推进，中国政府对能源利用率和污染治理工作越来越重视，因而政府干预程度的提高尤其是环境规制政策的硬约束，大大提高了对环境污染的防治水平（Jia and Nie，2017）。

3.5.3　稳健性检验

（1）多种计量模型的检验。为了进一步检验上述实证研究结论的可靠性，将分别采用动态 GMM、SLM 和 SEM 三种计量模型对上述实证模型进行重新估计，结果见表 3-7。从表 3-7 中的估计结果可以看出，中国能源效率的动态效应和空间效应都通过了显著性检验。同时，产业结构和技术创新对于能源效率的影响效应与上述动态空间面板模型的估计结果基本一致，仅在显著性和系数大小上存在一些差异。这说明，产业结构和技术创新对于能源效率的影响效应非常稳健可靠。不仅如此，控制变量在三种计量模型下的估计结果与上述研究结论也基本一致。

表 3-7 不同计量模型的估计结果

变量	GMM	SEM	SLM
EnE_{-1}	0.0245 *** [3.22]		
$StruB$	0.0854 [1.43]	0.0910 *** [3.51]	0.0925 *** [3.96]
$StruH$	0.1680 *** [2.73]	0.1539 *** [3.88]	0.1152 *** [3.19]
$InnoI$	0.0045 [0.26]	0.0092 [0.63]	0.0096 [0.62]
$InnoO$	0.0674 *** [3.45]	0.0745 *** [2.93]	0.0918 *** [3.95]
$Econ$	0.0129 [0.13]	- 0.0746 [- 0.63]	- 0.0097 [- 0.44]
$Human$	- 0.0685 *** [- 4.36]	- 0.1829 *** [- 7.22]	- 0.1481 *** [- 6.41]
$PolC$	0.3327 [0.98]	- 0.0642 [- 0.81]	- 0.0481 [- 0.68]
FDI	0.1016 *** [4.64]	0.1142 *** [5.46]	0.1197 *** [6.30]
$UrbR$	0.0049 ** [2.38]	0.0084 *** [4.02]	0.0078 *** [4.13]
Gov	0.1279 *** [7.31]	0.0379 *** [3.69]	0.0549 *** [6.23]
ρ/λ		0.4870 *** [5.29]	0.6710 *** [12.2366]
LogL		119.2708	167.1500
n	420	420	420

注：（1）**、*** 分别表示通过 5%、1% 水平下的显著性检验；（2）方括号内为 T 值检验结果。

（2）不同空间权重矩阵的检验。接下来，将构建邻接空间权重矩阵和经济空间权重矩阵来替换距离空间权重矩阵，并采用动态空间面板模型再次对上述实证研究结论进行稳健性检验。表3-8报告了两种空间权重矩阵的估计结果。关于邻接矩阵的设置方式是，相邻区域赋予1，不相邻的区域赋予0。由于简单的二元邻接矩阵认为不相邻的区域之间不存在空间相关性，因此这种空间权重矩阵的设置方式明显与现实情况不相符，很可能会大大降低估计结果的精确度。即便如此，无论采取邻接空间权重矩阵还是经济空间权重矩阵，产业结构和技术创新对于能源效率的影响效应与表3-6的估计结果基本一致，仅在显著性和系数大小上存在一些差异，而且控制变量的估计结果也是如此。这表明，虽然空间权重矩阵的变化对中国能源效率的空间效应存在一定程度的影响，但研究结论仍然较为稳健和可靠。

表3-8　　　　　　　　　　　不同空间权重矩阵的估计结果

变量	邻接空间权重矩阵	经济空间权重矩阵
EnE_{-1}	0.0303 ** [2.20]	0.0305 ** [2.01]
$StruB$	0.7200 *** [2.79]	0.0901 *** [3.45]
$StruH$	0.1435 *** [3.58]	0.1664 *** [4.13]
$InnoI$	0.0042 [0.23]	0.0012 [0.07]
$InnoO$	0.0348 ** [2.51]	0.0304 ** [2.10]
$Econ$	0.0431 [1.40]	0.0530 [1.67]
$Human$	-0.0768 *** [-3.05]	-0.0905 *** [-3.51]
$PolC$	-0.0414 [-0.55]	-0.0518 [-0.67]
FDI	0.1343 *** [5.65]	0.1362 *** [5.63]
$UrbR$	0.0051 *** [2.88]	0.0053 *** [2.90]

变量	邻接空间权重矩阵	经济空间权重矩阵
Gov	0.1200 *** [9.93]	0.1218 *** [9.58]
ρ	0.0303 ** [2.20]	0.0305 ** [2.01]
LogL	200.6599	198.1894
n	420	420

注：（1） ** 、 *** 分别表示通过 5% 、1% 水平下的显著性检验；（2） 方括号内为 T 值检验结果。

3.6 本 章 小 结

本章利用中国城市和省级层面的面板数据，分析了产业结构调整与能源效率变化的特征性事实，并运用空间计量模型检验了产业结构调整、技术创新对能源效率的影响作用及空间溢出效应。研究结论显示，2004～2013 年，全国及东、中、西部地区的产业结构调整幅度和调整质量都以 2012 年为拐点，分别出现了较大程度的上升和下滑，而能源效率呈现"M"形变化趋势。产业结构调整幅度、产业结构调整质量与能源效率三者都存在显著的正向空间相关性，且证实地理距离是中国城市产业结构调整与能源效率改善的重要影响因素。从产业结构调整与能源效率的耦合程度看，产业结构调整幅度、调整质量分别与能源效率之间存在较为明显的耦合关系，但产业结构调整幅度与能源效率的耦合度要明显优于产业结构调整质量与能源效率的耦合度。产业结构调整对能源效率影响的空间计量结果显示，扩大产业结构调整幅度对本地区能源效率影响为正但未通过显著性检验，但对其他地区能源效率的改善却具有明显的抑制效应；提高产业结构调整质量有利于能源效率提升且通过了 1% 水平下的显著性检验，并且其对能源效率改善的直接效应、间接效应和总效应都存在显著的促进效应。进一步分地区进行讨论时发现：对于东部地区而言，加快产业结构调整幅度并不利于能源效率的改善，而提高产业结构调整质量有助于能源效率的提升；中部地区的估计结果与东部地区存在较大差异，其扩大产业结构调整幅度对本地区能源效率改善具有显著的促进作用，但不利于其他地区的能源效率提升，而提高产业结构调整质量对其他地区能源效率的影响显著为正；西部地区的估计结果与东部地区相似。拓展性分析的估计结果显示，产业间结构的服务化调整、产业内结构的生产率增长以及技术创新产出的增加能显著促进中国能源效率的提升；由于中国科技成果转化率较低，技术创新投入的增加并没有对能源效率产生明显的促进作用。针对以上研究结论，可以得到如下政策启示：

（1）在产业结构调整与升级过程中，应以各区域自身的资源禀赋特征为基础，构建适合区域特点的能源效率提升路径。一个国家和地区的产业结构和能源结构特征深刻地依赖于本地区的资源禀赋特征。中国重工业优先发展的经验表明，忽视资源禀赋特征的产业结构调整与能源效率改善，都无法获得最终的经济增长绩效。本章的研究结论显示，在 2009 年、2012 年两个拐点之后，中国产业结构与能源消费过度依赖"三高一低"的粗放发展模式逐渐终结，开始了立足于自身产业特征和能源基础的产业结构优化升级与能源全要素生产率提升的发展路径。但是，仍有一些地区，尤其是一些资源型城市，由于对自身资源禀赋缺乏充分认识，片面地照搬东部地区的发展经验。实证研究也发现，这些城市由于背离了自身的禀赋特征，且没有重视产业结构与能源效率的耦合关系，即使在短期内可能获得经济增长绩效，但在长期内尤其是进入"新常态"以后，仍然是不可持续的，从而导致产业结构调整的最终失败。

（2）不断调整与优化产业结构变迁的空间关联结构，提高能源区域配置效率，实现产业结构调整与能源效率改善的协调发展。产业结构调整与能源效率提升在地理上存在明显的空间相关性及空间溢出效应，从而为空间维度上跨区域产业结构调整与能源效率改善提供了证据支持。一方面，进一步发挥政府调控和市场机制两种力量对产业结构调整与能源资源空间关联的促进作用，在继续实施东、中、西部产业转移以及"西气东输""北煤南运""西电东送"等能源工程时，抢占"一带一路"建设机遇期，促进产业结构与能源结构的空间联系与空间格局优化。另一方面，除了从产业结构调整与能源消费在"量"上的调节外，更加注重从空间溢出的视角利用好不同地区产业结构调整质量与能源全要素生产率在区域格局中的分工与地位。例如，考虑到长三角、珠三角、京津冀等东部沿海地区的能源消费量较大，在加强这些地区与能源地区空间联系的基础上，进一步推动这些地区的产业结构优化升级，尤其要继续培育和发展新材料、高新技术、高端服务业等新兴产业，实现产业之间的循环利用与生态链接，因地制宜地实施节能减排政策，兼顾质量与效率，走低碳、绿色、节能型的可持续发展之路。

（3）消除不同地区间产业转移与能源流动的"市场分割"，充分重视市场机制在生产要素和商品流动中的作用。一是充分认识市场在资源配置中的决定性作用，减少政令对产业结构调整与能源市场的干预，利用竞争、供求、价格等市场机制进一步加强地区之间产业结构与能源消费的联系，为产业转移与能源流动创造更多的"管道"。二是减少地区之间生产要素流动的壁垒，尤其要不断缩小产业结构与能源消费存在空间联系的各地区之间在技术、人才、信息等方面差距。三是加快能源市场体系建设，发挥能源消费的空间溢出效应，降低能源流动的交易成本。四是东、中、西部地区之间应建立有效的合作机制，实现地区之间的资源共享与优势互补。例如，当东部地区在以技术创新为核心推动产业结构优化升级时，中部地区可以有选择地承接东部地区适合自身资源禀赋特征的产业且制定更加有效的产业发展规划和能源政策，而西部地区应利用自身的资源优势，开发节能减排适应性技术，提升能源使用效率。

（4）中国应注重自主创新，不断提高科技成果转化率，以提升能源效率。促进科技成果转化、加速科技成果产业化，已经成为世界各国科技政策的新趋势。为改变经济发展对能源消费结构依赖性，中国应加大对新能源技术的研发和应用。在稳步提高技术创新投入的条件下，需要构建政府、研发机构和企业等三方在技术创新及技术产业化方面的合作机制：一方面，政府有关部门应尽快制订有效的产业政策和相应的产业技术政策及产业结构政策，在科技成果转化和推广过程中起到良好的引导作用；另一方面，企业应在科技成果研发与产业化过程中起到决定性作用，真正成为促进科技成果转化的重要途径。

第 4 章

城市产业结构升级的动力转换：
生产性服务业集聚

当前，中国经济正由"结构性加速"的工业化阶段进入"结构性减速"的城市化阶段[①]（中国经济增长前沿课题组，2014）。这意味着，服务业作为国民经济的主要部门，将对中国经济增长起到越来越重要的作用。赵靓和吴梅（2016）统计研究发现，中国服务业对 GDP 的贡献率逐年增加，从 1995 年的28.5% 上升至 2014 年的 48.1%，尤其是生产性服务业对 GDP 的贡献率已达22.4%。20 世纪 80 年代以来，生产性服务业在发达国家迅速崛起，并逐步取代制造业成为经济增长的核心动力和创新源泉，从而使生产性服务业对经济发展的影响也发生了重大变化，即由起初的"润滑剂"（管理功能）到"生产力"（促进功能）再转化为如今的"推进器"（战略功能）。从世界范围来看，"美国先进制造业计划""德国工业 4.0""新工业法国""英国工业 2050"和"中国制造2025"等国家战略都将生产性服务业作为产业结构调整和经济可持续发展的重要支撑。2014 年，国务院印发《关于加快发展生产性服务业促进产业结构调整升级的指导意见》，首次对中国生产性服务业发展进行全面部署，明确提出加快发展生产性服务业是推动产业优化升级、经济提质增效的重大举措。《国家新型城镇化规划（2014—2020 年)》亦指出，引导生产性服务业在中心城市、制造业密集区的合理布局，加快生产性服务业专业化、市场化、社会化发展，是推动中国产业结构战略性调整、实现经济可持续发展的重要途径。

[①] 经过多年的快速增长，中国经济整体上已经步入了工业化后期，2013 年中国经济结构发生了具有历史意义的重大变化，即第三产业比重首次超过第二产业比重。

随着经济全球化、信息技术和通信技术的快速发展，生产性服务业集聚已成为国内外区域经济发展过程中的典型事实（Illeris and Philippe，1993；胡霞，2008），也成为有效缓解日益严峻的能源和环境约束，促进产业结构优化升级的重要突破口。究其原因主要在于：一方面，作为技术和知识密集型产业以及制造业的中间投入品，生产性服务业贯穿于整个制造产业链的诸多环节，已成为决定产品差异化的重要源泉和全球价值链两端的重要组成部分；另一方面，生产性服务业的发展本身不仅是产业转型升级的表现，而且生产性服务业集聚可以发挥其作为高附加值产业对整个产业体系的广泛辐射和全面支撑作用，促进产业结构调整与优化升级（Hayes，2009；段文斌等，2016）。如今，中国生产性服务业虽已成为服务业中最具潜力、增长最快的部门，但与发达国家相比，其对整个国民经济的贡献十分有限，仍存在集聚水平不高、结构不合理等问题。因此，如何通过加快中国生产性服务业集聚发展，促进产业结构由生产制造型向生产服务型转变就成为学者和政策制定者共同关注的问题。

需要指出的是，多数研究集中探讨了生产性服务业集聚对制造业生产率的重要性（Markusen，1989；Daniels，1995；顾乃华，2006；冯泰文，2009；宣烨，2012；余永泽，2016），但关于生产性服务业集聚如何影响产业结构升级的问题还很少有学者给出正面回答。具体而言，相关文献主要具有以下特点：（1）多侧重于从制造业集聚层面对产业结构升级开展研究，往往忽视生产性服务业的集聚效应及其具体来源，更未探讨生产性服务业集聚外部性对于产业结构升级的影响机制。尤其是随着中国产业结构服务化的加速以及服务业内部分工日趋专业化、多样化，生产性服务业集聚对于产业结构升级的影响将越来越重要。（2）多忽视生产性服务业集聚所产生的空间溢出效应，尤其是生产性服务业集聚对周边地区产业结构升级的影响作用。随着信息技术的迅速发展，生产性服务业集聚除了提供"本地化"服务以外，对辐射范围内的周边地区甚至更远地区的产业结构优化升级也存在一定的空间溢出效应。（3）多选取内部差异与空间尺度都较大的省级层面数据而非更能刻画生产性服务业集聚真实状况的城市数据，对城市空间维度及城市异质性的集聚效应考察不够深入，这有可能对实证检验结果造成偏误。城市作为生产性服务业集聚的主要场所，城市异质性特征明显，而将省内各城市看作均质区域显然不符合现实情况。

4.1 理论机制分析

4.1.1 集聚外部性的作用机理

生产性服务业集聚对产业结构升级的影响在很大程度上归因于集聚所产生的外部性经济。关于集聚外部性的作用机制大都体现在经济活动趋向于空间集聚的动态性演进过程。格莱泽等（Glaser et al.，1992）在总结提炼产业集聚类型及其外部性作用机理的基础上，首次提出了动态外部性的概念，并将集聚动态外部性划分为 MAR 外部性、Jacobs 外部性和 Porter 外部性三种类型。集聚动态外部性是指相同或不同产业在一个地区的空间集聚而产生的外溢效应，并与市场竞争程度密切相关。其中，MAR 外部性认为，行业内同一产业的专业化集聚更有利于技术、知识和人力资本在行业内的共享与扩散，从而推动该地区的技术创新与产业升级。同时，该理论认为垄断比竞争更有利于发挥技术知识溢出，更有利于推动产业技术创新和生产率提升。Jacobs 外部性则指出，行业外不同产业的多样化集聚比产业结构单一的专业化集聚更能促进技术创新与产业增长（Jacobs，1969）。该理论也指出，高度竞争的市场环境比垄断更有利于产业之间的知识外溢与技术创新，从而更能推动地区生产率增长。而 Porter 外部性虽然认同 Jacobs 外部性关于市场竞争有利于技术知识溢出的观点，但同时也指出，集聚动态外部性主要来源于行业内同一产业集聚所引致的有效竞争，而非不同产业之间的集聚外溢效应（Porter，1990）。

基于集聚动态外部性理论，生产性服务业集聚也是通过 MAR 外部性、Jacobs 外部性和 Porter 外部性促进了产业结构升级。关于 MAR 外部性的研究最早可以追溯到马歇尔，他分析了单一产业集聚的三个来源：劳动力市场共享、专业化投入品和知识技术外溢（Mashall，1890）。随后，阿罗（Arrow，1962）和罗梅洛（Romero，1986）运用内生经济增长模型中的"干中学""报酬递增"来解释相同产业集聚所实现的专业化集聚外部性，并由此形成了产业集聚的 MAR 外部性。由此，生产性服务业集聚的 MAR 外部性对于产业结构升级的作用机理主要表现为：一是生产性服务业的专业化集聚通过在地理上的接近性以及对相关产业的针对性服务，促进了企业之间的技术交流与合作，并通过"面对面交流"实现了"干中学"，从而有利于企业获取社会异质性资源或知识，降低了企业之间的信息不对称程度。这意味着行业内企业可以更多地依赖于融资租赁、信息服务、研发设计、现代物流等生产性服务作为中间投入，从而加快了企业生产过程的效率改进，以实现产业的技术进步与结构升级。二是生产性服务业在专业化集聚过程中，必然会强化专业化人力资本的累积与投入，并通过技术知识的创造和扩散来发挥在"集体学习"过程中对于其他产业的外溢效应，从而促进了生产性服务的价格降低、种类增加与质量提升（Glaeser，2009）。这本身就提高了其他企业对于生产性服务外包的可获得性，使企业更加专注于核心业务和能力，从而极大地优化了行业内产业结构。三是生产性服务业的专业化集聚不仅可以通过提供专业化服务来强化人力资本与技术知识在企业之间的共享和扩散，还能将高端生产性服务业嵌入企业生产活动与产业价值链中，促进了生产环节向高技术、高附加值的价值链两端延伸，从而推动了产业结构升级。

生产性服务业在既定空间的多样化集聚，加强了不同产业之间的投入产出联系和优胜劣汰竞争机制，并通过更紧密的契约合作关系和更互补的生产要素匹配，纠正要素价格扭曲和市场分割状态，从而实现地理邻近与关系邻近的循环因果效应，这也由此形成了生产性服务业集聚的 Jacobs 外部性（Neffke et al.，2011；Boschma et al.，2013）。一方面，根据"市场容量决定社会分工"的基本原理，生产性服务业多样化集聚所引致的市场需求扩大，进一步增加了生产性服务业的种类与规模，深化了生产性服务业的专业化分工，逐渐使生产性服务业成为具有规模经济效应的产业部门（Eswaran and Kotwal，2002）；另一方面，新经济地理学理论认为，生产性服务业多样化集聚使其成为不同产业之间的"润滑剂"，可以通过上、下游产业之间的投入产出关联形成横向与纵向的相互协作，并能够更好地发挥产业链中各个企业的比较优势，从而深化了产业分工，实现了规模经济效应。生产性服务业的多样化集聚不仅有利于下游厂商更加便捷地获取品种多样、质美价廉的中间服务产品，优化要素投入结构和降低生产成本，还提高了其与整个经济部门之间的协同效率，从而产生了规模经济，促进了产业结构升级。

生产型服务业集聚的 Porter 外部性则主要通过生产性服务业企业的市场竞争机制来降低整个经济部门的交易成本，进而促进产业结构升级。（1）价格竞争效应。生产性服务业集聚度的提高必然会增加生产性服务业企业的市场竞争程度，而同行业的市场竞争更会推动生产性服务业企业通过降低服务价格来获取更多的市场需求。生产性服务业企业的竞争水平会通过"涟漪效应"或"投入—产出"关系影响到下游企业对于中间投入品的成本、种类和品质的选择（Arnold et al.，2012；Bas，2014）。生产性服务业企业的价格竞争降低了下游企业生产决策时所考虑的交易成本（如融资、租赁、配送、出口等成本）。（2）差异化竞争效应。生产性服务业企业之间的差异化竞争主要表现在：一是生产性服务质量的提升，尤其是在服务特征均衡化的条件下，生产性服务业企业提高服务水平能获得更加广阔的市场需求（Ketels，2013）；二是生产性服务更加专业化，以满足下游企业的定向需求。高质量和专业化的生产性服务对于降低下游企业的交易成本具有重要作用。交易成本的降低不仅能直接提高下游企业的生产率，还能促进下游企业将优势资源集中在比较优势环节，从而推动整个经济部门的产业结构升级。

虽然生产性服务业不同类型的集聚外部性对产业结构升级的作用机理不尽相同，但并不意味着不同集聚外部性之间是完全排斥的，即生产性服务业集聚对于产业结构升级的作用机理可能来源于不同集聚外部性的共同作用。凯内利等（Cainelli et al.，2014）利用意大利企业层面的数据研究了 MAR 外部性、Jacobs 外部性和 Porter 外部性对于企业全要素生产率的影响效应，发现 MAR 外部性和 Jacobs 外部性只有达到一定门槛时才能促进企业全要素生产率增长，而 Porter 外部性对企业全要素生产率的促进作用随外部性增强而减弱。不难发现，对于生产性服务业哪一种集聚外部性在产业结构升级中起主导作用，国内外学者并未达成共识。通过对集聚动态外部性理论的系统梳理与分析，笔者认为，对于行业规模大、产业类型少的地区，经济发展对于生产性服务业的市场需求存在"大而单一"的特征，容易使生产性服务业在既定空间内形成专业化集聚，其主要发挥 MAR 外部性的技术知识溢出和人力资本积累两种效应，以及 Porter 外部性的价格竞争和差异化竞争两种机制，推动整个经济部门的技术进步和交易成本下降，从而促进产业结构升级；对于产业规模大、产业类型多的地区，经济发展对于生产型服务业的市场需求存在"大而多样"的特征，容易使生产型服务业在既定空间内形成多样化集聚，其主要通过发挥 Jacobs 外部性的分工深化和规模经济两种效应来推进产业链延伸，从而促进产业结构升级（见图 4 - 1）。

4.1.2　空间外溢效应

信息技术的快速发展为生产性服务业企业提供了更大的选址弹性，信息技术进步让生产性服务业企业可以为更远、更分散的市场提供服务。谭洪波（2013）研究发现，信息通信技术是对生产性服务业空间集聚影响最显著的因素。这说明新经济地理学中关于制造业集聚的冰山成本难以解释生产性服务业集聚的运输成本，而信息传输成本可以替代制造业集聚中的运输成本，以反映生产性服务集聚的运输成本或贸易成本（陈建军等，2009）。与工业或制造业相比，生产性服务

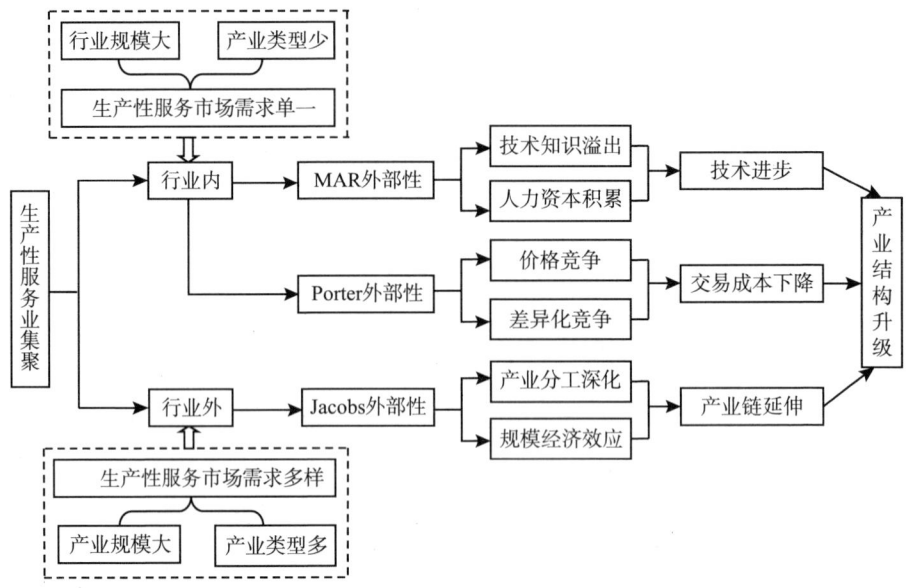

图 4-1　生产性服务业集聚促进产业结构升级的作用机理

业具有产品无形、不可储存、产销同步、实时交易等特征，因而在提高信息化水平之后，生产性服务业企业依靠信息通信网络进行跨区域、远距离、即时性传输与服务的贸易成本将会大幅度减少。费瑟（Feser，2002）采用美国县市级统计数据实证检验了生产性服务业的规模经济效应及其影响范围，发现生产性服务业集聚在 50 英里内对园林机械、控制装置等产业部门增长存在显著的规模经济效应。德鲁克和费瑟（Drucker and Feser，2012）进一步利用企业微观数据对生产性服务业规模经济效应的影响范围进行了检测，也发现生产性服务业集聚在 75 英里以内对塑料橡胶、金融加工和控制装置等产业部门的劳动生产率具有明显的促进作用。宣烨（2012）、张浩然（2015）以及于斌斌（2016）对中国地级及以上城市的研究也证实，生产性服务业集聚对于制造业生产率、城市经济绩效、地区经济增长等方面都存在明显的空间外溢效应，并且存在显著影响的空间范围达100 千米（韩峰和柯善咨，2012）。这意味着，生产性服务业集聚外部性不仅对本地区产业结构升级具有促进作用，还在一定辐射范围内对周边地区的产业结构升级存在空间外溢效应。

　　虽然生产性服务业集聚外部性的空间外溢效应是影响产业结构升级的关键因素，但这也会受到地理距离的影响。（1）地理距离增加会提高信息不对称程度。波蒂厄斯（Porteous，1995）将信息划分为"标准化信息"（或"编码知识"）和

"非标准化信息"（或"隐性知识"）两种类型。其中，"标准化信息"是可以突破地理空间的束缚，并能通过信息媒介远距离、低成本、无失真传输的"硬"资料；而"非标准化信息"包括个人技能、人际关系、公司信誉、竞标信息、服务意识等"软"资料，这些信息在传输过程中可能会因"距离损耗"（distance decay）而出现信息衰减，也可能由于地域差异而引起诠释误差。信息传输在生产性服务业集聚对产业结构升级的空间外溢效应中起了关键作用，但随着地理距离的增加，服务信息尤其是非标准化信息会呈现"损耗性传递"的特征。因此，短距离且频繁的"面对面交流"（face to face contact）既可以减少信息不对称程度，又能促进生产性服务集聚对产业结构升级的空间外溢效应。（2）市场分割阻碍了空间外溢效应的发挥。改革开放以后，虽然中国市场化程度有了明显提高，但行政区经济所导致的地方保护、市场分割等现象仍然普遍存在，尤其是省级、市级甚至是县级之间的区际竞争及管理界限对于构建区域经济一体化仍然具有显著的阻碍作用。中国区域之间市场分割形成的主要原因在于财政分权体制下地方政府的财政激励、"GDP 赛跑"、官员晋升等因素的影响（周黎安，2004；于斌斌和金刚，2014）。地方政府完全可以通过设置生产性服务业企业进入市场的难易程度来塑造生产性服务业集聚的产业类型和竞争结构，进而影响了生产性服务业集聚对产业结构升级的空间外溢效应。再加上生产性服务业本身在生产者与消费者之间就存在功能与空间的联系（Hanssens et al.，2013），这使生产性服务业集聚对于产业结构升级的空间外溢效应必然会受到地理距离的限制。

4.1.3　城市规模的约束与引导

生产性服务业集聚通过中间投入将集聚外部性引入最终产品企业，从而构成了城市集聚经济的微观基础（Abdel - Rahman and Fujita，1990）。正是由于城市集聚经济主要来自生产性服务业，并且不同城市规模的生产性服务业集聚结构不同，这必然会导致各种城市规模的集聚经济存在差异。西科尼和霍尔（Ciccone and Hall，1996）构建了一个两部门的城市净集聚经济模型，发现城市集聚经济源于制造业发展对于生产性服务业的差异化需求，并且城市净集聚经济的大小受城市规模的影响。随后，奥和亨德森（Au and Henderson，2006）将城市规模和产业结构同时引入城市净集聚经济模型发现，虽然城市净集聚经济来自生产性服务业集聚，但生产性服务业的集聚规模以及其在产业结构升级中的作用却取决于城市规模。西蒙宁等（Simonen et al.，2015）也发现，产业集聚外部性（MAR外部性和 Jacobs 外部性）对区域经济发展的影响作用受到城市规模的制约。这意味着，城市规模对于生产性服务业集聚以及产业结构升级都存在约束和引导。

（1）城市规模对生产性服务业集聚的约束和引导。由于生产性服务业集聚对城市具有很强的依赖性，一个城市的发展潜力和市场规模就成为影响生产性服务业集聚的关键因素。一方面，物流运输、普通商务、日常金融等生产性服务业大都在中、小城市集聚，这些生产性服务业具有服务半径小、知识密度低、交易频率大等特征，主要为下游的工业或制造业提供"本地化"服务；另一方面，研发、会计、律师、咨询等生产性服务业适合在区域性中心城市或国际大都市集聚，这些生产性服务业具有服务半径大、知识密度高、交易频率小等特征，从而可以为下游企业提供"跨区域"服务。柯善咨和赵曜（2014）研究发现，产业结构尤其是生产性服务业—制造业结构的优化升级受制于城市规模，只有当城市越过一定的规模门槛时才能从上下游产业关联中获取经济效益。当城市规模过小时，生产性服务业集聚会导致需求结构与产业结构不匹配，从而会抑制产业结构升级（金晓雨，2015）。随着城市规模的扩大，生产性服务业集聚可以借助共享基础设施平台来降低运营成本和交易成本，利用技术知识溢出不断降低生产性服务业尤其是知识密集性服务业的供给成本，并通过深化专业化分工增加生产性服务业种类，提高技术服务效率（Marek，2012；Winters et al.，2014）。不仅如此，生产性服务业尤其是一些高端生产性服务业对制度因素最为敏感，甚至本身就是制度载体，而且多数政策的策源地和决策中心主要集中在大、中型城市，从而有利于与政策部门沟通并获取政策上的优先支持（Jacobs et al.，2014）。

（2）城市规模对产业结构升级的约束和引导。随着城市规模的变化，一个城市体系中的产业结构也会随之调整，将在不同城市之间形成"效率规模"差异（Capello，2013；Melo et al.，2017）。城市最优规模的选择会因产业结构和城市功能不同而异，因而在城市规模与产业结构之间存在不同的规模—效益曲线（Parkinson et al.，2015）。在城市规模的约束和引导下，产业结构将伴随规模经济和集聚效应的变化不断深化分工与升级变迁，如逐渐形成以加工制造为主的中、小型城市和以高级商务为主的大、中型城市。一方面，随着城市规模的扩大，生产性服务业集聚提高了劳动力市场匹配的质量，加快了人力资本在企业之间的转换速率，为人才和企业的发展提供了更大的市场空间，从而推动了现代产业部门成长；另一方面，城市规模的扩大推动了租金成本和交通成本的上升，在企业之间引发了更为激烈的市场竞争，最终导致低效率企业被淘汰出大城市，存活下来的是效率更高的企业。当城市规模较小时，单位产出会随着城市规模的扩大而增加，而当城市规模超过最优规模时，城市规模扩大所产生的成本将大于所带来的收益，单位产出会随着城市规模的扩大而降低，这正源于城市规模引致的

"集聚效应"和"选择效应"（Melo et al.，2009）。库姆斯等（Combes et al.，2012）研究发现，城市规模对于生产率的边际产出弹性在2% ~10%，即与中小城市相比，大城市具有生产率优势。余壮雄和杨扬（2014）则采用中国城市数据证实，"集聚效应"而非"选择效应"是大城市形成生产率优势的主要原因。城市规模无论是通过"集聚效应"还是"选择效应"发挥作用，其最终目标都是为了促进产业结构升级。

4.2　实证研究设计

4.2.1　计量模型设定

这里同样采用空间计量方法考察生产性服务业集聚对产业结构升级的影响效应，以识别和度量相关变量之间有可能存在的空间交互作用。由于产业结构升级本身也是一个动态变化过程，当前的产业结构变迁既取决于现期因素，又会受到前期因素影响，因此，将进一步构建包含被解释变量时间滞后项与空间加权项的动态空间面板模型，最终将动态空间面板模型设定为：

$$Y_{it} = \beta Y_{it-1} + \rho \sum_{j=1}^{n} W_{ij} Y_{it} + \gamma Agg_{it} + \eta X_{it} + \alpha_i + v_t + \varepsilon_{it}, \quad \varepsilon_{it} = \lambda \sum_{j=1}^{n} W_{ij} \varepsilon_{it} + \mu_{it}$$

$$(4-1)$$

式中，Y_{it}表示产业结构升级指数；Agg_{it}表示生产性服务业集聚外部性指数；X_{it}表示控制变量；W_{ij}也为空间距离权重矩阵。

4.2.2　变量选择

实证研究的最终样本也为中国285个地级及以上城市，数据来源于2004 ~ 2015年的《中国城市统计年鉴》《中国区域经济统计年鉴》和《中国统计年鉴》，并采用插值法补充个别城市所缺失的数据。

（1）被解释变量。产业结构升级是产业结构的比例变化和质量提升的最终结果。前面两章关于产业结构调整的度量虽然包含了产业比例关系和劳动生产率两部分内容，但并没有体现产业结构升级的方向及其动态性。已有研究发现：一方面，"经济服务化"是产业结构升级的重要特征和典型事实（干春晖等，2011）；

另一方面，中国产业结构升级中应该包括足够多的生产率内容，这也是新常态下中国经济实现转型升级的主要动力（刘伟等，2008；蔡昉，2013）。鉴此，本章将重新构建产业结构升级指数，其计算公式为：

$$Sop_{it} = TS_{it} \times OP_{it} \qquad (4-2)$$

式中，TS 表示第三产业与第二产业的产值之比，OP 表示第三产业与第二产业的劳动生产率之比。

（2）解释变量。借鉴张学良（2012）、于斌斌和金刚（2014）等学者的处理方法，采用专业化指数和多样化指数分别表征生产性服务业集聚的 MAR 外部性和 Jacobs 外部性，其计算公式为：

$$MAR_i = \text{Max}_j(s_{ji}/s_i) \qquad (4-3)$$

$$Jacobs_i = 1/\sum_j |s_{ji} - s_i| \qquad (4-4)$$

式中，s_{ji} 为 i 地区生产性服务业细分行业 j 的就业人数占该地区总就业人数的比重，而 s_i 为全国生产性服务细分行业 j 的总就业人数占全国总就业人数的比重[①]。对于生产性服务业集聚的 Porter 外部性，将借鉴杨仁发（2013）的处理方法进行测度，其计算公式为：

$$Porter_i = Agg_i \times Com_i \qquad (4-5)$$

式中，agg_i 为生产性服务业的集聚程度，com_i 为生产性服务业的市场竞争程度。需要指出的是，对于市场竞争程度的计算，杨仁发（2013）采用的是：（i 地区 j 行业企业数/i 地区 j 行业产值）/（全国 j 行业企业数/全国 j 行业产值），但规模以上企业的界定标准于 2011 年后发生了调整，因而该方法并不适用于本章的数据范围。张杰等（2012）发现，企业竞争程度与劳动报酬之间存在显著的正相关关系，即市场竞争程度越激烈的行业，其企业员工的劳动报酬相对越高。因此，基于研究可行性与数据可得性的考虑，借鉴刘胜和顾乃华（2015）的方法，采用城市职工平均工资水平并取对数来反映生产性服务业的市场竞争程度。另外，选取区位商来测度生产性服务业的集聚程度，其计算公式为：

$$Agg_i = \frac{PS_i}{TE_i} \bigg/ \frac{PS}{TE} \qquad (4-6)$$

式中，PS_i 为 i 地区生产性服务业的就业人数，TE_i 为 i 地区总就业人数，PS

---

① 借鉴国家统计局、国家发展和改革委员会联合印发的《生产性服务业分类（2015）》对生产性服务业的分类标准，本章选取"交通运输、仓储和邮政业""信息传输、计算机服务业和软件业""批发和零售业""金融业""房地产业""租赁和商业服务业"和"科学研究、技术服务业和地质勘查业"7 个行业来代表生产性服务业。

为全国生产性服务业的总就业人数，*TE* 为全国总就业人数。

（3）控制变量。本地市场规模（*Local*）：采用城市社会消费品零售总额并取对数来代理，这反映了生产性服务业集聚对产业结构升级的本地市场效应。信息化水平（*Infor*）：利用人均邮电量并取对数来衡量，这不仅体现了生产性服务业跨区域服务的能力和水平，还能通过信息化改造降低产业结构升级的技术成本和交易成本。人力资本（*Edu*）：借鉴第 3 章的计算方法使用平均受教育年限来表示，这不仅是影响生产性服务业集聚的重要因素，还可以提升相关企业的生产率和创新效率。基础设施建设（*Infra*）：借鉴第 2 章的计算方法运用城市道路人均占有面积并取对数来表征，这降低了生产要素的运输成本和交易成本。政府干预（*Gov*）：选取财政收入占地区生产总值的比重来控制，这也是造成区际市场分割的主要根源。

4.3　计量结果分析

4.3.1　空间相关性分析

图 4 - 2 给出了中国产业结构升级的 Moran's I 指数检验结果及其变化趋势。结果显示，在 2003 ~ 2014 年，中国产业结构升级的 Moran's I 值均通过了 1% 水平下的显著性检验，这表明中国城市之间的产业结构升级存在显著的空间相关性。从变化趋势上看，中国产业结构升级的空间相关性随时间推移呈现出"波动式"特征，即在 2007 年以后出现持续下降，但在 2011 年以后又开始逐渐上升。究其原因主要在于：一是受国际金融危机的影响，中国产业结构整体进入了自我调整期，削弱了地区之间的空间相关性；二是 2012 年以后，中国经济发展进入"新常态"，加快通过"腾笼换鸟""凤凰涅槃"等方式推动中国经济"转方式、调结构"，从而提高了区域之间产业结构升级的空间相关性。

接下来，进一步计算了 350 ~ 1700 千米距离带宽下中国产业结构升级在 2003 ~ 2014 年的 Moran's I 指数及其统计检验①（见表 4 - 1）。结果显示，中国产业结构升级的空间相关性随着地理距离的增加持续下降，尤其是当距离超过 1500

---

① 通过对地理距离的计算发现，306 千米是中国城市之间最小的"门槛距离"，即在不小于该距离的情况下，才能实现每一个城市都至少有一个邻近的城市。

千米时，空间相关性不再显著，该变化趋势贯穿于 2003～2014 年的 12 个年份中。这不仅证实了中国产业结构升级的空间相关性符合"地理学第一定律"，而且验证了其空间外溢边界达 1500 千米左右。因此，考虑空间外溢效应来分析中国产业结构升级就显得尤为重要。

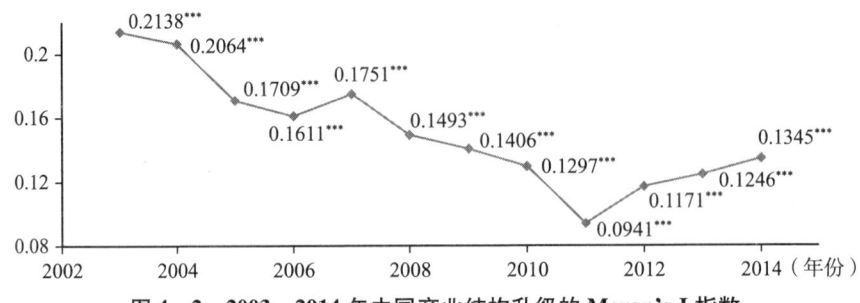

图 4-2　2003～2014 年中国产业结构升级的 Moran's I 指数

注：*** 表示通过 1% 水平下的显著性检验。

表 4-1　中国产业结构升级的 Moran's I 指数随地理距离的变化及其统计检验

年份	(0-350]	(0-500]	(0-700]	(0-900]	(0-1100]	(0-1300]	(0-1500]	(0-1700]
2003	0.2128 ***	0.1645 ***	0.1163 ***	0.0532 ***	0.0364 ***	0.0247 ***	0.0061 *	-0.0018
2004	0.1970 ***	0.1439 ***	0.0902 ***	0.0357 ***	0.0288 ***	0.0206 ***	0.0053 *	-0.0012
2005	0.1636 ***	0.1177 ***	0.0702 ***	0.0244 ***	0.0213 ***	0.0184 ***	0.0040 *	-0.0016
2006	0.1574 ***	0.1034 ***	0.0621 ***	0.0210 ***	0.0197 ***	0.0175 ***	0.0038 *	-0.0015
2007	0.1700 ***	0.1202 ***	0.0768 ***	0.0326 ***	0.0266 ***	0.0199 ***	0.0042 *	-0.0018
2008	0.1421 ***	0.1013 ***	0.0599 ***	0.0203 ***	0.0184 ***	0.0136 ***	0.0036 *	-0.0016
2009	0.1385 ***	0.0934 ***	0.0437 ***	0.0198 ***	0.0175 ***	0.0124 ***	0.0019	-0.0018
2010	0.1252 ***	0.0865 ***	0.0422 ***	0.0194 ***	0.0169 ***	0.0122 ***	0.0017	-0.0016
2011	0.0908 ***	0.0479 ***	0.0290 ***	0.0123 ***	0.0115 ***	0.0115 ***	0.0014	-0.0014
2012	0.1117 ***	0.0682 ***	0.0315 ***	0.0140 ***	0.0124 ***	0.0121 ***	0.0016 *	-0.0015
2013	0.1203 ***	0.0746 ***	0.0406 ***	0.0185 ***	0.0166 ***	0.0133 ***	0.0029 *	-0.0013
2014	0.1299 ***	0.0811 ***	0.0473 ***	0.0204 ***	0.0193 ***	0.0141 ***	0.0036 *	-0.0019

注：*、*** 分别表示通过 10%、1% 水平下的显著性检验。

4.3.2　基准模型的结果分析

为了系统地检验生产性服务业集聚对产业结构升级的影响作用及空间外溢效应，表 4 - 2 同时给出了动态空间面板模型、空间误差模型和空间滞后模型三种方法的估计结果。在三类空间面板模型的估计结果中，产业结构升级的空间外溢系数 ρ 或 λ 都为正且通过了 1% 水平下的显著性检验，这说明中国市域的产业结构升级存在正的空间外溢效应，也证实考虑地理距离和空间外溢效应来分析生产性服务业集聚对产业结构升级的影响作用是合适的。在模型（1）~模型（3）的动态空间面板模型中，产业结构升级的时间滞后项系数均为正且通过了 5% 或 1% 水平下的显著性检验，这表明产业结构升级的时间滞后项能将影响产业结构升级的潜在因素从其他因素的影响中分离出来，使空间误差模型和空间滞后模型的静态估计所产生的偏差得以纠正，也反映了中国产业结构升级的连续性和动态性，即产业结构升级在上一期的上升对该地区在本期的产业结构升级具有明显的促进作用。进一步通过在动态空间面板模型中逐步引入解释变量的方式来验证生产性服务业集聚影响产业结构升级的稳健性，发现解释变量的系数和显著性并未发生很大变化。因此，最终选择动态空间面板模型的估计结果对实证研究进行解释。

表 4 - 2　　　　　　　　　　　　空间面板模型的估计结果

变量	动态空间面板模型			空间误差模型	空间滞后模型
	模型（1）	模型（2）	模型（3）	模型（4）	模型（5）
Sop_{-1}	0. 1045 ** [2. 48]	0. 1002 ** [2. 40]	0. 1190 *** [2. 73]		
MAR	- 0. 1414 * [- 1. 84]	- 0. 1600 * [- 1. 89]	- 0. 0978 ** [- 2. 31]	- 0. 0721 [- 1. 50]	- 0. 0739 [- 1. 58]
Jacobs		- 0. 0117 ** [- 2. 09]	- 0. 0112 * [- 1. 92]	- 0. 0188 *** [- 2. 59]	- 0. 0194 *** [- 2. 75]
Porter			0. 1246 *** [11. 18]	0. 0581 *** [3. 78]	0. 0581 *** [3. 92]
Local	- 0. 1528 *** [8. 18]	- 0. 1614 *** [- 8. 45]	- 0. 2155 *** [- 11. 15]	- 0. 1625 *** [- 5. 31]	- 0. 1141 *** [- 4. 37]

变量	动态空间面板模型			空间误差模型	空间滞后模型
	模型（1）	模型（2）	模型（3）	模型（4）	模型（5）
Infor	0.0100 [0.54]	0.0082 [0.45]	0.0025 [0.14]	0.0645 *** [5.62]	0.0263 *** [2.70]
Edu	0.2196 *** [6.53]	0.2102 *** [6.20]	0.1474 *** [4.38]	0.1473 *** [3.47]	0.1189 *** [3.07]
Infra	− 0.0125 *** [− 3.88]	− 0.0120 *** [− 3.73]	− 0.0091 *** [− 2.87]	− 0.0034 [− 0.76]	− 0.0040 [− 0.92]
Gov	1.9217 *** [3.45]	1.9224 *** [3.46]	1.4821 *** [2.71]	0.7322 [1.26]	0.6306 [1.12]
ρ/λ	1.33e − 07 *** [3.47]	1.45e − 07 *** [3.52]	1.75e − 07 *** [3.65]	0.6480 *** [9.43]	0.5310 *** [6.36]
Agj − R^2	0.6329	0.6335	0.6455	0.3096	0.3487
LogL	− 4523.6752	− 4520.7144	− 4467.9688	− 4666.5166	− 4679.8966
n	3420	3420	3420	3420	3420

注：（1）＊、＊＊、＊＊＊分别表示通过10%、5%、1%水平下的显著性检验；（2）方括号内为T值检验结果。

由模型（3）的估计结果可知，生产性服务业集聚的 MAR 外部性和 Jacobs 外部性对产业结构升级具有负向作用且分别通过了 5%和 10%的显著性检验，该结论意味着生产性服务业的专业化集聚和多样化集聚对产业结构升级不仅没有形成促进作用，还会抑制本地区的产业结构升级。而生产性服务业集聚的 Porter 外部性对产业结构升级却存在促进效应且通过了 1%水平下的显著性检验。这说明，生产性服务业集聚主要通过发挥 Porter 外部性来促进产业结构升级。究其原因主要在于：中国城市的生产性服务业虽然获得了快速发展，但在整体上产业层次仍然偏低，甚至在"腾笼换鸟""退二进三"等产业政策的影响下，生产性服务业的集聚对有些产业发展具有显著的"挤出效应"，从而使得生产性服务业集聚的 MAR 外部性和 Jacobs 外部性对产业结构升级存在阻滞作用。为此，应大力提高生产性服务业企业的市场竞争程度，通过价格竞争、差异化竞争等"优胜劣汰"的竞争方式推动现代生产性服务业的集聚发展，以降低整个产业部门的交易成本并最终实现产业结构升级。

在控制变量方面，人力资本积累与政府干预程度促进了产业结构升级且均通过了 1% 水平下的显著性检验。这表明：一方面，高端生产要素尤其是人力资本是推动产业结构由低效率部门向高效率部门不断演化变迁的核心资源；另一方面，产业结构升级对制度因素非常敏感，甚至经济结构服务化本身就是制度载体，以获取政策上的优先支持或制度红利。但需要指出的是，本地市场规模和基础设施建设对产业结构升级存在负向影响且都通过了 1% 水平下的显著性检验。可能的原因在于：一方面，由于生产性服务业本身就具有远距离、跨地区服务于产业结构升级的行业特征，本地市场规模的扩大抑制了这一效应的发挥，也验证了上述关于生产性服务业低端化集聚对本地区其他产业发展具有"挤出效应"的结论；另一方面，中国城市的基础设施建设虽然不断完善，但其运行效率较差，尤其是短周期拆建和重复性建设等现象普遍存在（刘生龙和胡鞍钢，2010），从而抑制了对产业结构升级的促进作用。

4.3.3　稳定性检验

为进一步检验生产性服务业集聚对产业结构升级影响效应的稳健性，借鉴蓝庆新和陈超凡（2013）的做法，采用 R 指数来替换产业结构升级指数（Sop）对实证结果进行再检验，其计算公式为：

$$R = \sum_{i=1}^{3} (y_i \times i) = y_1 \times 1 + y_2 \times 2 + y_3 \times 3, 1 \leqslant R \leqslant 3 \qquad (4-7)$$

式中，y_i 是第 i 产业产值占总产值的比重，R 越大说明产业结构升级越明显。

表 4 - 3 给出了 R 指数作为被解释变量的动态空间面板模型的估计结果。结果显示，产业结构升级的空间加权项和时间滞后项都显著为正，这说明产业结构升级不仅存在显著的空间外溢效应，还对下一期本地区的产业结构升级存在显著的促进作用，该结果与表 4 - 2 一致。生产性服务业集聚外部性影响产业结构升级的实证结果仅是变量系数及其显著性有了一些变化，但估计结果与表 4 - 2 基本一致。从控制变量的估计结果来看，人力资本、信息化水平和政府干预程度对产业结构升级的影响效应与表 4 - 2 基本一致，而本地市场规模的影响效应则与表 4 - 2 相反。可能的原因在于，式（4 - 7）对于产业结构升级的测量更加注重结构服务化的调整方向，而本地市场规模的扩大正反映了这一倾向，从而出现了与表 4 - 2 相反的结论。但生产性服务业集聚影响产业结构升级的基本结论仍具有稳健性和可靠性。

表 4 - 3　　　　　　　　　稳健性检验：更换产业结构升级指标

变量	模型（1）	模型（2）	模型（3）
Sop_{-1}	0.0604 * [1.92]	0.0534 * [1.87]	0.1064 ** [2.45]
MAR	- 0.0213 *** [- 5.16]	- 0.0258 *** [- 5.33]	- 0.0275 *** [- 6.09]
Jacobs		- 0.0031 [- 1.04]	- 0.0004 [- 0.57]
Porter			0.1090 *** [15.94]
Local	0.0403 *** [20.03]	0.0381 *** [18.61]	0.0299 *** [14.58]
Infor	0.107 *** [5.48]	0.0103 *** [5.31]	0.0084 *** [4.47]
Edu	0.0651 *** [17.83]	0.0626 *** [17.06]	0.0526 *** [14.68]
Infra	0.0005 [1.43]	0.0006 [1.33]	0.0011 [1.24]
Gov	0.3548 *** [5.86]	0.3536 *** [5.86]	0.2896 *** [4.98]
ρ	6.08e - 09 *** [3.39]	5.90e - 09 *** [3.38]	3.84e - 09 *** [3.26]
$Agj - R^2$	0.9977	0.9978	0.9979
LogL	2446.8793	2460.3402	2547.8620
n	3420	3420	3420

注：（1）＊、＊＊、＊＊＊分别表示通过10%、5%、1%水平下的显著性检验；（2）方括号内为 T 值检验结果。

　　由于中国是一个发展中大国，区域之间经济发展存在明显的差异性因素，本章将通过构建经济空间权重矩阵来替换上述地理空间权重矩阵对实证结果进行再检验。表4-4给出了经济空间权重矩阵条件下动态空间面板模型的估计结果。结果显示，表4-4与表4-2的实证结果（包括产业结构升级的空间加权项、时间滞后项以及核心解释变量、控制变量的估计结果）基本一致，仅在某些系数的大小及其显著性上有了一定的降低或提高。这进一步说明生产性服务业集聚对产业结构升级的影响作用及空间外溢效应是稳健的。

表 4 - 4　　　　　　　　　稳健性检验：更换空间权重矩阵

变量	模型（1）	模型（2）	模型（3）
Sop_{-1}	0.1044 ** ［2.48］	0.1001 ** ［2.40］	0.1189 *** ［2.72］
MAR	- 0.1411 *** ［- 2.83］	- 0.1596 * ［- 2.08］	- 0.0980 ** ［- 2.31］
Jacobs		- 0.0117 ** ［- 2.09］	- 0.0112 * ［- 1.92］
Porter			0.1245 *** ［11.17］
Local	- 0.1529 *** ［- 8.17］	- 0.1616 *** ［- 8.44］	- 0.2156 *** ［- 11.12］
Infor	0.0104 ［0.56］	0.0086 ［0.47］	- 0.0019 ［- 0.11］
Edu	0.2194 *** ［6.51］	0.2102 *** ［6.18］	0.1471 *** ［4.36］
Infra	- 0.1249 *** ［- 3.88］	- 0.0120 *** ［- 3.72］	- 0.0091 *** ［- 2.86］
Gov	1.9251 *** ［3.46］	1.9244 *** ［3.46］	1.4887 *** ［2.72］
ρ	5.08e - 08 *** ［3.21］	7.00e - 08 *** ［3.29］	5.51e - 08 *** ［3.24］
Agj - R^2	0.6330	0.6335	0.6455
LogL	- 4523.5679	- 4520.5896	- 4467.8700
n	3420	3420	3420

注：（1）＊、＊＊、＊＊＊分别表示通过 10%、5%、1% 水平下的显著性检验；（2）方括号内为 T 值检验结果。

4.3.4　引入城市规模的异质性考察

城市作为生产性服务业和高端制造业的主要集聚地，其规模变化不仅会影响生产性服务业集聚外部性的发挥，还会影响本地区及周边地区的产业结构变迁。

因此，生产性服务业集聚对产业结构升级的影响作用，可能会随着城市规模的扩大而逐步增强。只有当城市达到一定规模以后，才能集聚丰富的人力资本、优质的物质资本、先进的技术条件、成熟的管理经验等高端生产要素来促进产业结构升级。在前文的理论分析与实证研究基础上，通过引入生产性服务业集聚外部性与城市规模的交叉项，以剖析城市规模异质性在生产性服务业集聚对产业结构升级作用过程中的影响效应。

表4-5给出了生产性服务业集聚外部性与产业结构升级交叉项的动态空间面板模型的估计结果。通过逐步进入生产性服务业集聚三种外部性与城市规模的交叉项，发现交叉项的系数和显著性并未发生很大变化，从而证实了城市规模的影响作用具有较好的稳健性。估计结果显示，生产性服务业集聚的 MAR 外部性和 Jacobs 外部性对产业结构升级的影响显著为负，但 MAR 外部性与城市规模的交叉项以及 Jacobs 外部性与城市规模的交叉项对产业结构升级存在促进效应且均通过了5%或10%水平下的显著性检验。这说明，随着城市规模的扩大，生产性服务业集聚的 MAR 外部性和 Jacobs 外部性对产业结构升级的阻滞作用会逐渐得到改善，并最终促进了产业结构升级。这意味着生产性服务业集聚的 MAR 外部性和 Jacobs 外部性对产业结构升级的促进效应，需要当城市规模达到一定程度后才能有效发挥：一方面，随着城市规模的扩大，生产性服务业专业化集聚可以增强企业间的技术合作与交流，并可就近通过人力资本积累和技术知识溢出等方式将高端生产性服务业嵌入企业生产活动与产业价值链中，从而推动了产业结构升级；另一方面，随着城市规模的扩大，生产性服务业多样化集聚不仅为相关企业提供了多样化服务，还深化了关联产业的专业化分工，最终通过产业链的不断延伸形成了有利于产业结构升级的规模经济效应。上述关于城市规模在生产性服务业集聚对产业结构升级作用过程中的影响机制类似于迪朗东和蒲格（2001）与王（Wang，2003）提出的"技术池观点"和"市场区观点"。

表4-5　生产性服务业集聚影响产业结构升级：引入城市规模的异质性考察

变量	模型（1）	模型（2）	模型（3）
Sop_{-1}	0.1194 *** [2.75]	0.1127 *** [2.59]	0.1105 *** [2.54]
MAR	-0.2700 ** [-2.56]	-0.2137 * [-1.95]	-0.1424 * [-1.84]

续表

变量	模型（1）	模型（2）	模型（3）
Jacobs	−0.0106 * [−1.82]	−0.0464 ** [−2.29]	−0.0327 * [−1.81]
Porter	0.1225 *** [10.93]	0.1262 *** [11.09]	0.0408 [0.85]
MAR × Scale	0.0414 * [1.78]	0.0254 * [1.82]	0.0544 ** [2.08]
Jacobs × Scale		0.0068 * [1.85]	0.0069 * [1.98]
Porter × Scale			0.0185 * [1.83]
Local	−0.2563 *** [−8.55]	−0.2806 *** [−8.61]	−0.2895 *** [−8.82]
Infor	0.0028 [0.16]	0.0070 [0.37]	0.0093 [0.52]
Edu	0.1536 *** [4.54]	0.1580 *** [4.66]	0.1579 *** [4.65]
Infra	−0.0075 ** [−2.26]	−0.0065 *** [−1.95]	−0.0059 * [−1.76]
Gov	1.5213 *** [2.78]	1.5371 *** [2.81]	1.4336 *** [2.61]
ρ	1.77e−07 *** [3.66]	1.79e−07 *** [3.68]	1.92e−07 *** [3.37]
Agj−R^2	0.6454	0.6454	0.6454
LogL	−4467.8522	−4467.3573	−4466.7712
n	3420	3420	3420

注：（1）＊、＊＊、＊＊＊分别表示通过10%、5%、1%水平下的显著性检验；（2）方括号内为T值检验结果。

4.3.5 城市规模的门槛效应分析

根据前文的研究发现，生产性服务业集聚对产业结构升级的影响取决于城市规模。为了识别不同城市规模区间内生产性服务业集聚对产业结构升级的影响效应，借鉴汉森（Hansen，2000）提出的门槛面板模型，其基本公式为：

$$y_{it} = \mu_i + \theta'_1 x_{it} I(q_{it} \leq \gamma) + \theta'_2 x_{it} I(q_{it} > \gamma) + e_{it} \qquad (4-8)$$

式中，q 和 γ 分别表示门槛变量和门槛值，$e_{it} \sim \mathrm{iid}(0, \sigma^2)$ 为随机扰动项，I 为指标函数。门槛值和门槛个数是由样本数据内生决定的，因而可以通过残差平方和 $S_1(\gamma) = e_i(\gamma)' e_i(\gamma)$ 得到任意门槛值 γ 条件下各参数的估计值。当 $S_1(\gamma)$ 达到最小时所对应的 γ 就是最优门槛值，即 $\hat{\gamma} = \arg\min S_1(\gamma)$。式（4-8）仅是单一门槛模型，类似地，如果存在多个门槛，也可以设定多门槛面板模型，其计算公式为：

$$y_{it} = \mu_i + \theta'_1 x_{it} I(q_{it} \leq \gamma_1) + \cdots + \theta'_n x_{it} I(\gamma_{n-1} < q_{it} \leq \gamma_n) + e_{it} \qquad (4-9)$$

表4-6 城市规模门槛个数及估计值检验

Mar 为核心变量	F	P	BS（次）	1%	5%	10%	门槛估计值（万人）
单一门槛模型	104.83	0.003	300	123.878	112.479	104.434	151.51
双重门槛模型	20.543	0.223	300	31.546	26.713	23.366	229.88
Jacobs 为核心变量	F	P	BS（次）	1%	5%	10%	门槛估计值（万人）
单一门槛模型	66.127	0.045	300	74.726	65.966	62.031	58.32
双重门槛模型	42.857	0.013	300	44.617	41.278	35.461	154.07
三重门槛模型	7.937	0.758	300	16.736	14.490	11.831	204.384
Porter 为核心变量	F	P	BS（次）	1%	5%	10%	门槛估计值（万人）
单一门槛模型	56.937	0.047	300	68.205	55.977	51.680	153.20
双重门槛模型	24.193	0.058	300	29.786	26.444	23.378	229.88
三重门槛模型	-6.506	0.770	300	3.717	1.425	-0.101	645.83

　　为了判断生产性服务集聚的不同外部性对产业结构升级的影响效应如何受城市规模的约束和引导，分别对 MAR 外部性、Jacobs 外部性和 Porter 外部性与产业结构升级之间的关系进行城市规模门槛的检验。在使用门槛面板模型之前，需要先确定门槛数量。这里使用汉森提出的"自抽样"（bootstrap），通过重叠模拟似然比统计量 300 次，得到 F 值和 P 值，结果见表 4 - 6。检验结果显示，生产性服务业集聚的 MAR 外部性对产业结构升级的影响通过了城市规模的单一门槛检验，门槛值为 151. 51 万人；生产性服务业集聚的 Jacobs 外部性对产业结构升级的影响通过了城市规模的双重门槛检验，门槛值分别为 58. 32 万人和 154. 07 万人；生产性服务业集聚的 Porter 外部性对产业结构升级的影响也通过了城市规模的双重门槛检验，门槛值分别为 153. 20 万人和 229. 88 万人。

　　表 4 - 7 给出了在各个城市规模门槛区间下生产性服务业集聚外部性影响产业结构升级的估计结果。估计结果显示：（1）当城市规模小于 151. 51 万人时，生产性服务业集聚的 MAR 外部性对产业结构升级的影响显著为负，而当城市规模超过 151. 51 万人时，生产性服务业集聚的 MAR 外部性促进了产业结构升级，但并未通过显著性检验。这说明当城市规模达到 151. 51 万人时，生产性服务业集聚的 MAR 外部性才能通过人力资本积累和技术知识溢出效应促进产业技术进步与结构升级。（2）当城市规模小于 58. 32 万人时，生产性服务业集聚的 Jacobs 外部性可以深化产业分工，而当城市规模大于 154. 07 万人时，生产性服务业集聚的 Jacobs 外部性可以实现规模经济效应，从而最终促进产业结构升级。但当城市规模大于等于 58. 32 万人且小于 154. 07 万人时，生产性服务业集聚的 Jacobs 外部性对产业结构升级影响为负且通过了 1% 水平下的显著性检验。可能的原因在于：当城市规模较小时，生产性服务业多样化集聚的"集聚效应"发挥了主导作用，促进了相关产业的产业链延伸，而当城市规模大于等于 58. 32 万人时，生产性服务业多样化集聚的"拥挤效应"开始起作用，但当城市规模大于等于 154. 07 万人时，城市对高端生产性服务业的"选择效应"开始凸显，从而有效促进了产业结构升级。（3）在双重城市规模门槛下，生产性服务业集聚的 Porter 外部性对产业结构升级都存在显著的促进作用，但 Porter 外部性的系数变大了（0. 1708 > 0. 1365），这意味着随城市规模的扩大，生产性服务业集聚的 Porter 外部性对产业结构升级的正向影响不断增大。综上所述，生产性服务业集聚在促进产业结构升级方面存在"大城市优势"。

表4-7　　　　　　　　　　城市规模门槛面板模型的估计结果

变量	MAR	Jacobs	Porter
$Var < Thre1$	-0.1409 *** [-3.85]	0.0145 ** [1.94]	0.1003 *** [13.61]
$Thre1 \leqslant Var < Thre2$	0.1148 [1.36]	-0.0153 *** [-2.63]	0.1365 *** [13.80]
$Var \geqslant Thre2$		0.0162 ** [2.56]	0.1708 *** [18.52]
$Local$	-0.3509 *** [-13.97]	-0.1978 *** [-7.32]	-0.3806 *** [-15.25]
$Infor$	0.0101 [0.70]	0.0124 [0.85]	0.0070 [0.50]
Edu	0.1815 *** [5.76]	0.2144 *** [6.63]	0.1102 *** [3.49]
$Infra$	-0.0067 ** [-2.16]	-0.0133 *** [-4.17]	-0.0048 * [-1.66]
Gov	1.3416 ** [2.50]	1.5139 *** [2.76]	0.9299 * [1.76]
F	49.99 ***	27.96 ***	67.29 ***
n	3420	3420	3420

注：（1）＊、＊＊、＊＊＊分别表示通过10%、5%、1%水平下的显著性检验；（2）方括号内为 T 值检验结果。

4.4　生产性服务业集聚的经济增长效应

4.4.1　理论基础框架

假设一个城市中有制造业和生产性服务业两个部门。其中，制造业为差异化生产且规模报酬递增的最终产品部门，而生产性服务业则属于中间服务部门。生产性服务属于非贸易品，运输成本为 0，而制造业产品可进行区际和国际贸易，运输成本设定为冰山成本，即 j 城市生产 1 单位的商品只有 $1/t_{jv}$ 到达 v 城市。假设每个厂商的产品都具有一定程度的差异化，这样所有产品都会在垄断竞争市场中进行交易。借鉴新经济地理模型（Krugman，1991），消费者效用的 CES 函数形式为：

$$U_v = \left(\sum_j N_j (y_{jv}^k)^{\frac{\sigma-1}{\sigma}} \right)^{\frac{\sigma}{\sigma-1}}, \ \sigma > 1 \qquad (4-10)$$

式中，U_v 为消费者效用，N_j 为 j 城市制造业产品种类，y_{jv}^k 为 j 城市销售到 v 城市的第 k 种产品的数量，σ 为任意两类产品的替代弹性。由于在均衡状态下 v 城市都会以相同的价格从 j 城市获得 y_{jv}^k 数量的各类产品，因此任一 v 城市的价格指数均可表示为：

$$G_v = \left[\sum_j N_j (P_{jv})^{1-\sigma} \right]^{\frac{1}{(1-\sigma)}} \qquad (4-11)$$

式中，$P_{jv} = P_j t_{jv}$ 表示 v 城市市场中在 j 城市所生产的产品价格，P_j 表示 j 城市的产品价格。借鉴雷丁和维纳布尔斯（Redding and Venables，2004）、韩峰等（2014）等学者的处理方法，若用 S_v 表示 v 城市对最终产品的总支出，则 v 城市对 j 城市生产的每种产品的需求量（消费量）x_{jv} 表示为：

$$x_{jv} = \frac{(P_j t_{jv})^{-\sigma}}{\sum_j N_j (P_j t_{jv})^{1-\sigma}} S_v = (P_j t_{jv})^{-\sigma} S_v G_v^{\sigma-1} \qquad (4-12)$$

进一步对所有 v 城市（含 j 城市）进行加总，可以得到 j 城市的总产出：

$$y_j = N_j \sum_v (x_{jv} t_{jv}) = N_j P_j^{-\sigma} \sum_v (t_{jv}^{1-\sigma} S_v G_v^{\sigma-1}) \qquad (4-13)$$

式中，$MP_j = \sum_v (t_{jv}^{1-\sigma} S_v G_v^{\sigma-1})$ 为 j 城市的市场潜力。

根据新经济地理学理论，由于存在规模报酬递增效应，消费者对差异化产品的偏好使达到均衡时每一种产品都会由一个垄断竞争厂商提供，而且每种制造业产品的生产均需要一定的固定成本 f。借鉴格莱泽等（1992）、亨德森等（1995）的处理方法，假定劳动力是制造业产品生产中的唯一投入要素，因此，制造业产品部门的总成本可表示为：

$$C_{im} = f + c y_i \qquad (4-14)$$

式中，C_{im} 为制造业产品 i 在生产过程中投入的劳动力数量，y_i 为 i 的产量，c 为边际成本。已有研究表明，生产性服务业通过集聚外部性能显著促进本地区与周边地区的经济增长（韩峰等，2014；张浩然，2015）：一方面，生产性服务业通过改善服务能力和提升生产效率降低制造业企业的交易成本和生产成本；另一方面，生产性服务业集聚有利于营造良好的投资和创新环境，推动制造业甚至整个经济部门的科技创新，提高劳动生产率。据此，可以将边际成本 c 看作是生产性服务业集聚外部性的减函数，即生产性服务业集聚可以降低制造业产品的边际生产成本。格莱泽等（1992）将产业专业化集聚的外部性称为 MAR 外部性，而将产业多样化集聚的外部性称作 Jacobs 外部性。本章也将生产性服务业集聚模式分为专业化集聚和多样化集聚两类，令 RDI_j 表示 j 城市生产性服务业的专业化集聚水平，RZI_j 表示 j 城市生产性服务业的多样化集聚水平。因此，边际成本 c 可设置为：

$$c = a(RZI_j^{\alpha} RDI_j^{\beta})^{-\theta}, \quad \theta > 0 \qquad (4-15)$$

式中，a 为常数，表示除生产性服务业集聚外部性之外的其他因素对边际成本的影响效应，θ 为生产性服务业集聚外部性对边际成本的影响弹性，α 和 β 分别为生产性服务业专业化集聚外部性和多样化集聚外部性在总外部效应中所占的份额。在均衡状态下，j 城市的均衡价格可表示为：

$$P_j^* = \frac{\sigma}{\sigma - 1} cw_j \qquad (4-16)$$

式中，w 表示均衡时 j 城市的劳动力工资水平。综合式（4-14）、式（4-15）和式（4-16）可以得到：

$$y_j = N_j \left(\frac{\sigma - 1}{\sigma a} \right)^{\sigma} RZI_j^{\lambda} RDI_j^{\gamma} w_j^{-\sigma} MP_j \qquad (4-17)$$

在式（4-17）中，城市经济增长是由生产性服务业专业化集聚和多样化集聚、产品差异化程度、劳动力成本共同决定的。λ 和 γ 分别表示生产性服务业专业化集聚和多样化集聚影响经济增长的弹性系数，反映了生产性服务业集聚外部性的大小。

4.4.2 计量模型与变量选择

根据理论模型框架和研究目的，对式（4-17）取对数并采用第 3 章的 SDM 模型进行估计，其表达形式为：

$$\ln y_{it} = \rho \sum_{j=1}^{N} W_{ij} \ln y_{it} + \beta_1 \ln RZI_{it} + \theta_1 \sum_{j=1}^{N} W_{ij} \ln RZI_{it} + \beta_2 \ln RDI_{it}$$

$$+ \theta_2 \sum_{j=1}^{N} W_{ij} \ln RDI_{it} + \gamma X + \psi \sum_{j=1}^{N} W_{ij} X_{it} + \alpha_i + \nu_t + \varepsilon_{it} \qquad (4-18)$$

式中，y_{it} 为 i 城市在 t 时间的地区产出（GDP）的对数；RZI_{it} 和 RDI_{it} 分别为生产性服务业集聚的专业化和多样化指数；X 为控制变量集合，包括市场潜力、劳动力成本等；α_i、ν_t、ε_{it} 分别为地区效应、时间效应和随机扰动项，且 ε_{it} 服从正态分布；W_{ij} 为空间权重矩阵。

接下来，相关变量的测度说明如下：

（1）实际产出（y）。为了消除物价因素的影响，根据各个城市所在省份的地区生产总值（GDP）平减指数，将每个城市的地区生产总值（GDP）调整为 2003 年价格为基期的实际地区生产总值（GDP）。

（2）生产性服务业集聚的专业化指数（RZI）和多样化指数（RDI）。由于 RZI 指数和 RDI 指数分别反映了生产性服务业集聚的 MAR 外部性和 Jacobs 外部性，因此，RZI 指数和 RDI 指数同样可由式（4 - 3）和式（4 - 4）来计算获得。

（3）市场潜力（MP）。在新经济地理学中，市场潜力是用来刻画集聚经济的主要指标。由于特别关注中国区域经济发展中区域之间的空间溢出效应，市场潜能越大意味着周边地区对本城市的市场需求就越高，生产性服务业在此城市集聚，也就越有利于满足周边地区制造业升级的中间需求，进而推动经济增长。本章采用哈里斯（Harris，1954）的市场潜能函数来衡量各城市的市场潜力，其计算公式为：

$$MP_{it} = \sum_{i \neq j} \frac{GDP_{jt}}{d_{ij}} + \frac{GDP_{jt}}{d_{ii}} \qquad (4-19)$$

式中，GDP_{jt} 为第 t 年 j 城市的地区生产总值（GDP），d_{ij} 为 i 城市到 j 城市的欧式直线距离，d_{ii} 为 i 城市的内部距离，参考黑德和迈耶（Head and Mayer，2004）、克洛泽（Crozet，2004）等学者的处理方法取每个城市区域半径的 2/3 作为内部距离，即 $d_{ii} = \left(\frac{2}{3}\right) \cdot \sqrt{\frac{area_i}{\pi}}$，这里的 $area_i$ 为 i 城市的建成区面积。

考虑到影响经济增长的其他因素，还控制劳动力工资（lnwage）、信息化水平（Infor）、人力资本（Edu）、基础设施（Infra）、外商直接投资（FDI）和政府干预（Gov）。其中，信息化水平、人力资本、基础设施、外商直接投资和政府干预的计算方法与前文一致；劳动力工资采用职工平均工资的对数值来表征。

4.4.3　基准模型的结果分析

关于 SLM、SEM 和 SDM 三种空间面板模型的估计，经过 Hausman 检验，都选择固定效应模型。表 4 - 8 给出了 SLM、SEM 和 SDM 三种空间面板模型的估计结果。结果显示，在考虑了解释变量的空间滞后项以后，SDM 模型的估计结果与 SLM 和 SEM 模型的估计结果存在较大差异。空间滞后项系数表现的是解释变量的空间相关性强度，也可以理解为其他地区对本地区经济增长的加权影响。这说明，一个城市的经济增长不仅受本地区生产性服务业集聚与相关解释变量的影响，还受到周边地区生产性服务业集聚与相关解释变量的影响。综

合修正的 R^2、LogL、LM、AIC 和 SIC 等指标发现 SDM 模型是本实证研究的最优模型和分析模型。

表 4 - 8　　　　　　　　　全国层面空间杜宾模型的估计结果

变量	SLM		SEM		SDM	
	系数	T 值	系数	T 值	系数	T 值
RZI	0.2843 ***	3.8168	0.2785 ***	3.7332	- 0.1250 ***	- 16.8849
RDI	0.7003 ***	10.0882	0.7032 ***	10.1055	0.8689 ***	12.8795
MP	1.2567 **	18.9072	1.5074 ***	25.1593	1.7932 ***	25.6778
lnWage	- 0.0189	- 1.3057	- 0.0206	- 1.4092	1.7076 ***	21.6402
Infor	0.0001	1.3292	0.0001	1.4299	- 0.0001	- 0.0001
Edu	0.0128 *	2.128	0.0136 *	1.9273	0.0173 ***	3.4181
Infra	- 0.0033	- 0.4297	- 0.0037	- 0.4796	0.0414 ***	12.4814
FDI	- 0.0079	- 0.6628	- 0.0079	- 0.6663	- 0.0113 *	- 1.7163
Gov	- 1.2593	- 0.9930	- 1.1417	- 0.9767	- 1.2298 ***	- 3.1576
W × RZI					12.5259 ***	11.3475
W × RDI					- 2.6346	- 1.3359
W × MP					1.3206 **	2.1783
W × lnWage					- 3.2031 ***	- 11.0906
W × Infor					- 0.0006	- 0.0124
W × Edu					0.0131 ***	4.5556
W × Infra					- 0.1735 ***	- 6.0949
W × FDI					- 0.4640 ***	- 5.3494
W × Gov					0.4485	1.3570
ρ/λ	0.4780 ***	3.7946	0.4830 ***	3.0922	0.5342 ***	3.2354
Adj - R^2	0.7639		0.7986		0.8886	
LogL	- 4665.4827		- 4650.9299		- 4670.9644	
n	2850		2850		2850	

注：*、**、***分别表示通过10%、5%、1%水平下的显著性检验。

　　从生产性服务业专业化集聚的估计结果来看，在 SLM 和 SEM 模型中，专业化程度提高有利于经济增长且都通过 1% 水平下的显著性检验，而在 SDM 模型中，专业化程度提高对经济增长存在负向影响且也通过了 1% 水平下的显著性检验。这一截然不同的结论可以在生产性服务业专业化集聚的空间滞后项上找到原因，即空间滞后项系数为正且通过了 1% 水平下的显著性检验。当然空间滞后项并不能看出空间溢出效应的大小，但是可以通过直接效应、间接效应和总效应的比较进行分析。由表 4 - 9 可以看出，生产性服务业专业化集聚的直接效应为负通过了 10% 水平下的显著性检验，而溢出效应和总效应都为正且通过了 1% 水平下的显著性检验。这意味着，虽然生产性服务业专业化集聚并不利于本地区的经济增长，但是本地区的经济增长会从周边地区生产性服务业的专业化集聚中明显受益。换言之，上述相反结论究其原因在于周边地区生产性服务业专业化集聚对本地区经济增长的促进效应明显大于本地区生产性服务业专业化集聚对本地区经济增长抑制效应，即溢出效应＞直接效应。由生产性服务业多样化集聚的估计结果可知，在 SLM、SEM 和 SDM 三种模型中，多样化程度的提升都有利于经济增长且都通过了 1% 水平下的显著性检验。生产性服务业多样化集聚的空间滞后项系数虽然为负但没有通过显著性检验，即周边地区生产性服务业多样化集聚对本地区经济增长的影响并不显著。这一结论也可以从生产性服务业多样化集聚对于经济增长影响的直接效应、间接效应和总效应中得到验证。

表 4 - 9　　　　　空间杜宾模型的直接效应、间接效应和总效应

变量	直接效应		间接效应		总效应	
	系数	T 值	系数	T 值	系数	T 值
RZI	− 0. 1251 *	− 1. 8577	12. 4688 ***	3. 5101	12. 3437 ***	3. 4622
RDI	0. 8710 ***	11. 9731	− 2. 5932 ***	− 3. 3383	− 1. 7222	− 1. 2157
MP	1. 7938 **	19. 5868	1. 2317 *	1. 9329	3. 0254 ***	4. 5839
lnWage	1. 7033 ***	13. 0137	− 3. 1812 ***	− 6. 6112	− 1. 4779 ***	− 3. 1313
Infor	− 0. 0001	− 0. 4633	− 0. 0006 ***	− 2. 9468	− 0. 0006 ***	− 2. 9570
Edu	0. 1234	3. 2635 ***	0. 0387 *	1. 8263	0. 0726 ***	3. 0496
Infra	0. 0414 ***	6. 2468	− 0. 1794	− 1. 0702	− 0. 1379	− 0. 8165
FDI	− 0. 0110	− 0. 6160	− 0. 4420 *	− 1. 6566	− 0. 4530 *	− 1. 6643
Gov	1. 2742	1. 1640	− 49. 0442 *	− 1. 8856	− 1. 3184 **	1. 9280

注：＊、＊＊、＊＊＊分别表示通过 10%、5%、1% 水平下的显著性检验。

在控制变量方面，一个城市的市场潜力和人力资本不仅对本地区经济增长具有显著的正向影响，而且对周边地区经济增长也存在明显的促进作用和溢出效应。这一结论符合前文的理论预期：中国各级城市之间互为市场，市场规模的扩大和人力资本的提升使得人口和经济活动可以在规模报酬递增的作用下不断向具有较高市场潜力的城市集聚，从而提高城市产量、知识溢出和经济增长水平。从工资水平的估计结果可知，劳动力成本的上升对本地区经济增长具有明显的促进作用，但周边地区的劳动力成本上升对本地区经济增长存在显著的抑制效应。该结论与理论预期明显不符，究其原因主要在于上述理论模型并未考虑劳动力流动的空间交互效应。这说明一个城市工资水平的提高可以吸引周边地区的劳动力向本地区集聚，有利于推动本地区的经济增长，因而导致对周边地区经济增长的溢出效应显著为负。外商直接投资和政府干预不仅对本地区经济增长具有明显的阻碍作用，而且对周边地区经济增长也存在显著的抑制效应。这也从两项指标对经济增长的溢出效应和总效应都显著为负中得到验证，说明地方保护主义和非均衡性的外商投资在考虑空间交互影响的条件下并不利于经济增长。基础设施改善可以促进本地区的经济增长，但对周边地区经济增长并未存在明显的溢出效应，并且空间滞后项系数显著为负且通过了 1% 水平下的显著性检验，这可能由基础设施建设各自为政、缺乏统筹协调所致。

4.4.4　按行业分类的考察

根据研发强度、人均产值等指标，本章将生产性服务业分为低端生产性服务业和高端生产性服务业两类。其中，低端生产性服务业包括"交通运输、仓储和邮政业""批发和零售业""租赁和商业服务业"三个行业，高端生产性服务业包括"信息传输、计算机服务业和软件业""金融业""房地产业"和"科学研究、技术服务业和地质勘查业"四个行业。表 4-10 给出了低端生产性服务业与高端生产性服务业集聚模式选择的空间杜宾模型估计结果及直接效应、间接效应和总效应。

由低端生产性服务业集聚的估计结果可知，低端生产性服务业专业化集聚对本地区的经济增长存在正向影响且通过 1% 水平下的显著性检验，并且周边地区的低端生产性服务业专业化集聚对本地区的经济增长也具有显著的促进作用和溢出效应；低端生产性服务业多样化集聚对本地区经济增长的影响不显著，而且周边地区的低端生产性服务业多样化集聚对本地区的经济增长也存在明显的阻碍作

表4－10　行业层面空间杜宾模型的估计结果及直接效应、间接效应与总效应

变量	低端生产性服务业				高端生产性服务业			
	SDM	直接效应	间接效应	总效应	SDM	直接效应	间接效应	总效应
RZI	0.5610*** [9.0742]	0.2061*** [3.3188]	15.4162*** [3.8687]	15.6224*** [3.9036]	-0.0848 [-0.4171]	-0.0797 [-1.2316]	4.3675 [1.3307]	4.2879 [1.2962]
RDI	0.2120 [1.0292]	0.5627*** [8.8997]	-4.3134*** [-4.1198]	-3.7507*** [-3.5789]	0.6171*** [9.5840]	0.6206*** [11.1508]	0.9202 [1.3978]	1.5407** [2.3299]
MP	2.2218*** [36.1820]	2.2189*** [21.2573]	2.4338*** [2.7934]	4.6526*** [5.1268]	1.9497*** [36.3902]	1.9529*** [18.8276]	1.6789* [1.9242]	3.6318*** [3.9945]
lnWage	1.4285*** [13.9594]	1.4275*** [10.4730]	-2.3981*** [-5.6664]	-0.9707** [-2.4315]	1.7572*** [18.5229]	1.7532*** [13.2037]	-4.3483*** [-5.3180]	-2.5952*** [-3.1948]
Infor	-0.0000 [-0.0004]	-0.0001*** [-3.0588]	-0.0007*** [-3.2042]	-0.0008*** [-3.4265]	0.0000 [0.0000]	0.0000 [0.1999]	-0.0003 [-1.7794]	-0.0003* [-1.7334]
Edu	0.0001*** [3.8860]	0.0374** [2.1130]	0.0123*** [2.5807]	0.0024 [2.6415]	0.0001*** [3.5392]	0.0169* [1.8156]	0.0145*** [2.9457]	0.0046*** [2.9721]
Infra	0.0498*** [94.3577]	0.0499*** [7.4290]	-0.0214 [-0.1358]	0.0286 [0.1797]	0.0427*** [306.6654]	0.0428*** [6.1817]	-0.0598 [-0.3002]	-0.0168 [-0.0821]
FDI	-0.0189*** [-2.8362]	-0.0179 [-1.0058]	-0.5264** [-1.9986]	-0.5444** [-2.0215]	-0.0209*** [-3.1521]	-0.0216 [-1.2403]	-1.0101** [-2.7486]	-1.0317*** [-2.7754]
Gov	-1.7693*** [-218.0972]	1.7641 [1.5760]	-12.7661 [-0.6307]	-11.0020 [-0.5429]	-1.6738*** [-103.7191]	1.7424 [1.5246]	51.8862 [1.5120]	53.6285 [1.5555]
W×RZI	16.4764*** [14.6923]				0.7069 [0.4436]			

续表

变量	低端生产性服务业				高端生产性服务业			
	SDM	直接效应	间接效应	总效应	SDM	直接效应	间接效应	总效应
$W \times RDI$	-4.6050 ** [-1.9737]				6.4022 *** [5.7195]			
$W \times MP$	2.8054 ** [2.4805]				1.2834 *** [3.3607]			
$W \times \ln Wage$	-2.4658 *** [-4.4552]				-4.0215 *** [-6.8485]			
$W \times Infor$	-0.0008 [-0.0016]				-0.0002 [-0.0005]			
$W \times Edu$	0.0024 *** [17.7470]				0.0040 *** [40.3866]			
$W \times Infra$	-0.0125 *** [-15.9643]				-0.0458 *** [-62.7185]			
$W \times FDI$	-0.5657 *** [-4.7529]				-0.8945 *** [-9.5508]			
$W \times Gov$	-14.5681 *** [-54.01447]				-42.9541 *** [-292.5303]			
ρ	0.4627 *** [5.8372]				0.5084 *** [4.9729]			
Adj $- R^2$	0.7771				0.7263			
LogL	-4690.7605				-4687.2442			
n	2850				2850			

注：(1) *、**、*** 分别表示通过 10%、5%、1% 水平下的显著性检验；(2) 方括号内为 T 值检验结果。

用，即低端生产性服务业多样化集聚的溢出效应和总效应都为负且通过了 1% 水平下的显著性检验。与之相反的是，高端生产性服务业专业化集聚对经济增长的影响并不显著，并且其溢出效应和总效应也都未通过显著性检验；但是高端生产性服务业多样化集聚不仅对本地区经济增长具有显著的促进效应，而且周边地区高端生产性服务业多样化集聚对本地区的经济增长也存在正向影响且通过了 1% 水平下的显著性检验。这表明：一方面，从产业关联性方面看，低端生产性服务业的发展更加注重专业化发展模式，与中国制造业仍以低端化、专业化的发展层次相匹配，而高端生产性服务业更适合多样化发展模式，主要集中在经济和人口规模较大的城市，以满足制造业和相关产业的升级需求；另一方面，从经济增长和空间溢出的视角看，低端生产性服务业专业化集聚和高端生产性服务业对经济增长的正向影响更显著，即在经济增长过程中，应该充分发挥低端生产性服务业集聚的 MAR 外部性和高端生产性服务业集聚的 Jacobs 外部性。控制变量的估计结果及空间杜宾模型的直接效应、间接效应和总效应与全国层面的测度基本一致。

4.4.5 按地区分组的考察

为了观察中国不同区域生产性服务业集聚模式选择对经济增长的影响效应，分别对东、中、西部地区生产性服务业集聚模式选择的经济增长效应进行空间杜宾模型估计（见表 4-11）。由表 4-11 可知，生产性服务业集聚模式选择对经济增长的影响效应存在明显的区域差异：对于东部地区而言，生产性服务业专业化集聚对本地区经济增长具有明显的负向效应，但是本地区经济增长却可以从本地区生产性服务业多样化集聚和周边地区生产性服务业专业化集聚中获益且都通过了 1% 水平下的显著性检验；对于中部地区而言，生产性服务业专业化和多样化集聚都可以促进本地区经济增长，但两种集聚模式对经济增长都没有显著的空间溢出效应；对于西部地区而言，生产性服务业多样化集聚能够促进经济增长，但空间溢出效应也不明显。从产业结构调整上可能会找到一些原因：其一，东部地区整体上处于工业化中后期的发展阶段，即制造业出现转移与升级，生产性服务业也在从低端生产性服务业向高端生产性服务业演化与变迁，从而导致生产性服务业专业化集聚难以满足东部地区经济增长对于生产性服务业的多样化需求；其二，随着东部产业向中、西部地区的转移，中部地区对生产性服务业存在巨大的市场需求，使生产性服务业无论是专业化集聚还是多样化集聚都能显著地促进经济增长；其三，西部地区的产业结构相对滞后、产业结构层次偏低，尚处于起步阶段，因而对生产性服务业存在一定的需求。

表 4 - 11　　　　　　　　　东、中、西部地区空间杜宾模型的估计结果

变量	东部地区		中部地区		西部地区	
	系数	T 值	系数	T 值	系数	T 值
RZI	− 0.3481 ***	− 3.0847	0.2691 ***	30.3831	0.1174	0.6679
RDI	0.2943 ***	3.6322	1.4180 ***	12.9953	0.7174 ***	4.1841
MP	2.3947 ***	27.1779	1.2079 ***	8.0719	2.1710 ***	13.5145
$\ln Wage$	1.6411 ***	14.2103	1.0372 ***	6.8669	1.6835 ***	4.6801
$Infor$	− 0.0000	− 0.0001	− 0.0001	− 0.0021	0.0000	0.0004
Edu	0.3804 ***	6849.1372	0.1709 ***	1648.8627	0.7580 ***	2603.2935
$Infra$	0.0098	0.2866	0.0334	0.2483	0.1581	0.3187
FDI	− 1.4758	− 1.3880	12.1674 ***	1135.9184	5.0724 ***	192.1201
Gov	− 0.3972	− 1.1015	− 3.9666 *	− 1.7259	3.6977	0.5313
$W \times RZI$	5.6957 ***	4.7207	2.2018	1.6245	0.1832	0.2321
$W \times RDI$	2.5059	0.9075	− 3.3408	− 1.5397	0.1056	0.2843
$W \times MP$	4.3603 ***	8.9391	0.7218	0.8750	2.9643 ***	3.4580
$W \times \ln Wage$	− 5.9987 ***	− 16.6958	− 1.3786 ***	− 2.7962	− 4.4592 ***	− 9.5708
$W \times Infor$	− 0.0000	− 0.0008	− 0.0001	− 0.0050	− 0.0013	− 0.0916
$W \times Edu$	0.5697 ***	7599.4186	1.0772 ***	1767.8059	0.6167 ***	2995.2155
$W \times Infra$	0.1980	0.2986	0.2598	0.3393	0.5729	0.8727
$W \times FDI$	1.8358	1.1071	61.0094 ***	446.8428	245.9613 ***	1417.6540
$W \times Gov$	− 60.5383 ***	− 41.3399	− 12.0540	− 0.5634	− 50.2301	− 0.7028
ρ	0.3263 ***	2.9374	0.4736 ***	3.0485	0.4028 ***	3.1823
$Adj - R^2$	0.8848		0.6363		0.7219	
$LogL$	− 1047.237		− 1613.7678		− 1487.7812	
n	1010		1090		750	

注：*、**、***分别表示通过 10%、5%、1% 水平下的显著性检验。

控制变量的估计结果显示，市场潜力、工资水平、信息化水平、人力资本等指标对经济增长的影响效应与前文分析基本一致。由外商直接投资的估计结果可知：一方面，东部地区增加外商直接投资对于本地区的经济增长存在负效应但并不显著，并且也具有明显的空间溢出效应；另一方面，中、西部地区增加外商直接投资不仅有利于本地区的经济增长，而且本地区的经济增长还可以从周边地区

增加的外商直接投资中获益，即存在明显的空间溢出效应。这意味着，随着东部产业不断的优化与升级，外商直接投资在东部地区的技术溢出效应逐渐减弱，反而对中、西地区经济增长的技术溢出效应却依次增强。

4.4.6　不同城市规模的考察

本章采用市辖区年末人口数作为城市规模的代理变量。鉴于许多城市市辖区的行政区划频繁，将以2012年的城市规模为标准来选择其他年份的城市。根据城市市辖区年末人口总数，可将城市规模分为四类：特大城市：200万人口以上；大城市：100万~200万人口；中等城市：50万~100万人口；小城市：50万以下人口。在所有的城市样本中，共有特大城市45个、大城市81个、中等城市108个、小城市51个。不同城市规模的估计结果如表4-12所示。

表 4-12　　　　　　　　　　不同城市规模空间杜宾模型的估计结果

变量	特大城市		大城市		中等城市		小城市	
	系数	T 值	系数	T 值	系数	T 值	系数	T 值
RZI	− 0.5378 *	− 1.8648	− 0.0559	− 0.1565	0.9036 ***	12.3952	0.0454	0.1604
RDI	1.1335 ***	18.6702	0.6148 ***	5.1364	− 0.0766	− 0.5210	0.0599	0.3947
MP	1.0993 ***	9.4637	1.3074 ***	7.8810	1.4811 ***	10.1680	1.3839 ***	8.2013
$\ln Wage$	2.1139 ***	11.1107	1.4346 ***	7.1072	0.7695 ***	4.9082	1.7388 ***	7.1018
$Infor$	0.0000	1.2042	0.0001	0.0013	0.0000	0.0001	− 0.0000	− 0.0009
Edu	1.0977 ***	3.6088	0.8424 ***	815.4233	0.1010 ***	618.2138	0.2688	0.4265
$Infra$	− 0.0151 **	− 2.1112	0.0325	0.2026	0.0878	0.4807	0.0304	0.4029
FDI	2.6210	1.2029	12.5427 ***	1223.4839	3.6402 ***	341.5847	− 2.4524 ***	− 241.9105
Gov	− 4.7277 ***	− 3.6046	0.4679	0.1207	0.4507	0.3884	− 3.4559	− 1.004
$W \times RZI$	5.1610 ***	3.9354	5.9361 ***	2.6363	9.5861 ***	5.2617	− 1.5941	− 0.8452
$W \times RDI$	− 2.0327 **	− 2.2770	− 2.8872	− 0.9222	− 2.0439	− 0.8829	0.0404	0.0781
$W \times MP$	4.3863 ***	6.4149	4.1552 **	2.2036	− 1.0559	− 1.1664	− 0.9414	− 1.1808
$W \times \ln Wage$	− 3.6394 ***	− 9.0672	− 3.5027 ***	− 4.0168	− 0.9778 ***	− 2.9441	− 1.4266 ***	− 2.9971
$W \times Infor$	− 0.0005 ***	− 3.7846	− 0.0000	− 0.0020	− 0.0004	− 0.0057	0.0005	0.0056
$W \times Edu$	− 0.9729	− 0.8948	− 1.3317 ***	− 861.7040	0.0420 ***	293.6605	0.8432 ***	1551.5489
$W \times Infra$	− 0.0159	− 0.1931	− 0.0992	− 0.2526	0.8185	1.2938	0.1226	0.0534

变量	特大城市		大城市		中等城市		小城市	
	系数	T 值	系数	T 值	系数	T 值	系数	T 值
$W \times FDI$	16.7327	1.5641	87.9959 ***	955.2318	15.6288 ***	104.2182	-20.5537 ***	-278.5624
$W \times Gov$	-36.5487 ***	-3.0637	-33.8916	-1.1723	-52.3070 ***	-3.4131	-27.5560	-0.9464
ρ	0.2983	3.9479	0.3028 ***	5.3927	0.4859 ***	5.9472	0.4037 ***	3.0284
$Adj - R^2$	0.8656		0.8006		0.7475		0.6268	
LogL	-292.7711		-1192.6327		-1648.3803		-877.3454	
n	450		810		1080		510	

注：*、**、***分别表示通过 10%、5%、1% 水平下的显著性检验。

表 4 - 12 的估计结果显示，特大城市和大城市的生产性服务业专业化集聚对本地区经济增长都具有负向影响，而且特大城市的估计系数通过了 10% 水平下的显著性检验。与之相反的是，中等城市的生产性服务业专业化集聚对本地区经济增长存在正向影响且通过了 1% 水平下的显著性检验。从生产性服务业多样化集聚的估计结果来看，特大城市和大城市的估计系数都为正且都通过了 1% 水平下的显著性检验，而中等城市和小城市的估计系数并没有通过显著性检验。这意味着特大城市和大城市生产性服务业集聚选择多样化模式更有利于经济增长，而中小城市的生产性服务业集聚更适合选择专业化模式。结合前文关于生产性服务业分行业的估计结果，发现特大城市和大城市的生产性服务业与高端生产性服务业的集聚模式选择对经济增长的影响效应基本一致，这表明：高端生产性服务业更适合集聚在中或大都市且适合选择多样化发展模式，而低端生产性服务业以中、小城市为主要集聚地且大都采取专业化发展模式。从空间滞后项的估计结果可知，特大城市、大城市和中等城市的生产性服务业专业化集聚存在明显的空间溢出效应，即这三类城市的经济增长可以从周边城市的生产性服务业专业化集聚中获益。这意味生产性服务业的专业化模式可以实现跨区域服务。相对而言，生产性服务业多样化集聚只有利于本地区的经济增长。在控制变量的估计结果中需要指出的是，大城市和中等城市的外商直接投资不仅有利于本地区的经济增长，还具有空间溢出效应。这一结论与中、西部地区的估计结果基本一致。

4.5 生产性服务业集聚的效率增进效应

为了增强可比性和延续性，这里同样选择 SDM 模型来考察生产性服务业集聚对能源效率的影响及空间溢出效应。关于能源效率的测度，本章继续利用第 3 章的计算方法。关于生产性服务业集聚的测度，仍采用 RZI 指数和 RDI 指数来表示生产性服务业专业化和多样化的集聚程度，即由式（4-3）和式（4-4）计算获得。另外，选取的控制变量包括人力资本（Edu）、市场潜力（MP）、信息化水平（Infor）和政府干预程度（Gov）。

4.5.1 基准模型的结果分析

表 4-13 列出了 SEM、SLM 和 SDM 三类空间面板模型的估计结果。经过检验发现，Wald spatial lag 与 LR Spatial lag 的值分别为 90.37 和 65.08，都在 1% 的显著性水平上拒绝了 $\gamma = 0$ 的原假设，而且 Wald spatial error 与 LR spatial error 的值依次为 79.35 和 51.38，也都在 1% 的显著性水平上拒绝了 $\gamma + \rho\beta = 0$ 的原假设。因此，选择 SDM 模型作为最终的分析模型。

表 4-13   全国层面的空间计量估计结果

变量	SEM		SLM		SDM	
	系数	T 值	系数	T 值	系数	T 值
RZI	-0.0119*	-1.9287	-0.0134**	-2.1532	-0.0113	-0.4438
RDI	0.0009	0.6886	0.0022	1.5566	0.0018**	2.4835
Edu	0.0051	0.5728	0.0015	0.1704	0.0053***	6.7491
MP	-0.0111	-1.0316	0.0213***	2.6513	0.0128***	3.0201
Infor	-0.0011	-0.6498	0.0023*	1.9516	0.0033***	6.1383
Gov	-0.0223	-0.1693	-0.0871	-0.6564	-0.1261***	-9.6009
W × RZI					0.2327***	6.1625
W × RDI					0.0393***	4.5152
W × Edu					-0.1713***	-5.2444

续表

变量	SEM		SLM		SDM	
	系数	T 值	系数	T 值	系数	T 值
$W \times MP$					0.0103 *	1.8253
$W \times Infor$					− 0.0151 ***	− 7.5629
$W \times Gov$					− 3.6105 ***	− 8.2358
ρ / λ	0.8699 ***	9.4111	0.8449 ***	9.8154	0.8389 ***	10.2320
$Agj - R^2$	0.8209		0.7144		0.6268	
LogL	1703.6515		1525.6702		2302.0303	
LR	68.9284 ***		67.7612 ***		70.1840 ***	
n	2850		2850		2850	

注：*、**、*** 分别表示通过 10%、5%、1% 水平下的显著性检验。

SDM 模型的估计结果表明，生产性服务业集聚对能源效率提升存在重要影响，并且一个地区能源效率还会受到其他地区生产性服务业集聚模式选择的影响。具体而言，生产性服务业专业化集聚对能源效率的影响为负但未通过显著性检验，而生产性服务业多样化集聚则有利于能源效率提升且通过了 1% 水平下的显著性检验。这说明生产性服务集聚的 Jacobs 外部性对能源效率提升存在明显的促进效应。与 SDM 模型估计结果不同的是，在 SEM 和 SLM 模型中，生产性服务业专业化集聚对能源效率的影响显著为负，而生产性服务业多样化集聚对能源效率的影响不显著。究其原因主要在于 SEM 和 SLM 模型没有考察生产性服务业集聚对能源效率提升的空间溢出效应。为了能判断生产性服务业集聚模式选择对能源效率提升的空间溢出效应大小，将比较分析生产性服务业集聚对能源效率影响的直接效应、间接效应和总效应。由表 4 - 14 可以看出，生产性服务业专业化集聚对能源效率提升的直接效应为正且通过了 10% 的显著性检验，而其间接效应和总效应都为负且也通过 10% 水平下的显著性检验。这说明，生产性服务业集聚的 MAR 外部性有利于本地区的能源效率提升，但对其他地区能源效率改善存在明显的抑制效应。可能的原因在于，生产性服务业专业化集聚更多地是为了满足本地区主导工业的服务需求发展起来的，对其他地区的工业生产率与能源效率提升难以形成"匹配效应"。由生产性服务业多样化集聚的估计结果可知，其对能源效率的间接效应和直接效应都显著为正。这意味着生产性服务业多样化集聚不仅有利于本地区的能源效率增进，还能促进周边及其他地区的能源效率提升。

究其原因在于，某一地区在生产性服务业多样化集聚的过程中，除了能满足本地区工业升级与能源效率提升的需求外，还可以通过信息、技术溢出等途径满足周边或其他地区能源效率改善的多样化需求，从而导致邻近区域之间存在生产性服务业多样化集聚与能源效率提升的"俱乐部收敛"趋势。

表4 - 14　　　　　　　空间杜宾模型的直接效应、间接效应和总效应

变量	直接效应		间接效应		总效应	
	系数	T 值	系数	T 值	系数	T 值
RZI	0.0017 *	1.6841	- 0.5452 *	- 1.8263	- 0.5459 *	- 1.7236
RDI	0.0008	0.9518	0.0878 ***	2.9652	0.0871 ***	2.9275
Edu	0.0049	1.0187	- 0.3461	- 1.2937	- 0.3411	- 1.2707
MP	0.0113 ***	5.8286	0.0078 *	1.6761	0.0134 ***	3.1894
Infor	0.0027	0.3744	- 0.0036	- 1.3441	- 0.0035	- 1.3117
Gov	0.1461 *	1.6573	- 8.0611 *	- 1.8347	- 8.2071 *	- 1.8542

注：＊、＊＊＊分别表示通过10%、1%水平下的显著性检验。

在控制变量方面，一个城市的市场潜力对本地区能源效率的影响显著为正，而且对周边及其他地区能源效率改善也存在明显的促进作用与空间溢出效应。这一结论符合前文的理论预期：生产性服务业集聚可以为工业部门创造巨大的市场需求，有利于前沿科技、环保技术及解决方案等中间服务产品形成规模经济效应，从而为工业生产与节能降耗提供更多可供选择的"润滑剂"。由政府干预的估计结果可知，政府干预对能源效率的直接效应显著为正，但其间接效应和总效应却显著为负。这正验证了地方政府对经济活动的干预是地方保护主义的根源所在，究其原因主要在于：一方面，各级地方政府大都仅强调本地区的经济发展，往往忽视与周边地区在产业发展政策、环境污染治理等方面的统筹与协调；另一方面，地方政府之间往往具有以邻为壑、环境倾销等短视行为，这直接导致了区域之间的环境冲突。鉴此，地方政府在制定本地区生产性服务业发展时应考虑到其他地区的经济发展战略，若不能及时对周边地区在产业、资本、人才等方面的发展策略做出响应，则可能使本地区面临能源效率上的损失。

4.5.2　按地区分组的考察

为了考察不同区域生产性服务业集聚模式选择对能源效率的空间溢出效应，

将全国划分为东、中、西部三个地区进行空间杜宾模型估计（见表4-15）。从表中可以看出，生产性服务业集聚模式选择对能源效率的空间溢出效应在三个地区的影响机理各不相同：在东部地区，生产性服务业无论是专业化集聚还是多样化集聚，对能源效率提升都存在显著的空间溢出效应，并且与多样化集聚模式相比，生产性服务业专业化集聚更能促进本地能源效率的提升；在中部地区，生产性服务业专业化集聚对能源效率的间接效应和总效应都显著为正且通过了5%水平下的显著性检验，而生产性服务业多样化集聚对能源效率的空间溢出效应并不显著；在西部地区，生产性服务业集聚模式选择对能源效率的直接效应、间接效应和总效应均未通过显著性检验。这说明，东部地区生产性服务业集聚的MAR外部性和Jacobs外部性能显著促进本地及周边地区的能源效率提升，并且中部地区的能源效率提升更多地依赖于生产性服务业集聚的MAR外部性，而西部地区生产性服务业集聚对能源效率的影响不显著。可能的原因在于：一是伴随着东部地区工业产业链的延伸与价值链的升级，生产性服务业的专业化分工不断深化，集聚模式也开始从专业化向多样化演化与变迁，从而可以实现生产性服务中间投入对东部地区工业生产过程的"技术进步效应"与"产业结构效应"的双重减排机制；二是随着中部地区工业化进程的推进，其对生产性服务业存在巨大的市场需求，从而使得生产性服务业集聚能显著促进能源效率提升；三是西部地区的工业结构相对滞后、产品结构层次偏低，尚处于工业化起步阶段，因而对生产性服务业的需求并不明显。

表4-15　东、中、西部地区空间杜宾模型的直接效应、间接效应和总效应

变量		东部		中部		西部	
		系数	T值	系数	T值	系数	T值
直接效应	RZI	0.0313 ***	3.6979	-0.0052	-0.8200	-0.0015	-0.1589
	RDI	0.0006	0.5031	0.0004	0.2943	0.0002	0.1476
	Edu	0.0329 ***	2.9721	0.0147 **	1.9852	0.0108	1.3510
	MP	0.0761 ***	5.3222	0.0504 ***	2.6815	0.0392 *	1.7265
	Infor	0.0031 **	1.9711	0.0033	1.1016	0.0017	1.5345
	Gov	0.2162	1.2162	-0.1734	-1.3609	0.4883 **	2.4109
间接效应	RZI	1.4344 ***	3.0014	0.4613 **	2.0271	0.1961	1.2179
	RDI	0.0822 **	2.1247	-0.0291	-1.2570	0.0215	1.1078
	Edu	0.0294	0.1662	0.3768	1.3579	-0.1320	-0.7241

续表

变量		东部		中部		西部	
		系数	T 值	系数	T 值	系数	T 值
间接效应	MP	− 0.3603 **	− 2.2853	− 0.1332	− 1.0396	0.1054 ***	2.7559
	Infor	0.0051 *	1.7192	− 0.0013	− 0.3926	0.0025	1.3106
	Gov	− 6.8719 **	− 2.5782	− 4.9719	− 1.4885	− 4.5765 **	− 2.3271
总效应	RZI	1.4657 ***	3.0357	0.4561 **	1.9833	0.1945	1.1976
	RDI	0.0816 **	2.0965	− 0.0287	− 1.2269	0.0217	1.1039
	Edu	0.0185 ***	2.1028	0.3915	1.3998	− 0.1649	− 0.8933
	MP	0.2842 *	1.7731	− 0.0828	− 0.6641	0.1445 ***	3.6468
	Infor	0.0055 *	1.8016	− 0.0010	− 0.3028	0.0031	1.6258
	Gov	− 7.0882 ***	− 2.5855	− 4.7985	− 1.4213	− 4.0882 **	− 2.0672

注：*、**、*** 分别表示通过 10%、5%、1% 水平下的显著性检验。

从控制变量的估计结果可知，人力资本对东、中部地区的能源效率提升存在显著为正的直接效应，而对西部地区能源效率的作用并不明显，这可能由东、中部地区工业化推进对于人力资源尤其是高端人才的旺盛需求以及西部地区本身人才匮乏所致。市场潜力与政府干预对能源效率的空间溢出效应与全国层面的实证分析基本一致。需要指出的是，信息化水平对东部地区能源效率的直接效应、间接效应和总效应都显著为正。这意味着：工业化与信息化的"两化融合"不仅可以推动生产性服务业通过信息通信网络来完成跨空间、远距离的传输和贸易，还是提升能源效率的重要途径。

4.5.3 不同城市规模的考察

表 4 – 16 的估计结果显示，特大城市生产性服务业集聚的 MAR 外部性对能源效率的直接效应显著为负且通过了 10% 水平下的显著性检验，而与之相反的是，中等城市生产性服务业集聚的 MAR 外部性对能源效率的直接效应显著为正且通过了 10% 水平下的显著性检验。从生产性服务业多样化集聚的估计结果来看，特大城市和大城市生产性服务业集聚的 Jacobs 外部性不仅显著促进了本地区能源效率的提升，还对周边及其他地区的能源效率提升存在明显的空间溢出效应。这意味着：城市规模越大，生产性服务业集聚的 Jacobs 外部性对能源效率提

升的空间溢出效应越明显，而中、小城市生产性服务业集聚的 MAR 外部性对本地区能源效率提升的作用更为显著。这一结论符合前文的理论预期，即生产性服务业集聚与城市规模等级存在明显的"匹配效应"：一方面，中、小城市的生产性服务业倾向于专业化集聚，并且提供服务的知识密集度低、服务半径小、交易频率大，因而对能源效率提升的"本地化"服务显著而空间溢出效应不明显；另一方面，大城市的生产性服务业集聚更为多样化、高端化，并且提供服务的附加值高、服务半径大、交易频率小，从而对能源效率增进可以提供跨区域性的中间品服务。

表 4-16　　不同城市规模空间杜宾模型的直接效应、间接效应和总效应

变量		特大城市		大城市		中等城市		小城市	
		系数	T 值	系数	T 值	系数	T 值	系数	T 值
直接效应	RZI	-0.0273*	-1.8726	-0.0114	-1.2911	0.0197*	1.8819	0.1878**	2.1332
	RDI	0.1726***	2.7642	0.0736*	1.7041	-0.0007	-0.5208	0.0083	0.2776
	Edu	0.0182*	1.6637	0.0156**	2.4988	-0.0041	-0.4076	0.0190*	1.6498
	MP	0.1236***	3.1107	0.2459***	3.4598	0.0524***	3.9642	0.0489**	2.5093
	Infor	0.0034	1.2042	0.0016*	1.8025	0.0011	0.3467	0.0022	0.6717
	Gov	1.0283	0.7363	-0.2679	-0.6313	0.0459	0.2867	0.1156***	2.6863
间接效应	RZI	0.2844	0.2097	0.0298	1.0818	-0.1248	-0.2576	0.0036	0.4181
	RDI	0.0283**	2.1342	0.0138**	2.1846	-0.0162	-0.5458	0.0265	1.4187
	Edu	1.2342***	3.0284	0.0214	0.0449	-0.3099	-0.7674	0.0064	0.0648
	MP	0.1167	1.4591	0.2983*	1.6693	0.2468	1.2266	0.0243	0.5993
	Infor	0.0120	1.2735	0.0063	1.1942	-0.0028	-0.6326	0.0018	0.5783
	Gov	-1.9273	-1.2376	-5.7156	-0.5489	-5.1503*	-1.6657	-0.7962	-0.5122
总效应	RZI	-0.1239	-1.0895	-0.0185	-0.0502	0.1345	0.2751	0.1916**	2.1597
	RDI	0.1235***	2.8370	0.0116*	1.8787	-0.0169	-0.5649	0.0273	1.4647
	Edu	0.2736**	2.0385	0.0158**	2.0328	-0.3142	-0.7674	0.0126	0.1246
	MP	0.1253**	1.9986	0.3078*	1.6824	0.2991**	1.9892	0.0733**	2.2465
	Infor	0.0027	0.7369	0.0070	1.2989	-0.0027	-0.6049	0.0011	0.7227
	Gov	-2.3844	-1.1765	-1.9834	-0.5510	-5.1044	-1.0482	-0.6806**	-2.4265

注：*、**、***分别表示通过10%、5%、1%水平下的显著性检验。

4.6　本 章 小 结

中国产业结构升级的动力已逐渐由制造业转换为服务业尤其是生产性服务业。本章构建了一个生产性服务业集聚与产业结构升级的理论分析框架，并运用中国城市数据和空间计量模型进行了实证检验和拓展性分析。首先，中国产业结构升级存在明显的空间相关性和空间外溢效应，而且生产性服务业集聚外部性对产业结构升级的影响作用受城市规模的约束和引导：一方面，生产性服务业集聚的 MAR 外部性和 Jacobs 外部性对产业结构升级都存在明显的抑制作用，但当城市规模分别超过 151.51 万人和 154.07 万人时，这一影响效应由"抑制"变为"促进"；另一方面，生产性服务业集聚的 Porter 外部性对产业结构升级具有显著的正向影响，并且这一促进作用会随着城市规模的不断扩大而增大。这说明：当城市规模较小时，生产性服务业集聚促进产业结构升级主要通过 Porter 外部性的有效发挥，而随着城市规模的不断扩大，生产性服务业集聚的 MAR 外部性和 Jacobs 外部性开始通过人力资本积累、技术知识溢出、深化产业分工、规模经济效应等途径进一步促进产业结构升级。其次，生产性服务业专业化集聚虽然抑制了本地区的经济增长，但却对周边地区的经济增长具有明显的空间溢出效应，而生产性服务业多样化集聚对本地区的经济增长存在显著的促进效应。进一步分行业、地区和城市规模进行讨论时发现，生产性服务业集聚模式选择的经济增长效应存在明显行业、地区和城市规模异质性：一是低端生产性服务业和高端生产性服务业集聚模式选择的经济增长效应截然相反，即低端生产性服务业对经济增长的促进作用和空间溢出效应主要体现在对于专业化集聚模式的选择，而高端生产性服务业则更适合多样化集聚模式；二是生产性服务业的多样化集聚模式能够推动东部和西部地区的经济增长，而中部地区的经济增长从生产性服务业专业化集聚和多样化集聚中都能受益；三是特大城市和大城市生产性服务业的集聚模式更有利于本地区的经济增长，而中、小城市的生产性服务业集聚更适合选择专业化模式。最后，生产性服务业集聚的 Jacobs 外部性不仅对本地区能源效率提升具有显著的促进效应，还对周边及其他地区存在明显的空间溢出效应，而生产性服务业集聚的 MAR 外部性仅有利于本地区的能源效率提升。对于东部地区而言，生产性服务业集聚的 MAR 外部性和 Jacobs 外部性对能源效率提升都存在显著的促进效应及空间溢出效应；对于中部地区而言，生产性服务业集聚的 MAR 外部性对能源效率提升的空间溢出效应显著为正，而生产性服务业集聚的 Jacobs 外部性对能源效率的空间溢出效应并不明显；对于西部地区而言，由于工业结构相对滞后、产品结构层次偏低，生产性服务业集聚模式选择对能源效率的影响作用及空间溢出效应均未通过显著性检验。不同城市规模的考察结果显示，生产性服务业集聚模式选择对能源效率的影响作用与城市规模等级密切相关，即特大城市、大城市生产性服务业集聚的 Jacobs 外部性对能源效率提升的空间溢出效应更明显，而中、小城市生产性服务业集聚的 MAR 外部性对本地区能源效率提升的作用更为显著。针对以上研究结论，可得到以下政策启示：

（1）在产业结构调整与升级过程中，应该更加注重现代生产性服务业的发展。本章研究结论显示，对于产业结构升级具有重要作用的是现代生产性服务业而非低端生产性服务业。一方面，在加快生产性服务业集聚的同时，要逐步引入市场竞争机制，通过"优胜劣汰"的方式推动低端生产性服务业"腾笼换鸟"，避免重新走制造业被"低端锁定"的老路，从而不断促进现代生产性服务业集聚发展；另一方面，要坚持"走出去"和"引进来"相结合的发展思路，在不断推动产业结构调整的过程中，要大力引进研发设计、现代物流、现代金融、法律咨询等现代生产性服务业企业。现代生产性服务业的发展不仅可以促进产业结构升级，还能提升城市规模层次以及进一步促进城市集聚经济发展。

（2）在制定生产性服务业发展战略时，应与当地产业结构和城市规模相匹配。各地区在制定生产性服务业发展战略时，不仅要统筹规划生产性服务业集聚区和调整优化生产性服务业内部结构，还要根据当地的产业结构和城市规模，在推进工业化和城市化的过程中，充分发挥生产性服务业集聚外部性对产业结构升级的促进作用。一方面，要通过市场需求和要素供给共同推进生产性服务业集聚，以产城融合的方式促进生产性服务业发展和城市产业结构升级；另一方面，在大城市和大都市区，生产性服务业集聚的技术知识溢出和规模经济效应显著，应抓住窗口机会引领产业链向创新链、价值链转变和攀升，而对中、小城市，应根据产业链分工差异，引入竞争机制并推动生产性服务业多样化发展。

（3）消除生产要素流通的限制性壁垒，充分利用产业结构升级的空间溢出效应。一是充分认识市场在资源配置中的决定性作用，利用竞争、供求、价格等市场机制进一步加强地区之间生产性服务业与相关产业的联系，尤其要为人力资本、技术服务业等高端生产要素的流动创造更多的"管道"。二是减少地区之间生产要素流动的壁垒，尤其要不断缩小生产性服务业与工业结构存在空间联系的各地区之间在技术、人才、信息等方面差距。三是东、中、西部地区之间应建立有效的合作机制，实现地区之间的资源共享与优势互补。例如，当东部地区在以技术创新为核心推动产业结构优化升级时，中、西部地区可以有选择地承接东部地区适合自身资源禀赋特征的产业且制定更加有效的产业发展规划。

第 5 章

城市产业结构升级的动力优化：
金融集聚与外溢

产业结构转变是理解发展中国家与发达国家经济差异的一个核心变量，也是后发国家加快经济发展的本质要求（干春晖等，2011）。但值得高度关注的是，国际金融危机所导致的世界经济下滑，尤其是中国经济从过去两位数的高速增长，下行到现在7%~8%的速度，并非是一个周期性现象，而是一种"结构性减速"，即进入了以"三期叠加"（增长速度换挡期、结构调整阵痛期和前期刺激政策消化期）为特征的"新常态"经济发展阶段（黄群慧，2014；金碚，2015）。"十二五"规划纲要和党的十八大报告明确提出"坚持把经济结构战略性调整作为加快转变经济发展方式的主攻方向"以"解决制约经济持续健康发展的重大结构性问题"和"促进经济长期平稳较快发展"，这表明政府在战略层面上更加重视在产业结构升级中实现经济可持续增长。然而产业结构的变迁与升级依赖一定的外部环境和客观条件，尤其是对资金需求和金融结构有着特殊的要求（孙晶和李涵硕，2012）。金融作为现代经济的核心，其空间集聚已成为现代金融产业组织的基本形式，例如纽约、伦敦、香港等国际性城市已成为世界金融中心。随着中国加入WTO，北京、上海、广州、深圳、天津、武汉、济南、成都、重庆等大、中型城市也纷纷提出打造国际性或区域性金融中心的战略目标，并且在政府层面推动建设的金融中心就达30多个（李林等，2011；孙国茂和范跃进，2013）。在中国产业结构服务化和经济金融化的大背景下①，金融集聚作为范围经济、规模经济和区域专业化分工的全新演绎，已然成为区域产业结构调整和经

---

① 根据《国家统计局进度数据库》发布的数据，2014年金融增加值占GDP的比重为7.4%，比2012年（5.5%）提高了近2个百分点。

济持续增长的主要力量和集中体现。

金融发展与经济增长的关系一直是备受学术界关注的焦点之一，但鲜有文献注意到，金融集聚对经济增长的影响主要是通过产业结构调整得以实现的。金融集聚在很大程度上影响了产业结构升级的速度和效率：一方面，金融集聚通过范围经济效应和规模经济效应降低了交易成本，提高了金融资源的流通能力和配置效率（Kindleberger，1974），从而缓解了产业结构升级的资金约束；另一方面，在金融集聚区内，金融机构及相关行业之间利用共享的基础设施和网络体系完成了信息交流，对市场竞争能力强、投资收益率高的企业增加资金供给，加快了生产要素从低效率产业向高效率产业的转移，由此带来的"结构红利"维持了经济的持续增长（Levine，1998；Tadesse，2002；Peneder，2003；Zhao，2003）。

另外，一些学者还认为，随着信息通信技术的发展，许多金融活动和金融功能已经克服了地理空间的限制并实现了远距离、低成本的联系和交易（Thrift，1994；Porteous，1995），甚至宣称"地理学终结"（Obrien，1992）。但是由于非标准化信息以及金融行业契约性、密集性特点等因素的存在，金融发展并未出现"地理学终结"，并且金融集聚的影响效应也存在一定的区域边界（余泳泽等，2013；张浩然，2014），然而很少有文献关注金融集聚的空间相关性问题。事实上，金融集聚发挥的作用和功能不仅能够服务于当地产业结构升级，还可以通过低成本的金融延伸服务影响到周边地区的产业结构转变，因而忽视空间溢出效应，就会使研究结果产生一定的偏差。

5.1　理论机制分析

5.1.1　金融集聚促进产业结构升级的理论机制

金融市场的功能对于经济增长和产业结构变迁的促进作用已经得到了理论研究和经验分析的一致认可，研究结论表明，金融市场的功能完善和作用发挥更多地是通过金融集聚来实现的（Greenwood and Jovanovic，1990；King and Levine，1993；Levine，1998；Gehrig，2000；Sassen，2004）。金融集聚促进产业结构升级的动力来源于金融集聚所产生的集聚效应，它通过外部规模经济效应、资源优化配置效应、网络经济效应、创新激励效应和累积循环因果效应来推动产业结构升级（见图 5 - 1）。

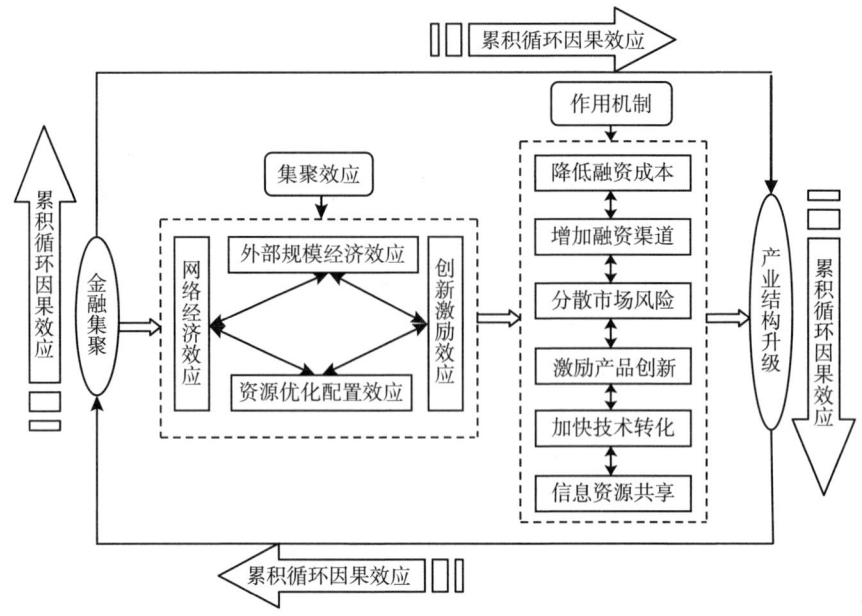

图 5-1　金融集聚促进产业结构升级的作用机制过程

（1）外部规模经济效应。金融集聚的外部规模经济效应是通过节约周转资金余额、降低融资成本、分散投资风险、提供投资和融资便利、提高资本市场流动性、金融机构共享辅助性行业等途径得以产生。在金融集聚过程中，金融机构以及为金融机构服务的辅助性行业或社会中介服务业（如律师、会计、外语、资产评估、信用评估、投资咨询等机构）倾向于在某一地区集中，提高了整个地区的金融服务水平，使高效的支付体系能够帮助企业节约周转资金和降低融资成本，从而为产业结构升级提供了资金支持（Kindleberger，1974）。帕克和穆萨（Park and Musa，1989）研究发现，金融集聚能够促进金融机构与其他相关行业的信息交流和资源共享，可以更有效地利用现有网络系统和基础设施，获得规模经济效应。金融集聚区的"极化效应"一旦完成，就可以通过"涓流效应"向周边地区设立金融分支机构或网点、增加金融投资等方式为周边地区的工业效率提升和产业结构升级提供资金保障（刘军等，2007）。

（2）资源优化配置效应。熊彼特（Schumpeter，1911）在《经济发展理论》一书中就指出，金融机构将资金向创新型产业领域配置，就能达到促进产业结构升级的效果。布埃拉等（Buera et al.，2010）研究发现，金融集聚便利了金融中介对各类投资机会信息的收集与处理，并推动资金从生产率较低的项目配置到生产率较高的项目中去，因而优化了产业结构（Almeida and Wolfenzon，2005）。

金融集聚还可以通过分散资金的流动性风险，加快金融服务的专业化分工，提高金融资源的使用效率进而降低投融资成本（Bencivenga and Smith，1991），由此促进新兴产业的成长和引导落后产业的退出，从而实现了产业结构的高级化（DaRin and Hellmann，2002）。乌格勒（Wurgler，2000）采用 65 个国家的制造业产值与总投资的数据证实，金融市场越发达的国家，资源配置效率更高，这说明金融集聚有利于提高资源配置效率和促进产业结构升级。平等（Binh et al.，2005）利用 26 个国家制造业的产业数据也得出了相似的研究结论。

（3）网络经济效应。金融集聚的网络经济效应主要来自两个方面，包括通过金融网络降低市场交易费用和网络内部成员之间密切协作所带来的额外效益。根据网络经济原理，如果能在金融网络基础上增加一个节点，就会让金融企业与其他企业之间的联系出现成倍的增长，也会让网络成员之间的依存性变得更大，进而提高了网络成员的个体效率和存在价值（赵晓霞，2014）。金融集聚后的网络成为金融服务商和其他企业信息流通的渠道，降低了信息搜集、交流和共享的成本。这种金融网络通过降低企业的股权交易成本促进了股权交易市场的繁荣，减少了投资者长期投资时对资金流动性约束的顾虑，进而增加对高回报率项目的长期投资，从而有效促进了产业结构升级（Bencivenga et al.，1995）。金融网络中的金融机构与企业也可以通过相互联系形成密切的合作关系，并建立信任机制，减少了金融产品或服务的使用者在运营过程中的机会主义倾向，有效降低了契约执行与监督的成本。

（4）创新激励效应。金融集聚过程中将会实现金融知识、信息与产业技术的相互融合，尤其是在金融集聚区拥有丰富的创新资源，信息流转迅速、创新效率高，并通过金融体系、区域创新网络产生一定溢出效应，引起该地区的产品升级和创新速度要显著高于其他地区。而且有效的技术进步和创新也需要完善的金融体系来支撑（King and Levine，1993）。金融集聚可以缓解创新的信贷约束，为最有机会在新产品、新工艺、新技术取得成功的投资者提供资金支持、共享机会和长效激励，从而促进了技术创新行为的长期化和稳定化（Tadesse，2002）。金融集聚还可以分散技术创新风险和加快技术转化。尤其在技术研发的过程中，金融体系的风险分散功能可以消除风险厌恶型企业对于专业化投资缺乏流动性的顾虑（Saint Paul，1992），也能使企业的创新行为避免受到跨期风险的威胁（Levine，1998）。

（5）累积循环因果效应。麦金农（McKinnon，1973）和肖（Shaw，1973）分别在各自的著作中提出了"金融抑制"和"金融深化"的理论，都认为金融发展对于经济增长中的资源配置和产业结构变迁具有重要的双向作用，即金融集聚与以产业结构升级为特征的经济增长之间存在累积循环因果效应。其一，金融集聚在产业结构升级中的作用表现为在一定金融制度下，金融集聚能够通过影响产业的资金供给与需求来促进生产要素投入和生产效率的提升。金融集聚作用于产业结构升级的主要机理可表述为：金融集聚→储蓄与投资→资金的流量结构→生产要素的分配结构→资金的存量结构→产业结构升级。其二，产业结构升级会引发金融服务需求的集聚和金融运营模式的转变，主要体现在要求金融服务的多样化和现代化。无论是从金融服务的市场体系、组织体系还是政策体系上，产业结构升级都需要通过金融集聚来拓宽融资渠道、创新融资方式、优化服务能力和提高风险管理水平（王立国和赵婉妤，2015）。

5.1.2　金融集聚促进产业结构升级的空间溢出效应

随着信息与通信技术的快速发展，对于金融集聚问题的研究，一些研究者逐步从区域层面向空间和地理视角进行考察，由此产生了金融地理学（geography of finance）。金融地理学以克鲁格曼的新经济地理学为基础，从金融信息流动的角度对金融集聚形成的动因进行了研究。"信息腹地论""市场摩擦论"和"金融资源流动论"的提出表明，信息生产、收集和传播源头的"信息腹地"或"信息中心"是金融集聚或金融中心形成的主导力量（Thrift，1994；Porteous，1995）。波蒂厄斯（Porteous，1995）将金融信息划分为"标准化信息"（standardized information）和"非标准化信息"（non-standardized information）两类，也称之为"编码知识"（codified knowledge）和"默示知识"（tacit knowledge）。标准化信息可以转化为文字、数据和图形等"硬"资料，能够突破地理空间的限制，无失真地进行远距离、低成本的传递，这就使地理经济学所关注的"距离摩擦"被边缘化了。但非标准化信息则难以通过现代通信技术手段传播，包括个人的技能与经验、公司的声誉与负债、兼并和竞标信息等"软"资料，在传播过程中会由于"距离损耗"（distance-decay）而导致信息衰减甚至产生歧义，也可能因地域差异而造成信息诠释上的误读。因此，这些非标准化信息的流动需要从业人员进行面对面的交流（face to face contact）。由于信息本身就具有"损耗性传递"的特征，金融企业及相关中介机构对于选址的随意性就会大大降低，"地理学终结"的论断也将难以成立，即金融集聚不可能完全摆脱地理空间差异的约束。

由于金融服务受信息传输、运输成本等因素的限制相对较少，并且信息和科技进步也可以让金融机构为更大和更分散的市场提供服务，这样金融集聚对产业结构升级的空间溢出效应就存在了一定的现实基础。换言之，金融集聚不仅可以促进本地区的产业结构升级，还能通过金融服务网络的延伸向周边地区增加投资、信息溢出和专业化分工等途径影响周边地区的产业结构变迁。亚历山德里尼等（Alessandrini et al.，2010）的研究表明，对于企业尤其是中小企业而言，远离银行信贷决策中心将不利于技术创新，因而相对分散化的金融体系可以使边缘地区的企业避免"金融排斥"的负向效应。而科图厄奥等（Cotugno et al.，2013）考察了意大利企业在金融危机时期的信贷可得性问题，也发现远离银行信贷中心对信贷可得性具有显著的负面影响。这意味着金融服务的可达性和金融集聚的空间溢出效应是影响产业结构升级的关键因素。既然如此，那么金融集聚对产业结构的空间溢出效应就会受到地理距离的限制。首先，信息不对称程度会因地理距离的增加而增大。赫斯利和斯特兰奇（Helsley and Strange，1990）指出，由于信息不对称程度的存在，信息传递符合"地理学第一定律"（tobler's first law of geography），即随着地理距离的增加而逐渐衰减。产业结构升级所需要的金融信息尤其是非标准化信息，随着地理距离的增加而失真，并且有效的商业交流也会减少，因此，短距离频繁的交流既可以减少信息不对称程度，又能有效地发挥金融集聚对产业结构升级的溢出效应。其次，地方保护主义会使得金融集聚的空间溢出效应存在一定的区域边界。虽然改革开放以后中国市场化程度有了显著提高，但是行政区经济、市场分割等现象依然普遍存在，尤其是省级区域管理界限对于区域一体化的影响仍然相当明显（余泳泽等，2013；于斌斌和金刚，2014）。中国地方保护主义产生的主要原因在于财政分权体制下地方政府之间的"GDP赛跑"、官员晋升博弈等因素的影响（周黎安，2004），再加之中国金融资源的相对稀缺性，从而导致金融集聚的空间溢出受制于地理距离。

5.2　实证研究设计

本章将继续采用动态空间面板模型来检验金融集聚对产业结构升级的空间溢出效应。基于上述理论与研究目的，构建了如下动态空间面板模型：

$$Sop_{it} = \theta Sop_{it-1} + \rho \sum_{j=1}^{N} W_{ij} Sop_{it} + \beta Agg_{it} + \gamma X_{it} + \alpha_i + \nu_t + \varepsilon_{it},$$

$$\varepsilon_{it} = \lambda \sum_{j=1}^{N} W_{it} \varepsilon_{it} + \mu_{it} \tag{5-1}$$

式中，Sop_{it} 为 i 城市在 t 时间的产业结构升级，Agg 为金融集聚，X 为控制变量集，W_{ij} 为空间权重矩阵，a_i、ν_t、ε_{it} 分别为地区效应、时间效应和随机扰动项。

（1）产业结构升级。借鉴刘伟等（2008）、彭冲等（2013）的做法，仍采用各产业产值比重与劳动生产率的乘积来测度产业结构升级，其计算公式如下：

$$Sop_{it} = \sum_{i=1}^{3} \frac{Y_i}{Y} LP_i, \ i = 1, 2, 3 \qquad (5-2)$$

但与前文不同的是，由于劳动生产率是一个有量纲的数值，而各个产业的产值则是一个没有量纲的数值，因而将对 LP_{it} 进行标准化处理，其标准化公式如下：

$$LP_{it}^{std} = \frac{LP_{it} - LP_{is}}{LP_{if} - LP_{is}} \qquad (5-3)$$

式中，LP_{it}^{std} 表示标准化后的劳动生产率，LP_{it} 表示各个城市的实际劳动生产率，LP_{is} 和 LP_{if} 分别表示工业化起点和工业化终点的劳动生产率。根据钱纳里的标准结构模型（Chenery et al., 1986），可以计算得到工业化起点和终点的人均收入标准分别为 868 美元和 13020 美元（见表 5-1）[①]。

表 5-1　　　　　　　　　工业化进程中劳动生产率的核算标准

	劳动生产率（1970 年/美元）	劳动生产率（2012 年/美元）	劳动生产率（2012 年/人民币）
工业化起点：人均收入标准是 868 美元			
第一产业	70	434	2740
第二产业	292	1810.4	11426
第三产业	340	2108	13307
工业化终点：人均收入标准是 13020 美元			
第一产业	1442	8940.4	56434
第二产业	3833	23764.6	150017
第三产业	1344	8332.8	52602

（2）金融集聚。关于产业集聚度的测量方法众多，典型的有区位商、Hoover

---

① 钱纳里以 1970 年的美元为基础计算得出，工业化起点和终点的人均收入分别 140 美元和 2100 美元。根据美国的 CPI 数据可知，1970 年的美元换算成 2012 年的美元的折算因子为 6.2。

指数、Gini 系数、E-G 指数等。由于区位商指数可以消除地区规模差异因素，能比较真实地反映某一城市的要素空间分布情况，再加上限于数据可得性，选取区位商来测度中国城市的金融集聚度，计算方法如下：

$$Agg_i = \left(\frac{FS_i}{S_i}\right) \Big/ \left(\frac{FS}{S}\right) \qquad (5-4)$$

式中，FS_i、S_i 表示 i 城市的金融业从业人数和全部从业人数，FS、S 表示所有城市的金融业从业人数和全部从业人数。Agg_i 的值越大，代表 i 城市金融业的相对集聚程度就越高。

本章还选取了信息化水平（$Infor$）、人力资本（Edu）、研发投入（RD）、外商直接投资（FDI）、基础设施（$Infra$）、政府干预程度（Gov）和经济发展水平（$Econ$）作为控制变量。其中，信息化水平、人力资本、外商直接投资、基础设施、政府干预程度和经济发展水平的计算方法与前文一致；研发投入采用一个地区的科学研究、技术服务与地质勘查从业人员占该地区全部从业人员的比重来近似反映。

本章亦选择中国 285 个地级及以上城市作为研究样本，数据来源于 2004~2013 年的《中国城市统计年鉴》，并采用插值法对个别城市所缺失的数据进行补充。

5.3　计量结果分析

5.3.1　空间相关性检验

由中国金融集聚度与产业结构升级指数的地理分布特征可知，金融集聚度与产业结构升级指数都存在非常显著的空间集聚效应，且二者之间呈现明显的空间关联性，即金融集聚度较高的地区大都与产业结构升级指数较高的地区相同或相邻。本章将通过 Moran's I 指数分别检验金融集聚度和产业结构升级指数的空间自相关性。表 5-2 给出了 2003~2012 年中国城市金融集聚度与产业结构升级指数的 Moran's I 指数检验结果。结果显示：金融集聚度的 Moran's I 指数都通过了 1% 水平下的显著性检验且都为正值，说明中国城市之间的金融集聚具有非常明显的空间相关性；而产业结构升级指数在 2003~2009 年都通过了 1% 水平下的显著性检验，却在 2010~2012 年没有通过显著性检验，这可能与中国在后金融危机时期逐渐进入"三期叠加"的"新常态"经济发展阶段密切相关。

表 5-2　中国城市金融集聚度与产业结构升级指数的 Moran's I 指数检验结果

变量	2003年	2004年	2005年	2006年	2007年	2008年	2009年	2010年	2011年	2012年
Agg	0.3289*** [9.4715]	0.3032*** [9.1617]	0.2598*** [7.6773]	0.2655*** [8.0819]	0.2602*** [7.9624]	0.2547*** [7.6082]	0.2368*** [7.0498]	0.2766*** [8.3084]	0.2288*** [6.9125]	0.2979*** [8.9390]
Sop	0.1578*** [4.9719]	0.2452*** [7.2832]	0.1230*** [3.8809]	0.3436*** [10.8675]	0.1646*** [5.2313]	0.1274*** [4.2774]	0.2130*** [7.5178]	0.0319 [1.2840]	0.0228 [0.8724]	-0.0024 [0.3644]

注：（1）*** 表示通过1%水平下的显著性检验；（2）方括号内为 Z 值检验结果。

　　为了更直观地显示中国各城市金融集聚与产业结构升级的空间相关性，采用局部空间关联指标 LISA 集聚图来观察金融集聚与产业结构升级的局部地区高值或低值在空间上是否趋于集聚①。从中可以发现，金融集聚的高值集聚区在逐渐增多，并且存在向中、西、部地区（如山西、四川、重庆等）转移的趋势。与之相反的是，产业结构升级的高值集聚区呈现明显的衰减现象。这一与预期相悖的结论正好验证了中国金融发展与产业结构变迁进入了一个特殊阶段，即金融行业投机活跃、利润高企与宏观经济发展减速、工业企业利润下降之间的矛盾与冲突日益加剧：一方面，金融集聚（或过度繁荣）引起金融发展泡沫化、产业结构空心化等问题的突发（Blanchard et al.，2010）；另一方面，数量扩张型、资源消耗型、低附加值型的产业结构状态和出口导向的发展模式难以摆脱"世界工厂"的现实（谢家智和王文涛，2013）。这也再次印证了前文关于金融集聚度和产业结构升级指数的 Moran's I 指数检验结果。产业结构升级指数的空间相关性和高值集聚区之所以在 2010 年后减弱或减少，正是由于中国城市产业结构低端化、同质化的"路径依赖"引发了区域之间的竞争效应和排斥效应所致。即便如此，金融集聚与产业结构升级依然存在显著的局部空间集聚效应，即金融集聚度与产业结构升级指数较高的地区被高值区的其他城市所包围，或较低的地区同样被低值区的其他城市所包围。

5.3.2　基准模型的结果分析

　　为了验证金融集聚对产业结构升级影响的稳定性，在动态空间面板模型中逐步引入控制变量来观察模型系数和显著性的变化，发现在经过逐步加入控制变量后，核心变量的系数和显著性并未发生很大变化，这表明模型所输入的变量比较稳定，检验结果如表 5 - 3 所示。

---

　　① LISA 集聚图可以将区域与周边地区的空间相关性划分为"高—高"（HH）"低—低"（LL）"低—高"（LH）"高—低"（HL）及"none"（N/A：空间相关不显著）五个类型。"高—高"代表研究区域为高值，其周边地区也为高值，表明研究区域为高值集聚区，具有显著的高值空间相关性；"低—低"表示研究区域为低值，其周边地区也为低值，说明研究区域为低值集聚区，具有显著的低值空间相关性；"低—高""高—低"为两类特殊区域，也称为"热点"（hotspot）区域，其中，"低—高"代表研究区域为高值，其周边地区为低值，而"高—低"则相反。

表 5 - 3　全国层面城市数据的动态与静态空间面板模型估计结果

变量	空间动态 SLM 面板模型								空间静态 SLM 面板模型
	模型 (1)	模型 (2)	模型 (3)	模型 (4)	模型 (5)	模型 (6)	模型 (7)	模型 (8)	模型 (9)
Sop_{-1}	0.1423** [2.51]	0.1412*** [2.59]	0.1416*** [2.66]	0.1431*** [2.66]	0.1435** [2.56]	0.1436** [2.55]	0.1434** [2.32]	0.1489** [2.28]	
Agg	0.1464** [2.28]	0.1028** [2.46]	0.1011** [2.57]	0.1001** [2.55]	0.0969** [2.57]	0.0723** [2.12]	0.0627*** [2.27]	0.0625** [1.97]	0.1683*** [3.23]
$Infor$		0.1066*** [3.36]	0.0693** [2.19]	0.0813** [2.52]	0.0697** [2.13]	0.0866** [2.55]	0.0585* [1.72]	0.0559 [1.64]	0.0867** [2.83]
Edu			0.6756*** [8.53]	0.6701*** [8.48]	0.6683*** [8.45]	0.6677*** [8.44]	0.5832*** [7.27]	0.5731*** [7.12]	0.4467*** [7.37]
RD				0.3116*** [4.98]	0.3113*** [4.11]	0.3109*** [5.04]	0.3991*** [5.44]	0.3604*** [4.64]	0.3154*** [4.24]
FDI					0.0358 [1.42]	0.0401* [1.63]	0.0054 [0.26]	0.0061 [0.29]	0.0113 [0.63]
$Infra$						-0.0970* [-1.95]	-0.1116** [-2.26]	-0.1144** [-2.31]	-0.1646*** [-3.37]
Gov							-0.1190** [-2.24]	-0.1209** [-2.27]	-0.1215** [-2.42]
$Econ$								0.0329 [1.52]	0.0482** [2.22]

续表

变量	空间动态 SLM 面板模型								空间静态 SLM 面板模型
	模型（1）	模型（2）	模型（3）	模型（4）	模型（5）	模型（6）	模型（7）	模型（8）	模型（9）
ρ	1.46e−06*** [2.99]	1.22e−06*** [2.59]	1.16e−06*** [2.66]	1.16e−06*** [2.66]	1.11e−06** [2.56]	1.11e−06** [2.55]	1.01e−06*** [2.32]	9.91e−07** [2.28]	0.5699*** [9.18]
Adj−R^2	0.4610	0.4596	0.4628	0.4634	0.4652	0.4661	0.4689	0.4690	0.1246
LogL	−5584.2492	−5587.0259	−5578.9184	−5576.9834	−5575.2164	−5572.9158	−5562.1043	−5561.3555	−6621.2924
n	2850	2850	2850	2850	2850	2850	2850	2850	2850

注：（1）*、**、***分别表示通过10%、5%、1%水平下的显著性检验；（2）方括号内为 T 值检验结果。

从表 5 - 3 的估计结果中可以看出，动态空间面板模型和静态空间面板模型的估计结果在系数符号和显著性方面基本类似，这说明考虑地理距离和空间溢出效应来分析金融集聚对产业结构升级的影响效应是合适的。但是金融集聚度系数和空间溢出系数 ρ 的大小却存在明显差异，即静态空间面板模型中的金融集聚度系数（0.1683）和空间溢出系数（0.5699）要显著高于动态空间面板模型中的金融集聚度系数（0.0625）和空间溢出系数（9.91e - 07）。尤其是在考虑产业结构升级指数一阶滞后变量的动态空间面板模型中，被解释变量滞后一期与被解释变量在所有模型中都通过了 1% 或 5% 的显著性检验且都为正值。这说明静态空间面板模型高估了金融集聚对产业结构升级的促进效应，原因在于产业结构升级指数的一阶滞后项能将影响产业结构升级的潜在因素（如经济环境、政策环境等）从空间结构因素的影响中分离出来，从而使静态空间面板模型的偏差得以矫正，也反映了中国城市产业结构升级具有动态性、连续性的经济特征。因此，本章将选择更具解释力的动态空间面板模型作为最终的解释模型。

由模型（8）的估计结果可知，金融集聚对于产业结构升级具有明显的促进效应且通过 5% 的显著性检验，这与我们之前的理论预期相一致，也意味着金融集聚度每提高 1%，产业结构升级指数就能提高 0.625%。同时，金融集聚促进产业结构升级的空间溢出效应也较为明显且通过了 5% 的显著性检验。这说明金融集聚在邻近区域之间甚至可以跨区域服务于相关地区的产业结构升级。由于金融服务较少受到运输成本、信息传输成本的限制，完全可以在更远距离、更大范围内服务于经济发展。对于地理距离的弱敏感性导致金融服务能够在一定程度上摆脱地理距离的束缚，从而可以使金融集聚通过外部规模经济效应、资源配置效应和网络经济效应等作用机制远距离地作用于相关地区的产业结构变迁。在控制变量方面，信息化水平、人力资本和研发能力对于产业结构升级也存在明显的促进效应且都通过了 10% 或 1% 的显著性检验。这验证了高级化生产要素是产业结构从低级形态向高级形态不断演化的核心资源。但是基础设施对于产业结构升级存在显著的负向影响且通过 5% 的显著性检验。究其原因主要在于：虽然中国城市的基础设施建设一直处于不断完善的过程中，但其运行效率和外部效应并没有得到有效发挥（刘生龙和胡鞍钢，2010），尤其是重复性建设和拆建周期短等现象普遍存在。政府干预程度对产业结构升级具有显著的负向影响且通过了 5% 的显著性检验，证实了行政区经济、市场分割等地方保护主义对于产业结构升级的阻碍作用，这与于斌斌和金刚（2014）的研究结论相一致。

5.3.3 按地区分组的考察

表 5-4 的检验结果显示，金融集聚对于东、中部地区产业结构升级的促进作用和空间溢出效应都通过了 5% 或 1% 的显著性检验，而且金融集聚对中部地区产业结构升级的空间溢出系数（2.2432）要明显高于对东部地区的空间溢出系数（0.6534），但金融集聚对西部地区产业结构升级的促进效应和空间溢出效应都没有通过显著性检验。这说明金融集聚在提升中部地区资源配置效率方面要比东、西部地区表现的更加突出，金融集聚改善了劳动力要素与资本要素的配置效率，从而利用规模经济、网络经济的外部性等途径促进了产业结构升级。改革开放以来，在两个大局发展战略的制度安排下，采取了非均衡的经济发展道路，因而导致东部地区的产业发展逐步形成了"集聚阴影效应"[①]，弱化了金融集聚对产业结构升级的空间溢出效应，而在"中部崛起"战略和东部产业向中部加快转移的现实背景下，中部地区的产业结构升级对以金融服务业为代表的生产性服务业存在巨大的市场需求，更加受益于金融集聚对产业结构升级的空间溢出效应。对于西部地区而言，产业发展相对滞后、产业结构层次偏低，难以对金融服务产生明显的认知和需求。从控制变量的估计结果来看，研发能力对东部地区的产业结构升级存在显著的促进效应，而对中部地区却具有明显的阻滞效应，可能的原因是由于东、中部地区的产业结构存在显著的"技术势差"，即东部地区产业结构升级更关注技术创新能力的提升，而中部地区更加注重产业发展的规模经济和总量扩张。外商直接投资的空间溢出效应有利于促进中部地区的制造业生产率，而对东部地区的产业结构升级具有显著的阻碍作用，也从另一个侧面反映了东部地区对于产业高端化发展的需求。

[①] 根据新经济地理学的"中心—外围"模型，某一个地区一旦形成一个新城市，它就会产生集聚阴影效应（agglomeration shadows），使临近区域不会出现新的城市。一方面，由于集聚中心的市场潜力较大，在集聚中心以外且距离集聚中心较近的企业会由于运输成本增加而难以与集聚中心的企业进行竞争；另一方面，在距离集聚中心较远的地区，由于地理距离的增加会使企业竞争程度下降和市场需求上升而拥有更大的市场潜力和发展空间。

表 5 - 4　　　　　东、中、西部地区城市数据的动空间面板模型估计结果

变量	东部地区		中部地区		西部地区	
	系数	T 值	系数	T 值	系数	T 值
Sop_{-1}	0.1653 ***	2.82	0.2476 ***	4.39	0.1897 **	2.52
Agg	0.3748 **	2.23	0.3597 ***	4.09	0.1554	1.46
$Infor$	0.0312	0.38	- 0.0265	- 0.24	0.0676	1.50
Edu	0.6156 ***	4.22	0.5464 ***	3.36	0.6513 ***	5.24
RD	0.5266 ***	3.21	- 0.1705 **	- 2.03	0.4742 ***	4.58
FDI	- 0.1607 **	- 2.06	0.0887 **	2.19	- 0.0012	- 0.05
$Infra$	- 0.0789	- 1.12	0.0304	0.16	- 0.1881 **	- 2.09
Gov	- 0.1947	- 1.40	- 0.3405 *	- 1.95	- 0.0391	- 0.057
$Econ$	- 0.0255	- 0.69	0.0366	0.71	0.1055 ***	3.07
ρ	0.6534 ***	3.82	2.2432 ***	4.39	0.5003	0.47
$Adj - R^2$	0.4448		0.4884		0.5377	
LogL	- 2052.2316		- 2125.0593		- 1361.1811	
n	1010		1090		750	

注：* 、** 、*** 分别表示通过 10%、5%、1% 水平下的显著性检验。

5.3.4　不同城市规模的考察

　　表 5 - 5 中的估计结果显示，金融集聚对特大城市和大城市的产业结构升级存在显著的促进效应且通过了 1% 的显著性检验，对中等城市产业结构升级的促进效应没有通过显著性检验，而出乎预期的是，金融集聚对于小城市产业结构升级具有明显的负向影响且通过了 1% 的显著性检验。本章给出的解释是：由于产业结构升级符合从工业到服务业、低级形态向高级形态不断演化的客观规律，而且目前中国小城市大都处于工业化的初期或中期，过多的集聚金融服务业会对小城市的工业发展产生"腾笼换鸟"的排他性作用，从而影响了小城市向工业化中后期的演进过程。从空间溢出效应来看，金融集聚仅对小城市产业结构升级的空间溢出效应没有通过显著性检验，这在一定程度上为上述的解释提供了证据。这也表明，大城市的金融集聚可以摆脱本地服务市场规模的限制，向周边地区甚至更远地区的企业提供金融服务。就中国金融机构的空间分布情况来看，中国大部分的金融总部机构都分布在城市规模较大的直辖市、省会城市或副省级城市，这

一方面源于特大城市或大城市在获取信息的便捷性和低成本运营上具有显著优势，而且具备一定规模的城市拥有充足的高层次人才容量，可以满足金融机构发展的人才需求；另一方面源于金融机构在对总部进行选址时需要考虑行政区域的划分因素，以便能够接近"政治资源"和获取行政支持。在控制变量方面，人力资本对产业结构升级的影响效应与前文分析基本一致。需要指出的是，对于特大型城市而言，进一步提升研发能力和市场化程度将有利于产业结构升级。

表 5 - 5　　　　　不同城市规模城市数据的动空间面板模型估计结果

变量	特大城市		大城市		中等城市		小城市	
	系数	T 值	系数	T 值	系数	T 值	系数	T 值
Sop_{-1}	0.1074 **	2.30	0.1147 **	1.76	0.1309 *	1.72	0.0733 *	1.76
Agg	0.7570 ***	6.36	0.4131 ***	3.43	0.0644	0.41	− 0.3533 ***	− 3.05
$Infor$	− 0.0210	− 0.48	0.0521	0.46	0.2104 ***	2.63	0.0129	0.19
Edu	0.3845 **	2.38	0.8997 ***	5.19	0.5921 ***	4.04	0.5574 ***	3.26
RD	0.5222 **	2.20	0.3175	1.39	0.0983	0.99	0.1640	1.28
FDI	0.0316	0.53	− 0.0249	− 0.54	− 0.0048	− 0.13	0.0082	0.21
$Infra$	− 0.0536	− 0.59	− 0.0779	− 1.18	− 0.2344	− 1.41	0.05859	0.46
Gov	− 0.4851 ***	− 4.72	− 0.3174	− 1.39	0.2278	1.39	− 0.0493	− 0.50
$Econ$	0.0012	0.04	− 0.0402	− 0.87	0.1144 *	1.66	0.1071	0.26
ρ	1.55e − 06 ***	4.51	4.17e − 06 *	1.76	1.56e − 05 ***	3.45	2.04e − 06	1.14
$Adj - R^2$	0.6324		0.5646		0.4134		0.4668	
$LogL$	− 709.5265		− 1564.7711		− 2197.3223		− 992.9006	
n	450		810		1080		510	

注：*、**、*** 分别表示通过 10%、5%、1% 水平下的显著性检验。

5.4　本章小结

金融集聚如何支持产业结构变迁和经济增长一直是学术界关注的重要课题。本章从金融发展的集聚效应出发，分析了金融集聚促进产业结构升级的理论机制和空间溢出效应，提出金融集聚通过外部规模经济效应、资源配置效应、网络经济效应、创新激励效应和累积循环因果效应等途径促进了产业结构升级，并且不支持金融服务"地理学终结"的论断。在理论分析的基础上，本章利用中国285个地级及以上城市2003~2012年的统计数据，以地理距离为空间权重矩阵，运用解释力更强的动态空间面板模型检验了金融集聚对产业结构升级的影响效应和空间溢出效应。从全国层面城市数据的估计结果来看，金融集聚对于产业结构升级存在明显的促进效应和空间溢出效应，这说明金融集聚可以在更远距离、更大范围内服务于周边或其他地区的产业结构升级。但进一步分地区、分城市规模进行讨论时发现，金融集聚对产业结构升级的影响效应和空间溢出效应存在明显差异：一方面，金融集聚能够显著促进东、中部地区的产业结构升级，但对西部地区产业结构升级的促进效应没有通过显著性检验；另一方面，金融集聚对特大城市和大城市的产业结构升级存在显著的促进效应，但对中等城市产业结构升级的促进效应没有通过显著性检验，而且金融集聚对于小城市产业结构升级具有明显的负向影响。这说明金融集聚对于产业结构升级的影响效应受限于产业发展阶段和城市规模等约束条件，即随着工业化的推进和城市规模的扩张，金融集聚对产业结构升级的促进效应就越明显。从空间溢出效应来看，金融集聚对东、中部地区以及中等城市规模以上城市的产业结构升级存在显著的空间溢出效应，但对西部地区和小城市的空间溢出效应并没有通过显著性检验。这一方面验证了金融服务"地理学终结"的论断在中国并不成立，另一方面证实了金融集聚对产业结构升级的空间溢出效应也受限于产业发展阶段和城市规模。在控制变量方面，提高人力资本水平和控制政府对经济的干预程度将有利于中国城市的产业结构升级。

主要政策启示有：（1）考虑到金融服务业的空间联系和金融集聚对产业结构升级的空间溢出效应，应该构建多层次、网络化的金融服务体系。但就中国目前的经济实践而言，经济引力随地理距离增加而逐渐衰减的现象十分明显，单纯依靠个别"单级"金融中心来带动全国产业结构升级是远远不够的，因而建立"多点带面"的多层次、网络化的金融服务体系显得十分重要，即不仅需要建立国际金融中心，还应建立国内和区域金融分布中心。（2）优化金融结构，与特定的产业发展阶段和城市规模相适应、相匹配。在不同的发展阶段，最优金融结构中制度安排的特性也不同（林毅夫等，2009），应该注重协调金融体系的内部结构，以多层次、网络化的金融服务体系为基础，针对不同的产业发展阶段与对象，有针对性地发挥各个金融机构和金融工具对产业结构升级的促进作用，创新资源配置方式、盘活信贷存量、降低融资成本、提高资金效率，让金融服务切实、有效地服务于实体经济发展。（3）消除金融流通的体制性障碍，通过金融资源流动来引领生产要素在地区之间、产业之间的优化配置。本章的研究结论表明了金融集聚对产业结构升级的促进效应在一定程度上受到地方保护主义的阻碍，因而区域之间的金融合作要解决由行政区划导致的市场分割局面。一方面，中央政府需要从制度层面解决省际分割、市际分割的局面，真正形成区域一体化的格局；另一方面，地方政府应该强化信息化水平、人力资本的积累和投入，降低信息交易成本，提高信息传播速度，从而扩大金融集聚空间溢出的区域边界，构建区域之间在技术和知识溢出、信息共享、专业化人才等方面交流、融合的长效机制。

第6章

新型城镇化的生态效应：
产能化解与节能减排

目前，产能过剩犹如悬挂在中国宏观经济之上的"达摩克利斯之剑"，势必扭曲资源配置，挤出有效投资，掣肘产业转型升级与经济平稳运行。与西方发达国家相比，中国的产能过剩具有长期性（自 20 世纪 90 年代中后期以来已经历 3 次）、普遍性（传统产业向新兴产业蔓延）、结构性（供求需结构脱节）和政策性（"久调未决"且"越调越乱"）① 等特征（徐朝阳和周念利，2015；张少华与蒋伟杰，2017）。日益严重的产能过剩引发了市场恶性竞争、资源过度浪费、企业利润下滑、环境污染恶化、经济频繁波动等诸多问题，给国民经济的健康持续稳定发展带来了隐患或灾难（林毅夫等，2010；江飞涛等，2012；董敏杰等，2015；周密和刘秉镰，2017）。因此，近年来，中国政府针对经济形势的判断从"三期叠加"到"新常态"，再到"供给侧结构性改革"，无不将"去产能"列为经济改革与发展的主要任务。

那么，如何有效化解产能过剩就成为当前和今后一个时期内中国经济发展亟待解决的重大问题之一，也是政府、学术界与企业关注的焦点。关于中国式产能过剩的形成机理及决定因素，学术界主要形成了"体制扭曲论""市场失灵论""需求疲软论"和"结构失衡论"等主流观点（张林，2016）。但鲜有文献探讨中国式产能过剩的化解路径，尤其缺乏从城镇化的角度切入。如果工业化创造生

---

① 为了治理产能过剩，中国政府出台了一系列政策举措，诸如《关于抑制部分行业产能过剩和重复建设引导产业健康发展若干意见的通知》《关于进一步加强淘汰落后产能工作的通知》《关于化解产能严重过剩矛盾的指导意见》《关于钢铁行业化解过剩产能实现脱困发展的意见》《关于煤炭行业化解过剩产能实现脱困发展的意见》等，但政策实施效果并不显著，反复陷入"过剩—调整—再过剩—再调控"的怪圈。

产供给，城镇化则会释放巨大的投资和消费需求。根据统计显示，城镇化率每提高 1 个百分点，将带动 7 万亿元的市场需求（蓝庆新等，2017）。不仅如此，中国的城镇化正处于质量提升的关键时期，进入集约、智能、绿色、低碳的新型城镇化建设阶段。与"要素依赖"和"投资驱动"的传统城镇化路径相比，新型城镇化建设是一个涉及人口、经济、社会和环境的复杂系统工程，是以民生、可持续发展和质量提升为内涵，以追求平等、幸福、转型、绿色、健康和集约为核心目标，以实现区域统筹与协调一体、产业升级与低碳转型、生态文明和集约高效、制度改革和体制创新为重点内容的崭新的城镇化过程（仇保兴，2012；任远，2014；辜胜阻和李睿，2016；熊湘辉和徐璋勇，2018）。因此，新型城镇化在发展思路、推进模式、空间布局、功能演进上已呈现出新的特征和理念。这是否有利于化解中国式产能过剩？影响效应和程度多大？对上述问题的回答，不仅关系到如何解释中国当前的产能过剩问题，还关系到能否找到一条防范和化解中国式产能过剩的长效机制，可能蕴含着重要的理论价值和政策含义。

6.1　理论机制分析

6.1.1　经济效应：创新升级与结构优化

化解产能过剩与工业企业创新能力密切相关。现阶段，中国式产能过剩并非是简单数量上的供给过大，而实质是工业企业自身创新能力不足、产品质量不高，导致产业结构与市场需求不匹配。工业企业只有不断通过进行产品创新和质量提升，才能满足市场需求和消费升级，有效地提高产能利用率。之所以出现产能过剩，也说明大多数工业企业并未利用创新手段将过剩产能转化为生产力。城镇化作为企业技术创新的重要载体和依托，不仅是企业技术创新活动的密集区，也有利于提高要素资源的配置效率（Wieand，1987）。一方面，城市作为优质要素资源的集聚地，具有典型的技术外部性特征（Combes，2000），可以通过降低信息交流成本、提供多样化技术选择等方式提高企业的研发效率，这类似于迪朗东和蒲格（2001）关于城镇化提出的"技术池"观点；另一方面，城镇化进程加速了产业的分工与重组，尤其是新兴产业和现代服务业的共同集聚，提高了企业在生产过程中的技术复杂水平和创新能力，进而为产能消化和产业升级提供了强大动力（Kolko，2010；Michael et al.，2012）。《国家新型城镇化规划（2014—2020 年）》

也强调，中国城镇化要将创新作为国家发展全局的核心战略，积极推动技术创新、管理创新和模式创新，实现新型城镇化与信息化、新型工业化、农业现代化的深入融合、协同发展。因此，新型城镇化作为创新的主要平台，应该在化解产能过剩方面发挥更大的作用。

新古典经济学认为，产业结构与要素配置效率密切相关，若产业结构不符合要素配置效率提升的要求，则会引发产能过剩问题（Esposito and Louis，1974；Mann et al.，1979）。与依靠粗放型工业化发展模式的传统城镇化不同的是，新型城镇化着眼于产业结构的优化与升级。相关研究认为，新型城镇化不仅能推动工业化向绿色环保、集约高效、创新驱动等方向转变，还能推动农业现代化、工业高新化和制造服务化，为产业结构升级奠定了坚实的基础（魏后凯和张燕，2011；辜胜阻和刘江日，2012）。具体而言，新型城镇化通过优化要素结构来化解产能过剩的机制主要表现在：一是城镇化过程中的产业结构变迁是提高产能利用率的主要动因。一方面，城镇化进程的本质是产业由低级向高级的演进过程，尤其是"经济服务化"优化了产业间的配置结构和协同效率，强化了城市的规模经济效益，从而提高了产能利用率（彭冲等，2014）；另一方面，城市规模扩大对产业结构演化形成正外部性，知识、技术和服务密集型产业会通过市场选择"脱颖而出"，随着这些产业比重的提高，产能利用率也会得到提升（孙祁祥等，2013）。二是产业集聚效应是城镇化发展的典型特征，也是化解产能过剩的主要诱因。产业集聚正是根据产业内或产业间的专业化分工与合作以谋求规模经济效益的产业组织形式。这既优化了城市的要素资源结构，又促进了企业间、产业间的关联效应和协同作用。在城镇化推进过程中，无论何种资源禀赋的城市采取哪类的产业集聚模式，都可以通过提高经济密度而间接提高产出效益和产能利用率。

6.1.2 人口效应：人口集聚与需求创造

传统城镇化模式把重心放在土地城镇化，这势必诱导地方政府将经济发展聚焦在投资而不是消费上，即所谓的"土地财政"，从而很容易引发产能过剩问题。而新型城镇化的核心是"以人为本"，其发展的主要动力是人口集聚与需求创造。人口向城市的集聚过程会降低工业成本、推动服务业发展和形成新市场，进而产生显著的规模经济效应（Harris and Todaro，1970；中国经济增长前沿课题组，2011），带来产能利用率的提高和产出效益的提升。当人口集聚到一定程度还会优化城市经济活动的空间布局，提高经济活动密度和促进生产率增长（Ciccone，

2002；Ottaviano and Pinelli，2006）。福格蒂和加罗法洛（Fogarty and Garofalo，1999）研究发现，一个城市的人口集聚每增加 1 倍就会提高劳动生产率 10%。亨德森（2009）则利用世界 142 个国家的城市数据研究发现，大城市所塑造的环境更有利于形成人力资本优势，从而极大地提高了劳动生产率。在城镇化过程中，城镇人口素质是企业进行"干中学"创新的关键，人力资本越优质越能敏锐地捕捉到创新机会并对产品设计或生产工艺进行改进，从而降低了产能过剩，提高了产出效益。技术专用性决定了高技术企业的生产要素投入组合，即只有高技能人力资本才能与其技术实现"劳动匹配"（Basu and Weil，1998；Acemoglu and Zilibotti，2001）。随着城镇化水平的持续提升，人口集聚的外部性会从共享、匹配和学习等方面对该地区的经济发展形成知识溢出效应，从而提高城市内部的生产要素回报率，这就是所谓的"大城市生产率优势"（Combes et al.，2012；Melo et al.，2017）。

城镇化对消费需求的创造源于人口集聚带来的消费城镇化。当产品需求和原材料供应不确定时，企业通常会长期"窖藏"一定的多余产能，以应对市场波动和维持市场地位，进而形成过剩产能（Blinder，1982；Sarkar，2009）。而企业的产能利用率并非完全依赖于市场需求变化，而是由规模报酬和技术条件决定的，只有进入规模经济阶段且并未实现成本最小化时，企业才会倾向于扩张生产规模和创造市场需求以降低产能利用率（Nikiforos，2013）。除此之外，国内外市场需求疲软尤其是金融危机后国际市场的巨大变化，也是导致中国式产能过剩的重要决定因素。在产能过剩、需求不足的背景下，只有依赖于消费城镇化来化解庞大的产能过剩，才能实现投资和消费的良性循环。发展经济学理论认为，城镇化的快速推进源于对农业劳动力的吸引力及转移机制（Lewis，1954；Moomaw and Shatter，1996；Lucas，2004）。与传统城镇化相比，以实现农业转移人口"市民化"的新型城镇化将促进城市住宅建设、公共服务、基础设施、教育医疗、社会福利、环境治理等公共投资的大幅扩张，投资乘数效应必然会消化巨大的过剩产能，再加上新型城镇化形成的人口集聚效应也会对产品和服务形成新的市场需求。

6.1.3　社会效应：公共服务与城乡协调

公共经济学理论指出，政府承担着公共产品的有效供给。但长期在"财政分权"和"唯 GDP 论"的政绩考核体制下，中央和地方政府都兼具实现经济增长和公共服务供给的双重目标，并且大多数时候以促进经济增长为核心目标。因此，地方政府会运用公共财政向企业提供多种方式的投资优惠或支持，导致企业"内部成本外部化"，以较低的投资成本诱使企业扩大生产规模，或通过财政补贴阻止亏损企业从行业内退出，陷入"重基础设施建设、轻人力资本投资和公共服务供给"的扭曲状态，最终引发并加重产能过剩（Squires et al.，2010；江飞涛等，2012；刘航和孙早，2014）。但党的十九大已明确提出，中国特色社会主义进入新时代，社会主要矛盾已转化为人民日益增长的美好生活需要和不平衡不充分的发展之间的矛盾。这意味着，中国已从单纯追求经济增长向满足民生需要转变，而通过新型城镇化改善公共服务无疑是实现这一转变的重要保障。公共服务均等化和发达的产业支撑共同构成了城镇化健康发展的基本条件（王伟同，2009），但城镇化过程中片面强调城镇化率的增长，忽视了与城市规模相配套的公共服务供给，导致"半城镇化"问题较为严重。事实上，新型城镇化通过优化政府财政投资结构和改善公共服务供给，完全能更好地解决去产能过程中的转型困难问题。在城镇化推进过程中，地方政府可以利用公共服务投资引导经济发展方向，在教育、医疗、卫生、就业和环保等领域创造良好的投资环境，有助于降低企业的投资和生产成本，提高企业的资本边际生产率和产能利用率。

由于经济发展不平衡、区域差异尤其是城乡二元结构问题依然突出，公共服务供给与公众预期存在明显差距，如农村基础设施相对不足，优质的教育、医疗、卫生等公共资源严重短缺且分布不均，这些问题不仅阻碍了资源要素的优化配置，还会导致资源浪费和重复建设，造成产能过剩。作为对传统城镇化片面追求城镇数量和强化发展规模的矫正和优化，新型城镇化强调"以人为本"的城乡协调发展观。在统筹城乡发展过程中，新型城镇化要确立协调、平等、一体的新型城乡关系，实现"人—地—业"的协调发展（刘彦随和杨忍，2012）。在经济新常态下，消化过剩产能、去库存是推进城乡一体化的重要任务。这主要体现在：一方面，要破除土地流转制度、户籍制度等体制性障碍，促进土地、资源、资本、信息、技术、人口等生产要素在城乡之间的流动与重组，进一步优化土地结构、人口结构、产业结构和城乡空间结构（王艳飞等，2016），以此来提高要素配置效率和产能利用率；另一方面，随着城乡体系的深度交流、互动并形成合理的分工与协作，城市的集聚效应和外溢效应也越来越显著（熊湘辉和徐璋勇，2018），这将会明显降低企业的生产运营成本，提高劳动生产率，带来城乡居民收入提高与消费结构优化，拉动公共服务和基础设施的消费需求，从而释放出巨大的内需潜能，消化过剩产能。

6.1.4　环境效应：污染治理与环境改善

城镇化过程是一把"双刃剑"，虽然带来了经济繁荣，但也造成了资源消耗、环境恶化、产能过剩等诸多问题（York，2007；Poumanyvong and Kaneko，2010；Richard and Robert，2013；Chen et al.，2017）。正因如此，长期依赖于高投入、高能耗、高排放、高污染的传统城镇化发展模式，也让中国成为全球最大的能源消耗国和污染排放国。而新型城镇化则秉承"五位一体"总体布局的发展理念，以城镇治理现代化为支撑，强调以人为核心的环境管理能力建设，实现环境优美、生态宜居的可持续发展模式。由于污染排放和环境治理根植于各个国家和地区的发展模式、消费结构、历史传统等因素，若要提高环境质量，就需要创建新的激励机制和制度环境（Almeida et al.，2017）。因此，新型城镇化对污染治理与环境改善的本质是政府通过制定相应的环境标准与实施制度，解决经济主体行为过程中的污染负外部性问题，实现生态环境与经济发展相协调的目标。这个过程必将制定各种政策、强化相关意识以提高环境规制的强度，如加大污染治理投资、加强环境立法、增强环保意识等，其直接作用是增加企业的生产和运营成本，降低工业企业的生产要素投入和产品市场供给，从而缓和了产能过剩程度。

考虑到环境规制强度的提高既有可能增加成本又可能激励创新，因此，如图 6 - 1 所示，可从两个渠道分析环境规制影响产能过剩的传导机制：一是遵循成本效应。在资源约束、生产技术不变的前提下，企业被迫改变原有的生产决策，强制为资源消耗、污染物排放支付一定的额外费用，用于污染防治或缴纳污染税，从而通过环境外部性的内部化增加了企业的"合规成本"或"遵从成本"（Barbera and McConnell，1990；Millimet and Osang，2003；Shadbegian and Gray，2005）。这将使原用于生产的生产要素投入转到环境污染的控制上，在一定程度上挤占了生产性、盈利性投资，从而降低了企业产出水平。二是创新补偿效应。为了维持和提高原有的市场优势，环境规制会倒逼企业积极采用新的生产技术和能源技术，并主动淘汰污染落后产能以优化资源要素配置效率，产生"创新补偿"以抵消企业为污染治理所支付的"遵从成本"，也被称之为"波特假说"（Porter and Linde，1995；Lanoie et al.，2011；Rubashkina et al.，2015）。这种效应不仅降低了能源投入和污染排放，还通过改进生产流程、促进技术升级等方式提升了产能利用率。

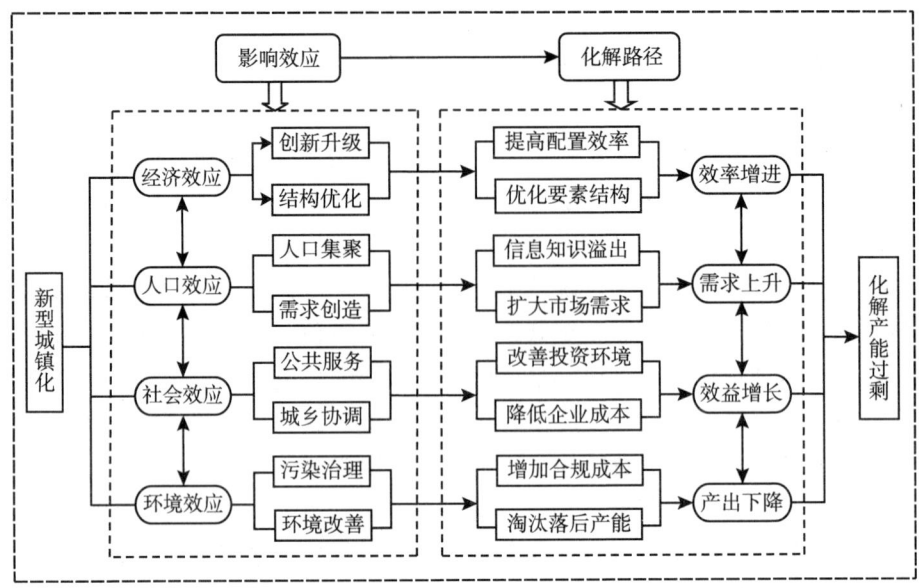

图 6-1　新型城镇化化解产能过剩的作用机制

6.2　实证研究设计

6.2.1　计量模型与变量选择

为考虑产能利用率随新型城镇化变化的时间效应和空间效应，构建动态空间面板模型：

$$CU_{it} = \beta CU_{it-1} + \rho \sum_{j=1}^{n} W_{ij}CU_{it} + \gamma Urban_{it} + \delta X_{ijt}$$
$$+ \alpha_i + \nu_t + \varepsilon_{it}, \quad \varepsilon_{it} = \lambda \sum_{j=1}^{n} W_{ij}\varepsilon_{it} + \mu_{it} \qquad (6-1)$$

式中，CU_{it} 为工业产能利用率；$Urban_{it}$ 为新型城镇化综合指数；X_{ijt} 为控制变量；W_{ij} 为空间权重矩阵。为了进一步识别其他地区新型城镇化建设对本地区产能利用率的影响，在式（6-1）中添加了 $Urban$ 的空间加权项 $WUrban$，以判断新型城镇化建设的空间交互效应。为此，最终设定的动态空间面板模型为：

$$CU_{it} = \beta CU_{it-1} + \rho \sum_{j=1}^{n} W_{ij}CU_{it} + \gamma Urban_{it} + \eta W_{ij}Urban_{it} + \delta X_{ijt}$$

$$+ \alpha_i + \nu_t + \varepsilon_t, \ \varepsilon_{it} = \lambda \sum_{j=1}^{n} W_{ij} \varepsilon_{it} + \mu_{it} \tag{6-2}$$

关于新型城镇化（$Urban$）的测度，直接采用第 1 章的计算结果。

为了尽可能减少遗漏变量误差，还控制了如下变量：（1）市场机制（Mar）。借鉴第 2 章关于所有制结构（$Owner$）的计算方法采用城镇私营和个体就业人数占城镇单位总就业人数的比重表示。市场化进程也是要素资源优化配置的过程，可以用非国有企业职工数来反映（蓝庆新和陈超凡，2013）。非公有制经济成分所占比重越高，市场活力就越强，以市场优胜劣汰的竞争机制化解产能过剩正与"市场在资源配置中起决定性作用"的发展理念不谋而合。（2）政府机制（Gov）。借鉴前文关于政府干预的计算方法，采用政府财政支出占财政收入的比重表示。上述文献研究发现，政府对经济活动的干预是中国式产能过剩的重要原因。正因如此，适时适度、科学合理的政府行为也可能成为化解产能过剩的重要途径。（3）外在机制（Ext）。借鉴前文关于外商直接投资（FDI）的计算方法，采用实际利用外资占地区生产总值的比重表示。一个地区的 FDI 可以通过资本引入、产业关联、技术外溢等多种方式影响该地区的经济发展，从而对于产能过剩问题也可能存在影响。（4）内在机制（Int）。采用社会零售品消费总额占地区生产总值的比重表示。该指标反映了中国城乡居民的消费能力，也是衡量国内需求大小的主要标准，而扩大内需正是化解产能过剩的有效手段。

6.2.2　产能利用率的测算及分析

对于产能过剩的界定尚存在较大争议，新闻界注意到的是"供大于求"的需求—供给不匹配现象，而学术界更多关注的是实际产出与潜在产出（或最优产出）之比。事实上，以上两种观点分别从消费和生产两个层面刻画了产能过剩现象，都具有一定的现实意义。为了综合测算产能过剩程度，本章将从采用产能利用率（capacity utilization）指标，从生产侧和消费侧对产能过剩进行测度。

关于生产侧产能利用率（CU_P）的计算，已形成了峰值法（Klein，1960）、成本函数法（Berndt and Morrison，1981）、利润函数法（Segerson and Squires，1993）、生产函数法（Fare et al.，1989；Viswanathan et al.，2003）、结构向量自回归法（SVAR）（Dergiades and Tsoulfidis，2007）等方法。为了较好地规避价格、成本、利润等因素异质性所导致的测算偏差，以生产函数为建模基础的数据包络（DEA）和随机前沿（SFA）分析法提供了良好的解决思路。这两种方法的优点是都能测算出实际产出相对于潜在产出的生产效率，但 DEA 方法因采用固定生产前沿而忽视了生产要素的替代弹性，往往导致产能利用率被高估（Kirkley et al.，2002）。而 SFA 方法则加入了时间变化的影响，反映了不同投入要素之间的替代弹性和技术进步差异，并进一步放松了技术中性的强假设，形式较为灵活且有效避免了生产函数误设所产生的偏差。因此，借鉴柯克利等（Kirkley et al.，2002）的做法，将生产函数的具体形式设定为：

$$\ln Y_{it} = \alpha_0 + \alpha_1 t + \frac{1}{2}\alpha_2 t^2 + \alpha_3 \ln K_{it} + \alpha_4 \ln L_{it} + \alpha_5 \ln E_{it} + \alpha_6 t \times \ln K_{it} + \alpha_7 t \times \ln L_{it}$$

$$+ \alpha_8 t \times \ln E_{it} + \frac{1}{2}\alpha_9 \ln K_{it} \times \ln L_{it} + \frac{1}{2}\alpha_{10} \ln K_{it} \times \ln E_{it} + \frac{1}{2}\alpha_{11} \ln L_{it}$$

$$\times \ln E_{it} + \frac{1}{2}\alpha_{12}(\ln K_{it})^2 + \frac{1}{2}\alpha_{13}(\ln L_{it})^2 + \frac{1}{2}\alpha_{14}(\ln E_{it})^2 + \nu_{it} - \mu_{it} \quad (6-3)$$

$$\mu_{it} = \mu_i \exp[-\eta(t-T)] \quad (6-4)$$

$$\gamma = \sigma_\mu^2 / (\sigma_\mu^2 + \sigma_\nu^2) \quad (0 \leqslant \gamma \leqslant 1) \quad (6-5)$$

$$CU\_P_{it} = \frac{E[f(x_{it}, \beta)\exp(\nu_{it} - \mu_{it})]}{E[f(x_{it}, \beta)\exp(\nu_{it} - \mu_{it}) \mid \mu_{it} = 0]} = \exp(-\mu_{it}) \quad (6-6)$$

式中，Y 为工业产出，采用各地区规模以上工业总产值[①]，并利用工业品出厂价格指数进行平减；K 为工业资本投入，借鉴单豪杰（2008）的做法，采用永续盘存法进行估计：$K_{j,t} = (1-\delta)K_{j,t-1} + I_{j,t}$，折旧率 δ 设定为 10.96%[②]；L 为工业劳动力投入；E 为工业能源投入，以万吨标准煤为单位的工业能源消费总量来度量；ν 为识别不可控影响因素的随机误差项且 $\nu \sim iidN(0, \sigma_\nu^2)$；$\mu$ 为计算基数非效率的技术损失误差项且 $\mu \sim N^+(\mu, \sigma_\mu^2)$；$\gamma$ 为随机扰动项中技术无效所占比重，利用极大似然法进行估计。

表 6-1 给出的是式（6-4）参数的估计结果。从中可以看出，绝大多数的参数都通过了显著性检验，这说明本章设置的生产函数模型具有较强的解释力。无效率项 μ 和总体方差 σ^2 的结果显示，中国工业整体存在明显的无效率现象，并且生产波动还会受到无效率因素和随机因素的影响，但波动幅度并不大。γ 值为 0.7665 且通过了 1% 水平下的显著性检验，这意味着组合误差的变异主要来自技术非效率。从模型参数的最终估计结果来看，选用 SFA 模型比普通模型更好地

---

① 由于将工业中间投入品的能源消费作为投入指标，本章将工业总产值替代工业增加值作为产出指标。

② 工业年新增资本投资额（$I_{j,t}$）采用相邻两年工业固定资产原价的差值替代，并将 2003 年工业固定资产原价与累计折旧的差值作为基期资本存量。

揭示了工业生产的效率及其变化。

表 6 - 1　　　　　　　　　　超越对数生产函数参数的估计结果

变量	系数	T 值	变量	系数	T 值
α_0	15.3327 *** (1.3322)	11.5093	α_8	-0.1400 (0.1792)	-0.7811
α_1	1.4998 *** (0.1489)	10.0719	α_9	0.2462 (0.3231)	0.7621
α_2	-2.1482 *** (0.6840)	-3.1405	α_{10}	-0.3138 * (0.2086)	-1.5040
α_3	2.9364 *** (0.6451)	4.5517	α_{11}	0.2678 * (0.1489)	1.7995
α_4	-2.1815 *** (0.6340)	-3.4410	α_{12}	-0.0848 (0.1097)	-0.7736
α_5	-0.0703 *** (0.0118)	5.9498	α_{13}	0.2255 (0.2049)	1.1100
α_6	0.0375 *** (0.0102)	3.6739	α_{14}	-0.1827 * (0.2642)	1.6839
α_7	-0.0290 ** (0.0150)	-1.9315	σ^2	0.0313 *** (0.0077)	4.0760
γ	0.7665 *** (0.0371)	20.6861	μ	0.3096 *** (0.6826)	4.5350
Log likelihood function			317.8191		
LR			283.6676		

注：（1）*、**、***分别表示通过10%、5%、1%水平下的显著性检验；（2）括号内为标准误。

关于消费侧产能利用率（CU_C）的计算，由于现有资料并未提供准确且完整的市场需求数据，借鉴杨振兵和张诚（2015）的做法，采用工业销售产值（$Demand$）占工业总产值（$Supply$）的比重来度量工业产能在消费市场上需求——供给比：

$$CU\_C = Demand \times Supply \qquad (6-7)$$

考虑到生产侧和消费侧的产能过剩都是导致工业整体产能过剩的诱致因素，本章将工业整体产能利用率表示为生产侧和消费侧产能利用率相乘：

$$CU = CU\_P \times CU\_C \qquad\qquad (6-8)$$

关于数据来源，选择中国 30 个省（自治区、直辖市）的面板数据作为样本进行实证分析，主要来源于 2005～2016 年《中国统计年鉴》《中国城市统计年鉴》《中国工业统计年鉴》《中国环境统计年鉴》《中国能源统计年鉴》《中国科技统计年鉴》《中国社会统计年鉴》《中国人口和就业统计年鉴》以及各省（自治区、直辖市）《统计年鉴》和高校财经数据库。

根据上述评价和测度方法，得到了中国工业产能利用率的测算结果（见图 6-2）。从整体性特征来看，在 2004～2015 年，工业产能利用率都呈现出渐进式上升趋势，而且均在 2014 年出现了先下降后上升的"拐点"。究其原因主要在于，中国经济社会发展在 2014 年进入了以"三期叠加"（增长速度换挡期、结构调整阵痛期和前期刺激消化期）为特征的"经济新常态"，并于 2015 年针对经济发展质量和城市工作提出"供给侧结构性改革"的重大发展战略以化解这些矛盾和难题。从区域差异上看，工业产能利用率都表现出"东＞中＞西"梯度递减的分布格局，东部地区的工业产能利用率明显高于全国平均水平及中、西部地区，而中、西部地区的工业产能利用率又显著低于全国平均水平。这主要由中国长期采取区域非均衡发展战略的制度安排所致，使得东部地区在经济基础、产业发展、人口集聚、基础设施以及财政、投资、贸易、教育、科技等政策环境方面都领先于中、西部地区。

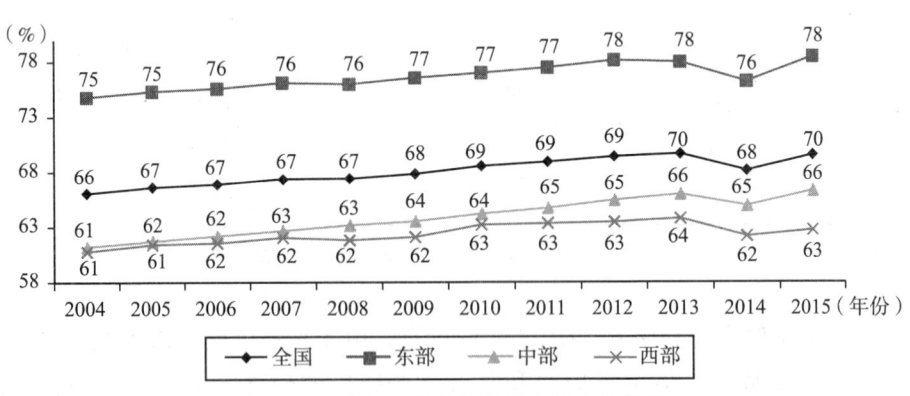

图 6-2　中国工业产能利用率的变化趋势

中国工业产能利用率在演变过程中存在较大的省际差异。由图 6-3 可知，天津的工业产能利用率达 96%，远高于全国其他地区，北京、上海和海南三个地区较高且均超过了 80%，而山西的工业产能利用率最低，仅为 45%，贵州、陕西、黑龙江三个地区均未达到 60%，表明出现了严重的产能过剩问题。需要指出的是，无论是以"合意"产能利用率为 79%～82% 区间的美国标准，还是以徐海洋等（2013）提出的 72%～74% 区间的判断标准，中国工业确实普遍存在严重的产能过剩问题。

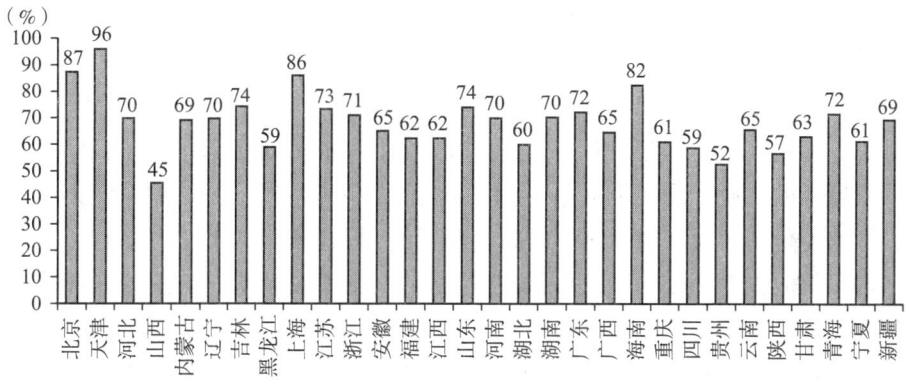

图 6-3　2004～2015 年中国工业产能利用率的平均水平

根据上述特征事实，新型城镇化与产能利用率到底存在怎样的演变关系呢？通过简单的散点图可以发现，新型城镇化发展水平与工业产能利用率存在较为稳健的正相关关系（见图 6-4）。这表明，新型城镇化建设有可能是化解产能过剩的关键途径，当然具体机制还需要下文进一步的计量分析。

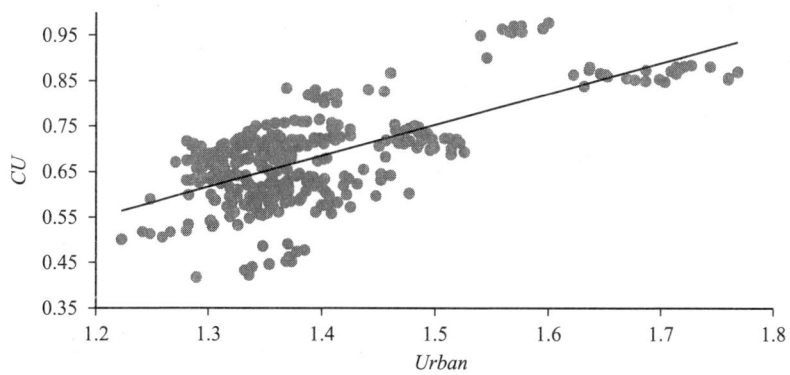

图 6-4　中国新型城镇化与工业产能利用率的散点图

6.3 计量结果分析

6.3.1 基准模型的结果分析

表6－2报告了新型城镇化对工业产能利用率影响的估计结果。从表6－2可以看出，模型（1）至模型（3）工业产能利用率的空间外溢系数ρ均显著为正，表明省域间的工业产能利用率存在显著的空间趋同效应或"局域俱乐部集团"特征，即本省份的工业产能利用率较高（较低），周边省份的工业产能利用率也较高（较低）。这也佐证考虑空间外溢效应来分析新型城镇化对工业产能利用率的影响效应是合适的。工业产能利用率的时间滞后期系数也均为正且都通过了1%水平下的显著性检验，反映了工业产能过剩的积累和化解具有连续性、动态性的惯性特征。通过逐步引入新型城镇化与新型城镇化空间滞后项的方式进一步验证新型城镇化对工业产能利用率的影响效应及空间交互作用，发现核心解释变量和控制变量的系数和显著性并未发生很大变化，这说明动态面板模型的估计结果表现出较强的稳健性。

表6－2 　　　　　新型城镇化影响工业产能利用率的空间计量结果

变量	模型（1）	模型（2）	模型（3）
CU_{-1}	0.5029 *** [8.01]	0.3411 *** [3.90]	0.2670 *** [4.39]
$Urban$	0.5798 *** [9.80]		0.4652 *** [7.80]
$WUrban$		−7.4226 *** [−8.53]	−4.6019 *** [−5.72]
Mar	0.0707 *** [4.18]	0.0636 *** [3.61]	0.0592 *** [3.64]
Gov	0.0226 *** [3.34]	0.0193 *** [2.73]	0.0287 *** [4.36]
Ext	0.0225 *** [2.58]	0.0437 *** [5.10]	0.0217 ** [2.53]

续表

变量	模型（1）	模型（2）	模型（3）
Int	− 0. 5879 *** [− 7. 20]	− 0. 4164 *** [− 4. 90]	− 0. 4559 *** [− 5. 76]
ρ	0. 7048 *** [7. 38]	0. 5843 *** [5. 67]	0. 5633 *** [5. 87]
Agj − R^2	0. 9871	0. 9862	0. 9901
LogL	377. 8311	365. 9845	422. 5020
n	360	360	360

注：（1）*、**、*** 分别表示通过 10%、5%、1% 水平下的显著性检验；（2）方括号内为 T 值检验结果。

表 6 - 2 的估计结果显示，新型城镇化对工业产能利用率的影响为正且通过了 1% 水平下的显著性检验。这意味着推动新型城镇化建设可以有效化解工业产能过剩问题，也从正面回应了本章的研究主题。新型城镇化以创新集约、民生为本、城乡一体、绿色低碳为发展目标，摆脱了"要素依赖"和"投资驱动"的传统城镇化路径，为解决产能过剩问题提供了强大动力。但需要指出的是，新型城镇化的空间滞后项对工业产能利用率存在显著的负向效应。这说明周边省份的新型城镇化建设并不利于本省份工业产能过剩的化解，反而存在较为明显的阻滞作用。这可能是由新型城镇化建设在区域之间存在较大差异所造成的：在新型城镇化建设过程中，发达地区具有较好的经济基础、公共服务以及较严格的环境标准，从而对欠发达地区的高端要素存在明显的"虹吸效应"，同时推动了低端要素向欠发达地区的扩散和转移。这一可能性的推论将在下文做进一步的验证。控制变量的估计结果显示，市场机制、政府机制和外在机制对工业产能利用率均存在显著的促进作用。这表明，市场化改革对资源要素的配置效率越来越显著，中央对地方政府考核标准的改革及行为约束有利于产能过剩问题的化解，而外商直接投资则为国内产业结构的优化提供了资本和技术支持。与预期结论相悖的是，内在机制对工业产能利用率的影响显著为负。这可能由中国经济发展长期处于产业结构与消费结构的"失衡状态"所致（刘燕妮等，2014）。

为了更加深入地分析新型城镇化对工业产能利用率的作用机制，将分别考察新型城镇化的经济城镇化（*Urban_eco*）、人口城镇化（*Urban_pop*）、社会城镇化（*Urban_soc*）和环境城镇化（*Urban_env*）对工业产能利用率的影响效应[①]。从

---

① 同样采用改进的熵权法分别计算经济城镇化、人口城镇化、社会城镇化和环境城镇化四类综合指数。

表6-3中可以看出，工业产能利用率的时间滞后项和空间滞后项的估计结果与表6-2的估计结果基本一致，进一步佐证了采用空间动态面板模型的合理性。具体而言，经济城镇化、人口城镇化、社会城镇化和环境城镇化对工业产能利用率的影响均为正且都通过了1%水平下的显著性检验。这不仅再次稳健地验证了"新型城镇化能有效化解工业产能过剩"的研究结论，也为新型城镇化化解工业产能过剩的作用机理提供了实证支持，即新型城镇化可以通过优化要素结构、增进配置效率、增加知识溢出、扩大市场需求、改善投资环境、降低企业成本、加强污染防治、改善生态环境等途径提高了企业的生产效率和效益，加快了淘汰落后产能，从而有助于化解工业产能过剩。从四类城镇化的影响系数上看，经济城镇化 > 人口城镇化 > 社会城镇化 > 环境城镇化，表明新型城镇化仍主要通过技术创新升级和产业结构优化来化解工业产能过剩问题。需要指出的是，环境城镇化空间滞后项对工业产能利用率的影响显著为正，与经济城镇化、人口城镇化和社会城镇化的估计结果截然相反。这说明，周边省份大力推进污染治理和环境改善的环境城镇化，将有助于提高本省份的工业产能利用率。

6.3.2　按地区分组的考察

由于中国地区之间在资源禀赋、经济基础和环境要素等方面存在较大差异，分别考察东、中、西部地区新型城镇化对工业产能利用率的影响效应，同样采取空间动态面板模型进行估计。表6-4的估计结果显示，新型城镇化对工业产能利用率的影响存在显著的区域差异。（1）东、西部地区工业产能利用率的时间滞后项和空间滞后项显著为负，而中部地区的估计结果则均显著为正。这说明：一方面，化解工业产能过剩问题在区域范围内也存在明显的动态效应和空间效应；另一方面，东、西部地区的工业产能过剩存在较为严重的"路径依赖"和"区域排斥"特性。（2）与东、西部地区不同的是，中部地区新型城镇化对工业产能利用率存在显著的负向影响。究其原因主要在于：东部地区经济发展起步较早，产业层次较高，尤其战略性新兴产业和高新技术产业发展较为充分，新型城镇化建设在技术创新、人口集聚、公共服务、生态环境的改善过程中进一步推动了工业产能过剩的化解；西部地区产业发展相对滞后，在新型城镇化推动下，产业层次有了较大幅度的改善；而中部地区长期依靠资源和能源投入的工业发展模式，导致公共服务发展缓慢、环境承载能力有限，使得新型城镇化快速推进加剧了工业产能过剩问题。（3）东、西部地区新型城镇化空间滞后项对工业产能利用率影响显著为正，表明在东部或西部地区空间范围内，周边省份推进新型城镇化

表6-3 新型城镇化子系统影响工业产能利用率的空间计量结果

变量	模型 (1)	模型 (2)	模型 (3)	模型 (4)	模型 (5)	模型 (6)	模型 (7)	模型 (8)
CU_{-1}	0.5632*** [9.02]	0.4408*** [7.12]	0.4913*** [7.06]	0.3337*** [4.41]	0.5531*** [8.32]	0.3780*** [5.09]	0.4964*** [5.80]	0.4501*** [5.85]
$Urban\_eco$	0.4114*** [10.68]	0.3536*** [6.41]						
$WUrban\_eco$		-2.1026*** [-4.89]						
$Urban\_pop$			0.3281*** [6.73]	0.2731*** [5.68]				
$WUrban\_pop$				-3.9476*** [-5.91]				
$Urban\_soc$					0.3477*** [7.39]	0.2507*** [5.08]		
$WUrban\_soc$						-3.0669*** [-4.86]		
$Urban\_env$							0.1967*** [3.45]	0.2421*** [4.01]
$WUrban\_env$								2.4367** [2.11]
Mar	0.4114*** [4.24]	0.0609*** [3.80]	0.0935*** [5.09]	0.0879*** [5.01]	0.0705*** [3.95]	0.0709*** [4.08]	0.0630*** [3.27]	0.0634*** [3.30]

续表

变量	模型（1）	模型（2）	模型（3）	模型（4）	模型（5）	模型（6）	模型（7）	模型（8）
Gov	0.0365 *** [5.10]	0.0468 *** [3.26]	0.0137 * [1.90]	0.0259 *** [3.60]	0.0029 [0.45]	0.0053 [0.84]	-0.0029 [-0.41]	-0.0013 [-0.18]
Ext	0.0326 *** [4.07]	0.0260 *** [3.26]	0.0368 *** [4.05]	0.0319 *** [3.60]	0.0329 *** [3.66]	0.0376 *** [4.24]	0.0502 *** [5.43]	0.0502 *** [5.42]
Int	-0.6349 *** [-7.94]	-0.5947 *** [-7.65]	-0.5214 *** [-5.99]	-0.4787 *** [-5.73]	-0.6270 *** [-7.18]	-0.5259 *** [-6.18]	-0.4596 *** [-5.02]	-0.4877 *** [-5.24]
ρ	0.6476 *** [6.95]	0.5887 *** [6.41]	0.7600 ** [7.42]	0.6583 *** [6.57]	0.6886 *** [6.83]	0.5839 *** [5.09]	0.7859 *** [7.28]	0.8006 *** [7.37]
$Agj-R^2$	0.9864	0.9879	0.9855	0.9879	0.9852	0.9876	0.9834	0.9843
$LogL$	368.3733	388.3236	358.7039	388.1096	354.7865	384.1116	336.4497	345.4348
n	360	360	360	360	360	360	360	360

注：（1）*、**、*** 分别表示通过 10%、5%、1% 水平下的显著性检验；（2）方括号内为 T 值检验结果。

有助于化解本省份的工业产能过剩问题。该结论也再次验证了前文关于新型城镇化建设存在较大区域差异的推论，即东、西部地区推进新型城镇化建设虽然不利于中部的地区工业产能过剩的化解，但可以提高本地区的工业产能利用率，这源于东部地区对中部地区的"虹吸效应"（高端要素向东部集聚）和"扩散效应"（低端要素向中部转移）。

表 6 - 4　　　分地区新型城镇化影响工业产能利用率的空间计量结果

变量	东部		中部		西部	
	模型（1）	模型（2）	模型（3）	模型（4）	模型（5）	模型（6）
CU_{-1}	- 0.1115 [- 0.96]	- 0.2778 ** [- 2.13]	0.2840 ** [2.03]	0.3113 ** [2.19]	- 0.0849 [- 1.45]	- 0.3433 *** [- 6.62]
Urban	0.6989 *** [10.82]	0.7144 *** [11.69]	- 1.4898 *** [- 5.86]	- 1.5260 *** [- 6.00]	0.2931 ** [2.33]	0.2805 ** [2.17]
WUrban		0.3297 *** [2.66]		- 0.3127 [- 0.94]		0.3707 ** [2.51]
Mar	- 0.0493 ** [- 2.55]	- 0.0536 *** [- 2.89]	0.0665 * [1.78]	0.0594 [1.56]	0.0895 *** [4.08]	0.0984 *** [4.18]
Gov	0.0719 *** [3.45]	0.0442 * [1.75]	0.1608 *** [8.25]	0.1570 *** [8.01]	0.0188 *** [4.07]	0.0235 *** [4.77]
Ext	- 0.0023 [- 0.29]	- 0.0024 [0.030]	- 0.2672 *** [- 3.38]	- 0.2890 *** [- 3.49]	- 0.0380 [- 0.77]	- 0.0427 [- 0.78]
Int	- 0.6551 *** [- 5.14]	- 0.6254 *** [- 4.87]	- 0.2047 [- 1.59]	- 0.2550 * [- 1.84]	- 0.2601 *** [- 3.08]	- 0.1740 * [- 1.86]
ρ	- 3.6590 *** [- 4.35]	- 2.9482 *** [- 3.66]	2.7402 *** [3.43]	3.1992 *** [3.39]	- 2.8701 ** [- 2.17]	- 2.0052 * [- 1.62]
Agj - R^2	0.9954	0.9940	0.9915	0.9910	0.9956	0.9953
LogL	187.9684	172.7021	141.7247	138.9525	196.8522	193.4136
n	132	132	108	108	120	120

注：（1）*、**、***分别表示通过10%、5%、1%水平下的显著性检验；（2）方括号内为 T 值检验结果。

进一步从表 6 - 5 的估计结果可以看出，对于东部地区而言，经济城镇化、人口城镇化、社会城镇化和环境城镇化对工业产能利用率的影响均显著为正，而且周边省份各类城镇化的推进也有利于化解本省份工业产能过剩的问题；对于中

表6-5 分地区新型城镇化子系统影响工业产能利用率的空间计量结果

变量	东部				中部				西部			
	模型 (1)	模型 (2)	模型 (3)	模型 (4)	模型 (5)	模型 (6)	模型 (7)	模型 (8)	模型 (9)	模型 (10)	模型 (11)	模型 (12)
CU_{-1}	-0.6366*** [-11.84]	-0.6217*** [-8.94]	-0.1671 [-1.06]	0.0249 [0.16]	-0.3739*** [-9.72]	-0.2026*** [-2.80]	-0.1857*** [-2.95]	-0.3592*** [-3.12]	-0.4083*** [-6.99]	-0.4315*** [-8.12]	0.4178*** [3.86]	-0.4257*** [-8.76]
$Urban\_eco$	0.7681*** [12.13]				0.4248** [2.55]				0.1746* [1.67]			
$WUrban\_eco$	0.5399*** [4.98]				-0.3355 [-0.92]				0.4686*** [2.92]			
$Urban\_pop$		0.7486*** [14.60]				0.1382 [0.90]				0.0664 [1.04]		
$WUrban\_pop$		0.3196*** [2.83]				-0.1305 [-0.35]				0.5315*** [3.28]		
$Urban\_soc$			0.4897*** [10.76]				-0.6660*** [-5.56]				0.1554** [2.46]	
$WUrban\_soc$			0.5272*** [4.06]				-0.5745* [-1.93]				-0.2876** [-2.10]	
$Urban\_env$				0.4242*** [5.83]				-0.3592*** [-3.12]				0.0102 [0.15]
$WUrban\_env$				0.2253 [1.25]				-0.0171 [-0.05]				0.4725*** [3.60]
Mar	-0.0450** [-2.42]	-0.0619*** [-3.76]	-0.0935*** [-4.06]	-0.0519** [-2.15]	0.0066 [0.16]	0.0594 [1.31]	0.0168 [0.45]	0.0768* [1.85]	0.0991*** [4.17]	0.1140*** [5.01]	0.0908*** [4.35]	0.1075*** [4.14]

续表

变量	东部				中部				西部			
	模型 (1)	模型 (2)	模型 (3)	模型 (4)	模型 (5)	模型 (6)	模型 (7)	模型 (8)	模型 (9)	模型 (10)	模型 (11)	模型 (12)
Gov	0.1626*** [4.86]	0.0693*** [2.90]	0.0534** [2.52]	0.0790*** [3.08]	0.1137*** [4.93]	0.1274*** [5.57]	0.1328*** [6.70]	0.1292*** [5.97]	0.0276*** [5.50]	0.0254*** [5.18]	0.0129** [2.21]	0.0253*** [5.13]
Ext	-0.0151* [-1.77]	-0.0074 [-1.02]	0.0088 [1.14]	0.0195** [2.15]	-0.0627 [-0.65]	-0.2314** [-2.50]	-0.2714*** [-3.42]	-0.1967** [-2.19]	-0.0219 [-0.38]	-0.0314 [-0.56]	-0.0430 [-0.97]	-0.0380 [-0.67]
Int	-0.5154*** [-3.62]	-0.4577*** [-3.62]	-0.9093*** [-6.75]	-0.3928** [-2.55]	-0.2620* [-1.95]	-0.2349* [-1.77]	-0.0812 [-0.69]	-0.2560* [-1.96]	-0.2468** [-2.10]	-0.1747* [-1.74]	-0.2282** [-2.44]	-0.1440 [-1.46]
ρ	-2.4498*** [-3.18]	-1.1488* [-1.60]	-3.1142*** [-3.62]	-5.2511*** [-4.86]	2.8665*** [2.68]	2.7405** [2.48]	4.0818*** [4.17]	2.3733** [2.25]	-1.8856* [-1.56]	-1.9435* [-1.60]	-3.1237** [-2.27]	-1.9216* [-1.56]
$Agj-R^2$	0.9858	0.9864	0.9949	0.9940	0.9940	0.9939	0.9953	0.9941	0.9950	0.9947	0.9944	0.9947
$LogL$	120.7614	123.4020	182.3232	172.8778	158.9171	158.0515	171.4655	159.9905	190.9559	187.6884	184.2913	187.2118
n	132	132	132	132	108	108	108	108	120	120	120	120

注：(1) *、**、*** 分别表示通过10%、5%、1%水平下的显著性检验；(2) 方括号内为 T 值检验结果。

部地区而言，社会城镇化和环境城镇化对工业产能利用率存在明显的负向影响，这也为表6-4中新型城镇化为何导致更严重的产能过剩问题找到了答案，即中部地区的公共服务不足、城乡二元结构、生态环境恶化等因素成为化解工业产能过剩的阻碍因素；对于西部地区而言，经济城镇化和人口城镇化对提高工业产能利用率具有显著的促进作用，而且周边省份加快推进经济城镇化、人口城镇化和环境城镇化也有利于本省份工业产能过剩的化解。综合而言，经济城镇化尤其是技术创新升级和产业结构优化仍然是东、中、西部地区化解工业产能过剩的主要驱动力。

6.4　新型城镇化的节能减排效应

城镇化是一把"双刃剑"，虽然造就了经济繁荣，但也带来了资源和能源大量消耗、生态环境恶化等问题（Deng et al.，2015；Han et al.，2018）。中国的传统城镇化主要由政府主导和控制，以人口和产业集聚为特征，表现为单纯追求城镇数量的增加和规模的扩大，忽视了城镇化的质量。这种以土地财政和工业化为驱动力的快速城镇化发展模式导致土地利用低效、城乡差距增大、空间布局不合理、生态环境破坏严重等问题（Lin et al.，2015；Pan et al.，2015；Wang et al.，2014；Zhang and Xu，2017）。目前，中国仍处于城镇化高速发展阶段，为有效应对传统城镇化中出现的一系列问题，党的十八大提出了人口、产业、空间、社会、资源、环境等协调发展的新型城镇化发展战略。与"要素依赖"和"投资驱动"的传统城镇化路径相比，新型城镇化强调以人为本，以民生、可持续发展和质量提升为内涵，以追求平等、幸福、健康、绿色和效率为核心目标，以实现经济、社会、环境协调发展以及大、中、小城市协调发展为重点内容的崭新的城镇化过程。随后，《国家新型城镇化规划（2014—2020年）》提出要把生态文明全面融入城镇化发展全过程，走集约、智能、绿色、低碳的新型城镇化道路。目前，中国已经进入全面推进生态文明建设的历史时期。在新型城镇化建设背景下，中国城市生态建设是优化空间布局、促进区域均衡发展的重要战略部署。只有通过城市生态建设，改善并优化人居环境，才能吸引更多的优势资源服务于城市水平的提升，从而增强城市的综合竞争力。

城镇化发展和生态环境保护是当前人类社会面临的两大重要问题，城镇化与生态环境的关系得到了研究者的广泛关注（An et al.，2005；Kates et al.，2001；Reid Kates et al.，2010；Bao and Chen，2017）。关于城镇化进程中生态环境问题的研究，主要体现在以下三个方面：其一，研究城镇化对生态系统及其内部各要素的影响。城镇化与生态系统的相互关系类似于城市复合系统演化，包括经济—资源—环境复合系统（ERE）（Guan et al.，2018）、社会—经济—自然复合生态系统（SENCE）（Yao et al.，2015）、城市生态—经济系统（UEE）（Fang et al.，2017）等。马夫朗马蒂等（Mavronmmati et al.，2013）利用 System Dynamics（SD）模型模拟了雅典城市滨海系统的生态可持续发展过程，认为良好的制度框架有利于改善当前的生态环境。李等（Li et al.，2014）以中国银川市为例，分析了人口—经济—环境系统协调发展过程，发现促进城市可持续发展的本质不仅是合理控制发展规模，更要注重城市的发展质量和结构。伯顿和萨缪尔森（Burton and Samuelson，2008）基于遥感影像分析了城镇化对生态景观的影响，发现河岸森林日益受到城市扩张和土地利用变化的威胁。塞托等（Seto et al.，2012）也发现，城市扩张对生物多样性造成了严重威胁。其二，研究快速城镇化地区的生态环境响应。米金尼（Mickinney，2006）研究发现，快速城镇化进程中郊区和城市边缘栖息地物种存在同质化响应。阿尔贝蒂（Alberti，2014）分析了不同城镇化发展模式下城市生态环境响应的空间异质性。王等（Wang et al.，2014）则研究了中国珠三角地区城镇化扩张下气候的响应和反馈。其三，研究城镇化对污染排放和能源效率的影响。普曼尼翁等（Poumanyvong et al.，2010）分析了城镇化对能源效率的影响因素与作用机制，发现城镇化对能源效率的影响受发展阶段和收入水平的约束。齐卡拉什等（Chikaraishi et al.，2015）则从人口因素角度提出了城镇化影响碳排放的机制框架。卡斯曼和塞尔曼（Kasman and Selman，2015）调查了 1992~2010 年欧盟新成员国和候选国之间的城镇化与 CO_2 排放之间的关系，并运用单位根检验、协整等方法对面板数据进行了处理，发现城镇化与生态环境之间存在倒 U 型关系。多甘和图尔库尔（Dogan and Turkekul，2016）通过研究美国 1960~2010 年城镇化与 CO_2 排放之间的关系，发现城镇化加剧了生态环境的退化。

由于污染排放和能源效率的变化是一个动态过程，并且在区域之间均存在较强的空间溢出效应（Cheng et al.，2018；Li et al.，2014），会随着城镇化战略的变化而不断调整（Dong et al.，2018；Liu and Lei，2018），本章仍选择动态空间面板模型作为最终的计量模型。关于污染排放和能源效率的计算方法如下：

（1）污染排放（P_all）。以往研究的做法是选择代表性污染物的排放量作为污染排放的代理变量（Cheng et al.，2017；Dong et al.，2018；Xu et al.，2016），但这会导致两方面的问题：一是若将不同污染物的排放量直接放入回归方程，可能会产生严重的共线性问题；二是若将不同污染物的排放量简单加总，可能会导致污染排放量难以进行横向比较。为了克服以上问题，利用化学需氧量（COD）排放量、二氧化硫（SO_2）排放量和烟（粉）尘排放量三个指标构建污染排放综合指数（p_all），具体的计算公式为：

$$P\_all_i = \frac{pw_{i1} + pw_{i2} + pw_{i3}}{3}, \quad pw_{ij} = \frac{p_{ij}}{\sum_{i=1}^{n} \frac{p_{ij}}{n}} \tag{6-9}$$

式中，p_{ij} 为第 i 个省份污染物 j 的排放量，pw_{ij} 是一个无量纲的数值，表示第 i 个省份污染物 j 的相对排放水平，该数值越大说明 i 省份污染物 j 的排放水平就越高，n 为省份数。

（2）能源效率（EnE）。本章仍选择采用 Super - SBM 方法进行测算，假设规模报酬可变，并选取劳动力、资本和能源消耗作为投入指标。其中，劳动投入采用社会从业人员数量来表示；资本投入利用社会固定资产投资总额来表征，并以 2003 年为基期，采用永续盘存法进行估计：$K_{j,t} = (1-\delta)K_{j,t-1} + I_{j,t}$，仍将折旧率 δ 设定为 10.96%；能源投入采用折算为标准煤单位的能源消耗量来表示。另外，选择地区生产总值来表示期望产出，并选取 COD 排放量、SO_2 排放量和烟（粉）尘排放量作为非期望产出。

为了尽可能减少影响污染排放和能源效率的遗漏变量，根据相关文献还选择了市场机制（Mar）、政府干预程度（Gov）、外商直接投资（FDI）、国内消费水平（Con）和人口增长率（Pop）作为控制变量（Almeida et al.，2017；Azman - Saini et al.，2010；Ciccone，2002；Cheng et al.，2017；Michaels et al.，2012）。其中，市场机制、政府干预程度、外商直接投资的计算方法与前文一致，而国内消费水平则借鉴前文关于内在机制（Int）的计算方法，采用社会零售品消费总额与地区生产总值之比来表示。同时，实证研究仍以中国 30 个省份作为样本。

6.4.1 回归结果分析

在进行回归分析之前，首先通过散点图来观察新型城镇化与污染排放以及新型城镇化与能源效率之间的关系。由图 6-5 可知，新型城镇化与污染排放以及新型城镇化与能源效率之间都存在较为明显的正相关关系。但关于新型城镇化对污染排放和能源效率的影响程度及作用机制，仍然需要通过选择合适的计量模型进行实证验证。

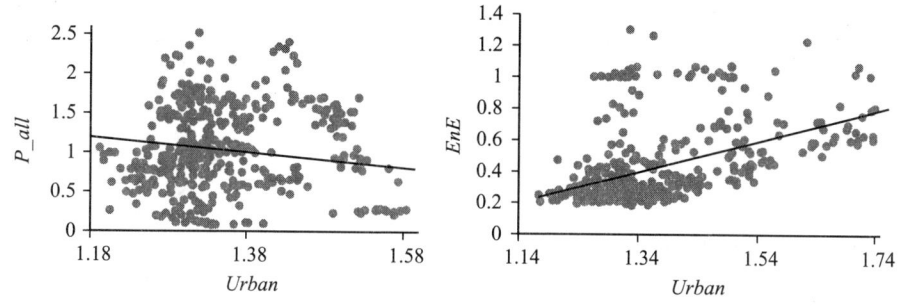

图 6 - 5 新型城镇化与污染排放及能源效率的散点图

为了实证检验新型城镇化的节能减排效应，表 6 - 6 给出了三种回归模型的估计结果。对于一般动态模型的估计，选择系统 GMM 方法。AR 的 Z 统计量显示，应选择污染排放和能源效率的滞后一期。对静态空间面板模型的选择，通过 LM 的检验结果发现，应选择空间滞后模型（SLM）并采用极大似然法（ML）进行参数估计。关于动态空间面板模型的估计方法，采用库克诺和蒙特罗（Kukenova and Monteiro，2009）提出的空间系统 GMM 方法，以避免解释变量（包括被解释变量的空间滞后项和时间滞后项）的内生性问题。上述三种回归模型的估计结果显示，污染排放和能源效率的动态效应和空间效应均通过了 1% 水平下的显著性检验，这也佐证了采用动态空间面板模型对所有参数进行估计的合理性和可靠性。

表 6 - 6 三种方法的估计结果

变量	一般动态面板模型		静态空间面板模型		动态空间面板模型	
	P_all	EnE	P_all	EnE	P_all	EnE
P_all_{-1}/EnE_{-1}	0. 1517 *** [7. 04]	0. 1117 ** [2. 22]			0. 4585 *** [6. 63]	0. 1183 *** [4. 70]
Urban	− 0. 6864 *** [− 3. 95]	1. 3569 *** [15. 13]	− 0. 7576 *** [− 2. 98]	1. 2084 *** [3. 46]	− 0. 7275 *** [− 3. 00]	1. 1908 *** [10. 51]
Mar	− 0. 0815 ** [− 2. 19]	0. 1264 *** [7. 01]	− 0. 0053 [0. 76]	0. 1196 *** [3. 12]	0. 0714 [1. 12]	0. 1201 *** [4. 16]
Gov	− 0. 2632 *** [− 11. 67]	0. 1041 *** [10. 84]	− 0. 1342 *** [− 3. 55]	0. 1183 *** [5. 70]	− 0. 0971 *** [− 3. 36]	0. 0838 *** [7. 12]
FDI	− 0. 3558 *** [− 8. 46]	0. 1443 *** [5. 46]	− 0. 1874 *** [− 4. 02]	0. 1209 *** [4. 56]	− 0. 1275 *** [− 3. 43]	0. 1060 *** [5. 96]

续表

变量	一般动态面板模型		静态空间面板模型		动态空间面板模型	
	P_all	EnE	P_all	EnE	P_all	EnE
Con	1.0763 *** [7.06]	− 0.2472 [− 1.18]	0.8462 ** [2.33]	− 0.2224 ** [− 2.97]	0.7598 ** [2.17]	− 0.3614 ** [− 2.19]
Pop	− 0.0075 [− 1.23]	0.0200 *** [8.04]	− 0.0241 *** [− 2.99]	0.0135 *** [3.48]	− 0.0257 *** [− 2.70]	0.0113 *** [2.98]
ρ			0.8756 *** [11.07]	0.4265 *** [5.42]	0.8935 *** [17.92]	0.4956 *** [7.99]
n	450	450	450	450	450	450

注：（1）＊、＊＊、＊＊＊分别表示通过 10%、5%、1% 水平下的显著性检验；（2）方括号内为 T 值检验结果。

从表 6 - 6 中可以看出，三种回归模型的估计结果均显示，新型城镇化对污染排放的影响为负且通过 1% 水平下的显著性检验，而新型城镇化对能源效率的影响则显著为正，也通过了 1% 水平下的显著性检验。这意味着，中国新型城镇化存在"减排增效"的生态效应。新型城镇化以创新集约、民生为本、城乡一体、绿色低碳为发展目标，摆脱了"要素依赖"和"投资驱动"的传统城镇化路径，为减少污染排放和提高能源效率提供了强大动力。尤其是在城镇化政策方面，自"十一五"以来，中国政府将主要污染物的减排作为"硬约束"纳入约束性指标考核，从而有效控制了污染物的总量排放，也提高了能源效率。控制变量的估计结果显示，政府干预程度、外商直接投资和人口增长率都有利于"减排增效"。这说明，在生态环境方面，中央政府对地方政府考核标准的改革及行为约束降低了污染排放强度并提高了能源效率；同时，外商直接投资的"污染天堂假说"并未得到验证，反而外商直接投资为污染治理和能源效率改进提供了资本和技术支持。市场化程度对污染排放的影响并不显著，但却显著提高了能源效率，这说明市场化改革对资源要素的配置效率越来越显著。而国内消费水平的提高却增加污染排放并降低了能源效率。这可能与国内消费水平较低以及消费方式粗放相关，从而导致消费者对生态环境质量的需求偏低。

为了深入分析新型城镇化节能减排效应的作用机制，进一步分别考察了经济城镇化、人口城镇化、社会城镇化和环境城镇化的生态效应。表 6 - 7 的估计结果显示，经济城镇化、人口城镇化、社会城镇化和环境城镇化对污染排放均显著为负，而对能源效率的影响则都显著为正。这意味着，经济城镇化、人口城镇化、社会城镇化和环境城镇化也都存在"减排增效"的生态效应。这意味着，新型城镇化在进一步推动技术创新、人口集聚、公共服务和生态环境的过程中，抑制了污染排放并提高了能源效率。从四类城镇化对污染排放的影响系数看，人口城镇化＞社会城镇化＞经济城镇化＞环境城镇化，这表明人口从农村向城市转移和集聚的"市民化"过程，以及公共服务、基础设施、教育医疗等公共产品的有效供给，更有利于减少污染排放。从四类城镇化对能源效率的影响系数看，经济城镇化＞人口城镇化＞社会城镇化＞环境城镇化，这说明新型城镇化主要通过技术创新、产业结构升级以及人口集聚的规模经济效应来提高能源效率。表6－7的估计结果稳健地验证了新型城镇化"减排增效"的生态效应。

表 6－7　　　　　　　　　　　新型城镇化子系统的估计结果

变量	模型 (1)		模型 (2)		模型 (3)		模型 (4)	
	P_all	EnE	P_all	EnE	P_all	EnE	P_all	EnE
P_all_{-1}/EnE_{-1}	0.4813 *** [6.55]	0.1145 *** [3.18]	0.4503 *** [6.31]	0.1394 *** [2.87]	0.4564 *** [6.90]	0.1203 *** [5.21]	0.5065 *** [7.10]	0.2710 ** [2.05]
$Urban\_eco$	− 0.4431 *** [− 2.80]	0.7295 *** [9.80]						
$Urban\_pop$			− 0.8185 *** [− 4.29]	0.6578 *** [6.83]				
$Urban\_soc$					− 0.5562 *** [− 3.23]	0.5564 *** [6.19]		
$Urban\_env$							− 0.2809 * [− 1.68]	0.4883 *** [5.45]
Mar	0.0632 [0.99]	0.1246 *** [4.27]	0.0301 [0.48]	0.1746 *** [5.65]	0.0752 [1.18]	0.1341 *** [4.28]	0.0359 [0.55]	0.1282 *** [3.97]
Gov	− 0.0969 *** [− 3.28]	0.0852 ** [7.09]	− 0.1053 *** [− 3.80]	0.0597 *** [4.88]	− 0.0741 *** [− 2.83]	0.0438 *** [3.70]	− 0.0446 * [− 1.63]	0.0493 *** [3.91]
FDI	− 0.1396 *** [− 3.89]	0.1260 *** [7.06]	− 0.1176 *** [− 3.27]	0.0597 *** [6.47]	− 0.1253 *** [− 3.39]	0.1310 *** [6.99]	− 0.1753 *** [− 5.08]	0.1465 *** [8.13]
Con	0.7594 ** [2.17]	− 0.4369 *** [− 2.61]	0.7125 ** [2.06]	− 0.4713 *** [− 2.69]	0.8934 ** [2.55]	− 0.5989 *** [− 3.42]	0.7821 ** [2.20]	− 0.4809 *** [− 2.72]

变量	模型（1）		模型（2）		模型（3）		模型（4）	
	P_all	EnE	P_all	EnE	P_all	EnE	P_all	EnE
Pop	−0.0258 *** [−2.68]	0.0104 *** [2.75]	−0.0264 *** [−2.82]	0.0090 ** [2.17]	−0.0251 *** [−2.64]	0.0076 * [1.82]	−0.0230 ** [−2.35]	0.0036 [0.83]
ρ	0.8885 *** [17.65]	0.5260 *** [8.21]	0.8683 *** [17.45]	0.5900 *** [9.18]	0.9153 *** [10.39]	0.5682 *** [8.69]	0.9071 *** [19.95]	0.6566 *** [10.72]
n	450	450	450	450	450	450	450	450

注：（1） * 、 ** 、 *** 分别表示通过10%、5%、1%水平下的显著性检验；（2）方括号内为 T 值检验结果。

6.4.2 稳健性检验

为了进一步检验新型城镇化的生态效应及作用机制，首先采用邻接空间权重矩阵和经济空间权重矩阵来替换距离空间权重矩阵，并继续运用动态空间面板模型对上述实证研究结论进行稳健性检验。

表6-8和表6-9给出了两种空间权重矩阵的估计结果。结果显示，污染排放和能源效率的动态效应和空间效应均通过了显著性检验。同时，新型城镇化、经济城镇化、人口城镇化、社会城镇化和环境城镇化对污染排放和能源效率的影响效应与上述研究结论基本一致，即均存在"减排增效"的生态效应。控制变量的估计结果也与上述研究结论也基本一致，仅在系数大小和显著性上有一些变化。这说明，上述关于新型城镇化的生态效应及作用机制的研究结论存在较强的可靠性和稳健性。

在上述回归模型中，关于能源效率测算方法的假设前提是规模报酬可变。为了检验新型城镇化、经济城镇化、人口城镇化、社会城镇化和环境城镇化对能源效率影响的可靠性和稳健性，将能源效率测算方法的假设前提设定为理想状态下的规模报酬不变，并同样采取全局 DEA 的 Super – SBM 模型进行估计。表6-10报告了以 CRS 假设条件下的能源效率为被解释变量的估计结果。结果显示，能源效率的动态效应和空间效应均通过了1%水平下的显著性检验，而且，新型城镇化、经济城镇化、人口城镇化、社会城镇化和环境城镇化对能源效率的影响效应与上述研究结论也基本一致。这也进一步佐证了上述研究结论的可靠性和稳健性。

表6-8 邻接空间权重矩阵的估计结果

变量	模型 (1)		模型 (2)		模型 (3)		模型 (4)		模型 (5)	
	P_all	EnE	P_all	EnE	P_all	EnE	P_all	EnE	P_all	EnE
P_all_{-1}/EnE_{-1}	0.4919*** [7.66]	0.1731*** [3.29]	0.5124*** [7.63]	0.1665*** [3.71]	0.4831*** [7.28]	0.1805*** [4.49]	0.4828*** [7.60]	0.1732*** [3.08]	0.5364*** [8.32]	0.1639** [1.98]
$Urban$	-0.6593*** [-2.71]	1.1424*** [10.68]								
$Urban\_eco$			-0.4248*** [-2.67]	0.7092*** [10.08]						
$Urban\_pop$					-0.8127*** [-4.26]	0.6866*** [7.60]				
$Urban\_soc$							-0.5480*** [-3.19]	0.5705*** [6.76]		
$Urban\_env$									0.3876** [2.18]	0.4107*** [4.64]
Mar	0.0920 [1.44]	0.1210*** [4.41]	0.0850 [1.33]	0.1246*** [4.51]	0.0519 [0.82]	0.1756*** [6.03]	0.0977 [1.53]	0.1326*** [4.47]	0.0519 [0.79]	0.1296*** [4.15]
Gov	-0.0965*** [-3.30]	0.0795*** [7.21]	-0.0979*** [-3.29]	0.0820*** [7.30]	-0.1080*** [-3.87]	0.0591*** [5.21]	-0.0770*** [-2.93]	0.4235*** [3.83]	-0.0415 [-1.51]	0.0452*** [3.78]
FDI	-0.1553*** [-4.22]	0.1053*** [6.20]	-0.1644*** [-4.63]	0.1246*** [7.35]	-0.1405*** [-3.94]	0.1198*** [6.65]	-0.1501*** [-4.11]	0.1281*** [7.17]	-0.2003*** [-5.90]	0.1549*** [8.89]

续表

变量	模型（1）		模型（2）		模型（3）		模型（4）		模型（5）	
	P_all	EnE	P_all	EnE	P_all	EnE	P_all	EnE	P_all	EnE
Con	0.6550 * [1.87]	-0.2567 [-1.62]	0.6523 * [1.86]	-0.3298 ** [-2.06]	0.6071 * [1.75]	-0.3552 ** [-2.13]	0.7920 ** [2.25]	-0.4691 *** [-2.80]	0.6887 * [1.94]	-0.3987 ** [-2.30]
Pop	-0.0297 *** [-3.05]	0.0124 *** [3.53]	-0.0299 *** [-3.04]	0.0119 *** [3.37]	-0.0306 *** [-3.21]	0.0109 *** [2.87]	-0.0292 *** [-3.03]	0.0096 ** [2.49]	-0.268 *** [-2.70]	0.0046 [1.14]
ρ	0.1572 *** [17.79]	0.1003 *** [9.90]	0.1564 *** [17.54]	0.1045 *** [10.01]	0.1531 *** [17.40]	0.1157 *** [11.05]	0.1611 *** [18.35]	0.1129 *** [10.68]	0.1603 *** [18.01]	0.1195 *** [11.31]
n	450	450	450	450	450	450	450	450	450	450

注：（1）*、**、*** 分别表示通过10%、5%、1% 水平下的显著性检验；（2）方括号内为 T 值检验结果。

表 6 − 9　经济空间权重矩阵的估计结果

变量	模型 (1)		模型 (2)		模型 (3)		模型 (4)		模型 (5)	
	P_all	EnE	P_all	EnE	P_all	EnE	P_all	EnE	P_all	EnE
P_all_{-1}/EnE_{-1}	0.4764 *** [6.63]	0.1209 *** [3.87]	0.4929 *** [6.55]	0.1156 *** [3.35]	0.4674 *** [6.30]	0.1417 *** [4.01]	0.4707 *** [7.00]	0.1247 *** [3.37]	0.5082 *** [6.95]	0.1345 ** [2.25]
$Urban$	− 0.5665 ** [− 2.34]	1.1652 *** [10.04]								
$Urban\_eco$			− 0.3278 ** [− 2.06]	0.6965 *** [9.08]						
$Urban\_pop$					− 0.6434 *** [− 3.34]	0.6245 *** [6.40]				
$Urban\_soc$							− 0.5430 *** [− 3.18]	0.5352 *** [5.90]		
$Urban\_env$									− 0.3163 * [− 1.80]	0.4918 *** [5.52]
Mar	0.0607 [0.96]	0.1331 *** [4.54]	0.0544 [0.86]	0.1378 *** [4.63]	0.0283 [0.45]	0.1887 *** [6.05]	0.0674 [1.07]	0.1507 *** [4.76]	0.0272 [0.42]	0.1477 *** [4.56]
Gov	− 0.1007 *** [− 3.49]	0.0864 *** [7.25]	− 0.0988 *** [− 3.35]	0.0869 *** [7.11]	− 0.1077 *** [− 3.87]	0.0621 *** [5.02]	− 0.0860 *** [− 3.32]	0.0467 *** [3.93]	− 0.0551 ** [− 2.04]	0.0525 *** [4.15]
FDI	− 0.1614 *** [− 4.42]	0.1096 *** [6.16]	− 0.1719 *** [− 4.88]	0.1314 *** [7.33]	− 0.1538 *** [− 4.32]	0.1257 *** [6.65]	− 0.1504 *** [− 4.15]	0.1325 *** [7.10]	− 0.1998 *** [− 5.93]	0.1460 *** [8.20]

续表

变量	模型（1）		模型（2）		模型（3）		模型（4）		模型（5）	
	P_all	EnE	P_all	EnE	P_all	EnE	P_all	EnE	P_all	EnE
Con	0.6889** [1.98]	-0.3157* [-1.90]	0.6894** [1.97]	-0.3856** [-2.28]	0.6583* [1.90]	-0.4085** [-2.32]	0.8161** [2.34]	-0.5403*** [-3.08]	0.7315** [2.08]	-0.4049** [-2.30]
Pop	-0.0273*** [-2.85]	0.0136*** [3.54]	-0.0273*** [-2.82]	0.0128*** [3.35]	-0.0275*** [-2.90]	0.0113*** [2.73]	-0.0274*** [-2.89]	0.0098** [2.36]	-0.0249** [-2.57]	0.0063 [1.46]
ρ	28.5303*** [18.04]	18.2972*** [7.67]	28.4376*** [17.77]	19.0186*** [7.65]	27.7562*** [17.39]	22.3592*** [9.13]	29.2381*** [18.67]	21.7212*** [8.73]	29.0387*** [18.32]	25.3866*** [11.09]
n	450	450	450	450	450	450	450	450	450	450

注：（1）*、**、*** 分别表示通过10%、5%、1%水平下的显著性检验；（2）方括号内为T值检验结果。

表 6－10　　　　　　　　　　规模报酬不变条件的估计结果

变量	模型（1）	模型（2）	模型（3）	模型（4）	模型（5）
P_all_{-1}/EnE_{-1}	0.1943 ** [2.12]	0.1656 *** [3.43]	0.1768 *** [4.16]	0.2143 ** [2.27]	0.3325 *** [3.44]
Urban	0.8548 *** [11.39]				
Urban_eco		0.6157 *** [12.74]			
Urban_pop			0.6403 *** [10.54]		
Urban_soc				0.3669 *** [6.31]	
Urban_env					0.1489 ** [2.54]
Mar	0.0315 [1.63]	0.0189 [1.01]	0.0710 *** [3.69]	0.0519 ** [2.245]	0.0709 *** [3.20]
Gov	0.0230 *** [3.04]	0.0186 ** [2.57]	0.0326 *** [4.41]	0.0490 *** [6.25]	0.0491 *** [5.66]
FDI	0.0342 *** [3.18]	0.0476 *** [4.59]	0.0414 *** [3.78]	0.0537 *** [4.61]	0.0680 *** [5.91]
Con	0.1041 [1.01]	0.0853 [0.84]	0.0934 [0.89]	− 0.0483 [− 0.43]	0.0163 [0.14]
Pop	0.0055 ** [2.27]	0.0047 ** [2.06]	0.0055 ** [2.23]	0.0033 [1.21]	0.0020 [0.67]
ρ	0.2207 *** [2.65]	0.3017 *** [3.19]	0.2409 *** [2.81]	0.4054 *** [4.55]	0.5969 *** [6.91]
n	450	450	450	450	450

注：（1）**、***分别表示通过5%、1%水平下的显著性检验；（2）方括号内为T值检验结果。

6.5　本章小结

根据新型城镇化的评价体系，本章利用中国省级面板数据和动态空间面板模型实证检验了新型城镇化的生态效应。首先，从新型城镇化的产能化解效应来看，推进新型城镇化建设能有效化解工业产能过剩问题，而且经济城镇化、人口城镇化、社会城镇化和环境城镇化也对工业产能利用率的影响均显著为正，从而进一步验证了实证结论的稳健性。从分区讨论的估计结果看，东、西部地区的新型城镇化建设有利于化解本省份的工业产能过剩问题，而中部地区的研究结论则截然相反。究其原因在于，中部地区的公共服务滞后、城乡二元结构、生态环境恶化等因素扭曲了社会城镇化和环境城镇化，从而加剧了本省份的工业产能过剩问题。其次，从新型城镇化的节能减排效应来看，中国新型城镇化存在显著的"减排增效"的生态效应，即新型城镇化建设显著降低了污染排放，并且明显提高了能源效率。不仅如此，经济城镇化、人口城镇化、社会城镇化和环境城镇化也都存在明显的"减排增效"的生态效应。除此之外，政府干预程度和外商直接投资也是"减排增效"的重要途径。这不仅反映了中央政府将污染减排作为"硬约束"纳入对地方政府的考核内容，还进一步说明外商直接投资的"污染天堂假说"并未得到中国省级数据的支持。接下来，通过替换空间权重矩阵和能源效率的方式对上述实证研究结论进行了稳健性检验，结果显示研究结论仍然具有较强的可靠性和稳健性。本章研究结论的政策启示有：

（1）实施新型城镇化战略的过程中，应更加注重以人为核心的高质量发展方式，避免单纯以经济增长为目的的投资方式。在经济发展方面，应通过企业技术改造和科研创新，优化能源结构、要素结构和产业结构，倒逼企业淘汰落后产能。加强对学校、医院、保障住房、公共交通基础设施等方面的投资和建设，进一步加强对教育、医疗、就业、社会保障等公共服务方面的财政支持力度。全面创新体制机制，有序推进农民工市民化，提高城镇化发展质量，促进城乡一体化协调发展，释放其中的劳动生产率增长潜力。

（2）在制定城镇化政策时，应将促进技术创新和产业结构升级作为重要目标之一。理论研究和实证检验均表明，以技术创新升级和产业结构优化为主要方式的经济城镇化是化解工业产能过剩的重要驱动力。中国产能过剩的行业主要集中在传统产业领域，技术水平和产品附加值较低，因而通过企业技术改造和科研创新，优化能源结构、要素结构和产业结构，倒逼企业淘汰落后产能，才是化解工业产能过剩的有效手段。

（3）新型城镇化建设要实现区域差异化的"因地制宜"，应与当地经济发展水平与产业结构相匹配。新型城镇化建设需进一步加强区域间的经济、文化、人口和环境等方面的交流与合作，促进人才、技术、能源、产业等要素资源的顺畅流动，实现基础设施建设的互联互通。对于东部地区而言，新型城镇化建设要注重模式创新和技术创新，加大对外资的引进力度，推动产业结构向合理化、高级化转型升级；对于中部地区而言，要通过完善公共服务、统筹城乡发展、加强污染防治等方式积极稳妥地推动城镇化；对于西部地区而言，在通过城镇化加强要素集聚、产业集聚的同时，要避免重复建设与注重环境保护。

（4）中国应建立科学的污染治理投资体系，综合运用法律与行政手段完善污染治理体系。政府要逐步增加对工业污染治理的财政预算，加快环保技术创新，采用环境污染第三方治理措施。同时，不断提高污染排放标准、强化污染者责任，通过建立完善的管理和监督机制对污染治理投资进行监管，相关部门要定期或不定期地对治理资金使用情况进行督察，要健全对污染投资体系设施运行的监管机制。地方政府还要完善对污染企业的激励机制，相关税收、排污权交易等制度优惠政策，以便培育良好的污染治理投资环境。与此同时，加强企业、社会和环保团体的合作，推行各种创新性设计，推动公众参与环境监督和治理。

第 7 章

新型城镇化的绿色治理：
环境规制与经济绩效

中国新型城镇化建设面临越来越严峻的能源和环境约束，这使绿色治理成为城镇化继续推进过程中最重要、最迫切的任务。2015 年，中国实际 GDP 占世界实际 GDP 的 15.4%，但却消耗了世界能源消费量的 23.1%、世界煤炭总产量的 1/2，而且单位 GDP 能源消耗是世界平均水平 1.8 倍，分别是美国、日本、德国的 2.3 倍、4.2 倍和 3.6 倍[①]。同时，大量的能源消耗也带来了污染排放、环境恶化和生活质量下降等诸多问题。《2016 全球碳预算报告》显示，2015 年中国化石燃料及工业的 CO_2 排放量为 104 亿吨，占全球 CO_2 排放量的 29.2%，超过了美国、欧洲之和，并且人均碳排放达 7.5 吨/人，远高于全球平均水平 4.9 吨/人。《2015 中国环境状况公报》也指出，2015 年全国开展新环境空气质量标准检测的 338 个城市中，仅有 73 个城市环境空气质量达标，265 个城市环境空气质量超标，而且在 480 个城市（区、县）的降雨检测中，酸雨城市比例高达 22.5%。由空气污染引发的健康成本已占当年中国 GDP 的 1.2% ~ 3.8%，并且据最保守的研究估计，中国每年因市外空气污染导致的早死人数达 35 万 ~ 50 万人（World Bank and SEPA，2007；Chen et al.，2013）。环境承载能力已接近或达到上限，而且整个社会也为日渐加剧的环境问题付出了极其高昂的代价。

污染外部性问题完全依靠市场机制无法对能源要素和环境资源进行最有效配置，这会导致出现"市场失灵"。因此，对污染排放进行环境规制无一例外成为世界各国进行环境治理的首选工具和主要方式。自 20 世纪 70 年代末建立环境规

---

① 资料来源：国务院发展研究中心信息网，http://www.drcnet.com.cn/www/integrated/。

制体系以来，中国政府一直通过机构设置、颁布法律、增加投资等方式致力于环境污染防治工作（韩超等，2017）。从 1987 年出台的《中华人民共和国大气污染防治法》到 1998 年实行二氧化硫污染和酸雨控制区，再到 2006 年将减排目标分解落实到省级层面，环境规制逐渐由浓度控制的"软约束"转变为总量控制的"硬约束"。2014 年 9 月，国家发展改革委、财政部和环保部联合发布了《关于调整排污费污染征收标准等有关问题的通知》，以提高污染费收缴率和环境规制力度；2016 年 12 月，十二届全国人大常委会第二十五次会议通过了《中华人民共和国环境保护税法》，将排污费按"税负平移"原则改为环保税，并于 2018 年 1 月 1 日开征。虽然环境规制政策制定的出发点是降低污染，但能否实现"污染减排"和"提质增效"的双赢才是评价环境规制政策有效性的基本标准，这也是新型城镇化建设实现绿色治理的重要标志。

7.1　理论机制分析

环境规制的本质是政府通过制定相应的环境标准与实施制度，解决经济主体行为过程中的污染负外部性等市场不完全问题，以实现生态环境与经济发展相协调的目标（Grafts，2006；赵红，2011）。目前，学术界就环境规制的生态效应形成了传统学派和修正学派的观点之争。传统学派认为，环境规制通过环境外部性的内部化增加了企业的"遵从成本"，在生产技术、资源约束不变的条件下降低了企业对劳动、资本等生产要素的投入，迫使企业改变原有的生产最优决策，从而降低了企业的生产率和竞争力（Gollop and Roberts，1983；Barbera and Mc Connell，1990；Millimet and Osang，2003；Shadbegian and Gray，2005）。而修正学派则强调考虑环境规制对企业生产的动态效应，其中最具影响力的理论是"波特假说"（Porter and Linde，1995）。该假说认为，合理的环境规制可以有效激励企业改进生产技术水平和优化资源配置效率，产生"创新补偿"（innovation offsets），以抵消企业部分乃至全部的"遵从成本"，从而提高了企业的生产率和竞争力（Jaffe and palmer，1997；Lanoie et al.，2011；Rubashkina et al.，2015）。在传统学派和修正学派争论的背后，其实是环境规制对企业产生的"成本效应"与"创新效应"两方面影响的综合比较结果。这也构成了环境规制对企业"减排"和"增效"作用机理的理论基础。

环境规制的"成本效应"主要体现在：一方面，在环境规制的约束下，企业被强制为自然资源消耗和污染物排放支出一定的额外费用，用于污染防治或缴纳污染税，从而提高了企业的生产成本，这一部分成本也被称之为"合规成本"；另一方面，随着环境规制强度的加强，企业用于污染治理方面的投资也会逐渐增加，这将导致原本用于生产的资本、劳动、能源等要素方面的投入转移到环境污染的控制上，在一定程度上挤占了其他生产性、盈利性投资，从而给企业带来了额外的成本消耗。因此，在能源投入水平保持不变的条件下，企业生产成本的上升和产出水平的下降虽然减少了污染排放，但却抑制了生产效率。巴贝拉和麦康奈尔（Barbera and McConnell，1990）研究了在 1960～1980年，美国环境规制对钢铁、化工、造纸、有色金属和非金属矿物制品等行业发展的影响作用，发现污染治理投资导致了 10%～30% 的生产率下降。米利米特和奥桑（Millimet and Osang，2003）的研究也发现，美国环境规制措施的实施导致产业生产率增长率平均下降 0.3%，而一些部门甚至达到了 1%。博伊德和麦塞尔（Boyd and Mccell，1999）将环境绩效引入生产率测量标准中，结果显示环境约束使企业生产减少了 9%，其中污染减排的资本约束所致的生产损失达 1/4。

环境规制之所以降低企业生产率源于忽视了其对生产过程的可能影响（Becker，2011）。从动态视角来看，严格且适宜的环境规制通过引导技术创新提高了企业生产率和竞争力。在环境规制的倒逼影响下，为了维持和提高原有的市场优势，企业会尝试采用新的生产技术和新的能源技术，淘汰污染落后产能并对生产方式进行技术升级，进而推动传统产业的转型升级与高新技术产业的发展，最终实现节能减排和效率提升的双重效益，这也被称之为环境规制的"创新效应"。滨本（Hamamoto，2006）和杨等（Yang et al.，2012）分别研究了日本和中国台湾制造业环境支出与创新活动之间的关系，结论显示污染控制支出与 R&D 投入之间存在显著的正相关关系，而由环境规制引致的 R&D 投入增加对全要素生产率增长产生了明显的促进作用。张等（Zhang et al.，2011）对中国企业全要素生产率的测度结果也显示，严格的环境规制促进了产业生产率增长。佩克特（Peuckert，2014）的研究表明，环境规制的强度提升和规制政策的有效实施可以加快提升企业竞争力。乔治等（Jorge et al.，2015）则选择西班牙中小企业为研究对象，分析了环境规制与企业竞争力之间的互动关系，也发现环境规制的强化能直接且明显地提升中小企业竞争力。这意味着环境规制的"创新效应"不仅降低了能源投入和污染排放，还通过生产方式改进、技术升级等方式提升了企业生产率。

需要指出的是，环境规制的"成本效应"和"创新效应"都会受到环境壁垒的间接影响。随着国际环境标准的制定和实施，出口产品被要求贴上"绿色"

或"环保"的标签，未达到环境标准的产品被禁止进入环境规制严格的国家，从而影响出口国的经济发展。一方面，环境标准壁垒的设置既能推动企业采取新技术、新工艺以适应环境标准，也会以较高的合规成本为代价，削弱企业的竞争优势，这取决于环境标准的高低以及企业的适应策略；另一方面，为了达到更高的防污标准，企业通常会被要求安装更加先进的用能和治污设备，从而在某一产业形成新的资金设备壁垒，这同样增加了企业的治污成本，但较高的进入门槛也降低了行业内的竞争程度，使企业由此获得垄断利润。因此，环境规制的"壁垒效应"在短期内可能会增加企业的生产成本，但从长期来看，环境规制的加强可能会迫使企业重新配置资源，增加对能源技术和生产技术的研发投入，以降低企业的能源消耗和污染排放（见图7-1）。

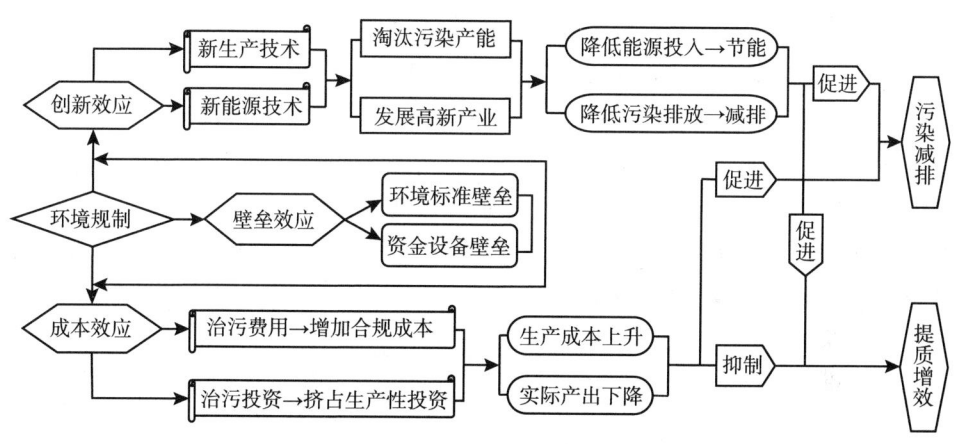

图7-1 环境规制生态效应的作用机理

由于在忽略环境污染情况下会高估企业生产率（Watanable and Tanaka，2009；陈菁泉等，2016），本章将采用考虑非期望产出的能源效率来考察环境规制的"提质增效"。具体而言，假设在完全竞争市场结构条件下，存在一个既需要能源投入又产生污染排放物的企业。该企业产品的生产规模和市场价格分别为 Q 和 P，并在生产过程中产生的污染物排放量为 W。为了纠正环境污染的负外部性，政府通过实施环境规制将企业的污染物排放量限制在一定水平上，即 $W \leqslant Z$，其中 Z 为政府对企业限定的最大污染排放量，也可称之为环境制度强度。企业通常会采取两种污染治理方式来降低污染排放，以将污染排放物控制在规制水平以内。其一，企业可以在生产末端安装污染物处理设备，使污染物排放量 W 满足环境规制的要求。假设企业每年用于污染治理的投资为

K_1 且 $K_1'(Z) > 0$，这表示随着环境规制强度的提高，企业用于治理污染的投资也会随之增多。其二，企业可以在生产过程中采用新的生产技术或能源技术，通过优化产业结构和能源结构的方式从源头上减少污染物排放。这一方式要求企业对现有的生产技术和能源使用进行升级改造，假设需要投资 K_2 且 $K_2'(Z) > 0$，这表示资金投入水平与环境规制强度成正比。上述理论研究发现，第二种方式可以通过减少污染排放和降低能源投入的方式提高能源效率。本章利用 $Y(E_i, G_i)$ 代表能源效率改善为企业增加的经济效益，其中，E_i 为企业 i 的能源消耗量，G_i 为减少的污染物排放量。因此，通过上述两种减排方式，企业 i 的利润函数可表示为：

$$\pi_1 = PQ - K_1(Q, Z) - F \tag{7-1}$$

$$\pi_1 = PQ - K_2(Q, Z, E) + Y(E_i, G_i) - F \tag{7-2}$$

式中，F 为企业的固定成本。在面临环境规制的约束条件下，企业 i 通过比较上述两种环境治理方式的利润水平来进行决策。当仅考虑当期决策时，若 $K_1(Q, Z) < K_2(Q, Z, E) - Y(E_i, G_i)$，企业 i 会选择第一种治理方式，如一些本身能耗降低的行业；若 $K_1(Q, Z) > K_2(Q, Z, E) - Y(E_i, G_i)$，企业 i 则会选择第二种治理方式。但需要说明的是，伴随环境规制强度的提高，企业 i 不仅会考虑当期获利水平，更会关注未来一段时期内可预期的获利状况。那么，企业 i 在时间 T 内的利润函数可表示为：

$$\Pi_1 = \sum_T \left[PQ - K_1(Q, Z) - F \right] \tag{7-3}$$

$$\Pi_2 = \sum_T \left[PQ + Y(E_i, G_i) - F \right] - K_2(Q, Z, E) \tag{7-4}$$

从式（7-3）和式（7-4）中可以看出，在环境规制的约束条件下，企业 i 要么每年在生产末端投入一部分污染治理费用，要么一次性在源头的生产技术或能源技术上进行技术升级投资，并在后续的生产中连续获得经济收益。当 $\Pi_1 > \Pi_2$ 时，企业 i 会选择第一种治理方式，这意味着环境规制只是增加了企业 i 的合规成本，从而仅实现了污染减排，但并未提高能源效率；当 $\Pi_1 < \Pi_2$ 时，企业 i 会选择第二种治理方式，这不仅可以通过优化能源投入结构实现了节能减排，还能提升能源效率。由于随着环境规制强度的变化，Π_1 与 Π_2 也会随之改变，因此，政府实施的环境规制虽然能抑制污染排放，但却对能源效率的影响存在不确定性，这主要取决于企业自身的发展以及对环境规制强度的预期。

7.2　实证研究设计

7.2.1　计量模型与变量选择

由于污染排放和能源效率会随着环境规制强度的变化而不断调整（Qian，2014；沈坤荣等，2017），继续采用动态空间面板模型，可设定为：

$$Y_{it} = \beta Y_{it-1} + \rho \sum_{j=1}^{n} W_{ij} Y_{it} + \gamma \, ERI_{it} + \eta W_{ij} \, ERI_{it} + \delta X_{ijt} + \alpha_i + \nu_t + \varepsilon_{it},$$

$$\varepsilon_{it} = \lambda \sum_{j=1}^{n} W_{ij} \varepsilon_{it} + \mu_{it} \tag{7-5}$$

式中，Y_{it} 表示被解释变量，即污染排放和能源效率；ERI_{it} 表示环境规制；X_{it} 表示控制变量；W_{ij} 为空间权重矩阵。为了探索其他地区环境规制对本地区污染排放和能源效率的影响，添加了 ERI 的空间加权项 $W_{ij} ERI_{it}$，这也体现了环境规制的空间交互效应。

（1）污染排放。借鉴第 6 章的处理方法，综合工业废水排放量、工业二氧化硫排放量和工业烟（粉）尘排放量来构建污染排放指数（p_all），具体的计算方法如下：

$$p\_all_i = \frac{pw_{i1} + pw_{i2} + pw_{i3}}{3}, \ pw_{ij} = \frac{p_{ij}}{\sum_{i=1}^{n} \dfrac{p_{ij}}{n}} \tag{7-6}$$

式中，p_{ij} 为第 i 个城市污染物 j 的排放量，pw_{ij} 是一个无量纲的数值，表示第 i 个城市污染物 j 的相对排放水平，该数值越大说明 i 城市污染物 j 的排放水平就越高，n 为城市数。

（2）能源效率（EnE）。继续使用 Super – SBM 模型对能源效率进行测度，假设规模报酬可变，选取以劳动力、资本和能源消耗作为投入指标。其中，利用社会固定资产投资总额来表征资本存量，并以 2003 年为基期，采用永续盘存法进行估计：$K_{j,t} = (1 - \delta) K_{j,t-1} + I_{j,t}$，折旧率 δ 设定为 10.96%；由于电力消耗数据能更加直接、准确地反映中国能源投入水平（秦炳涛，2014），本章也将采用全年用电量来表示能源消耗。另外，利用各个城市的实际地区生产总值来表征期望产出，并选取工业二氧化硫产生量和工业烟（粉）尘产生量作为非期望产出。

（3）环境规制（*ERI*）。关于环境规制的实证研究颇为丰富，但对环境规制的度量却存在很大争议，国内外学者主要从代表性污染物排放量（Levinson，1996）、人均收入水平（Mani and Wheeler，1998）、不同污染物排放密度（Cole and Elliott，2003）、治污投资占工业产值比重（张成，2011）、环境规制政策数量（陈德敏和张瑞，2012）等角度衡量环境规制。但上述指标过于单一且代表性欠佳，本书借鉴王杰和刘斌（2014）的处理方法，通过二氧化硫去除率、工业烟（粉）尘去除率两个单项指标构建环境规制指数（*ERI*）。具体而言，首先要对这两个单项指标进行标准化处理：

$$px_{ij}^s = [px_{ij} - \min(px_j)] / [\max(px_j) - \min(px_j)] \tag{7-7}$$

式中，px_{ij}^s 表示 i 城市 j 类指标的标准化值，px_{ij} 表示 i 城市 j 类指标原值，$\max(px_j)$ 和 $\min(px_j)$ 分别表示 j 类指标在所有城市中的最大值和最小值。

由于不同城市污染物排放的种类和数量存在差别，而且同一城市内不同污染物的排放程度也不同，这就需要对每个城市各种污染物治理指标赋予不同的权重，以反映每个城市环境规制强度的差异。因此，进一步计算两个单项指标的调整系数 AI_{ij}，其计算方法如下：

$$AI_{ij} = \frac{px_{ij}}{\sum_{i=1}^{n} px_{ij}} \Bigg/ \frac{GDP_i}{\sum_{i=1}^{n} GDP_i} \tag{7-8}$$

式中，AI_{ij} 为 i 城市 j 类污染物去除率占所有城市 j 类污染物去除率的比重与 i 城市地区生产总值占所有城市地区生产总值的比重之比。根据上述两类单项指标的标准化值和权重，可以得到环境规制强度指数：

$$ERI_i = \frac{\sum_{j=1}^{2} AI_{ij} px_{ij}^s}{2} \tag{7-9}$$

（4）控制变量。本章选择经济发展水平（*Econ*）、外商直接投资（*FDI*）、产业结构（*Stru*）、财政分权（*Gov*）、人力资本（*Edu*）作为控制变量。产业结构（*Stru*）：采用第三产业与第二产业之比来表示；财政分权（*Gov*）：采用地方政府财政收入占财政支出的比重来表示。

实证研究的数据样本最终由 2004~2014 年中国 285 个地级及以上城市的面板数据组成，主要来源于《中国城市统计年鉴》（2005~2015 年）和《中国区域经济统计年鉴》（2005~2015 年）。

7.2.2　特征性事实分析

根据上述测度方法，得到了 2004～2014 年中国 285 个地级及以上城市的污染排放指数、能源效率值和环境规制指数。从污染排放的结果来看，污染排放强度较高的地区主要集中在工业或制造业城市，如前十位有重庆、苏州、杭州、上海、南京、天津等城市，而污染排放强度较低的地区则主要集中在旅游服务业城市，如后十位有三亚、海口、黄山、丽江等城市；能源效率的结果显示，中国城市的能源效率均值从 2004 年的 0.49 逐年提高到 2014 年的 0.79；而环境规制的结果显示，中国城市的环境规制指数均值从 2005 年的 1.72 降至 2007 年的 1.43 后，开始逐渐上升至 2014 年的 1.77。这说明，虽然工业或制造业是中国城市污染排放的主要来源，但能源效率整体上伴随着环境规制强度的增大而逐渐上升。

接下来，进一步将全国城市分为东、中、西部三个地区进行空间异质性考察（见图 7-2、图 7-3 和图 7-4）。分区域的结果显示：从空间差异上来看，东部地区的污染排放和能源效率要显著高于中部和西部地区，呈现"东部＞中部＞西部"的空间格局，而环境规制的结果则与之相反，即环境规制强度表现出"西部＞中部＞东部"且地区差异较为明显。从时间序列上来看，污染排放指数在 2010 年和 2012 年两个时间点发生了较大波动，即东部和西部地区在 2010 年后呈下降趋势，至 2012 年后开始快速上升，而中部地区则正好相反，这得益于 2010 年的经济结构战略性调整：一方面，大力推动东部地区的产业结构升级与转移，积极发展战略性新兴产业；另一方面，加快中部地区对于东部地区的产业承接，深化"中部崛起"战略。东、中、西部三个地区的能源效率均在 2004～2014 年期间呈现出"波动式"上升趋势；西部地区的环境规制指数在 2004～2014 年期间的分化较为严重，而东部和中部地区的环境规制强度虽有小幅上升但整体变化不大，这可能也是导致东部和西部地区在 2012 年以后出现污染排放加剧的重要原因。

为了检验环境规制的生态效应是"减排"还是"增效"，通过简单的散点图来观察环境规制指数与污染排放指数及能源效率之间的关系。由图 7-5 和图 7-6 可以看出，环境规制指数与污染排放指数及能源效率之间都存在较为明显的负相关关系，即环境规制可能存在"只减排、不增效"的生态效应。

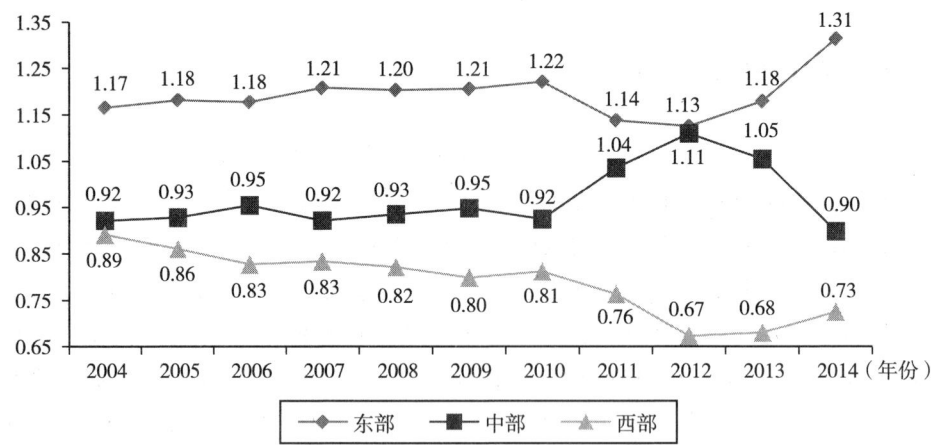

图7-2　中国东、中、西部地区污染排放指数的变化趋势

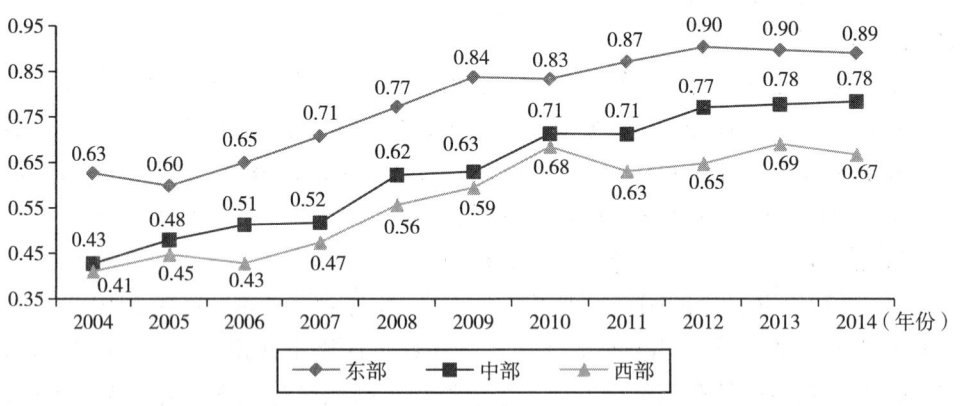

图7-3　中国东、中、西部地区能源效率的变化趋势

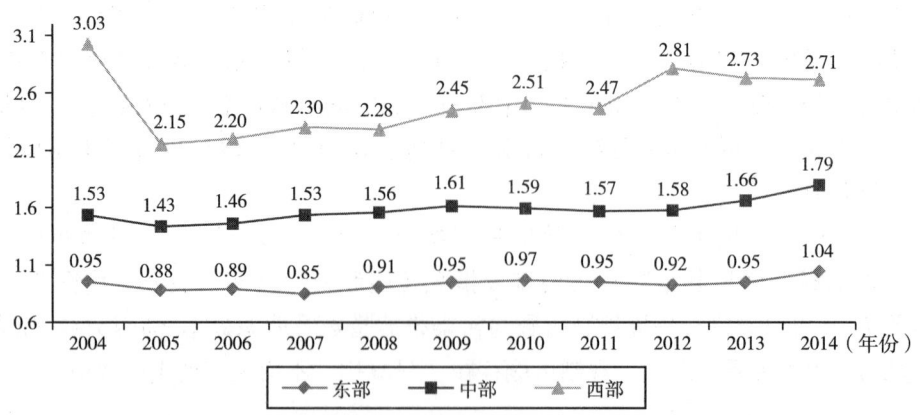

图7-4　中国东、中、西部地区环境规制指数的变化趋势

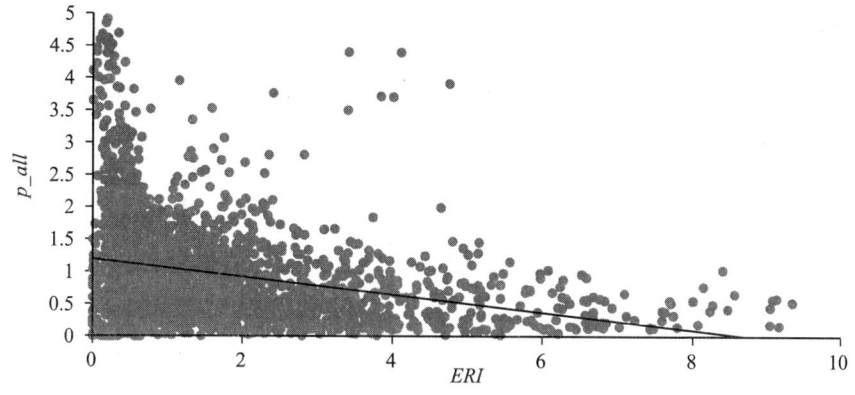

图 7 - 5　环境规制指数与污染排放指数的散点图

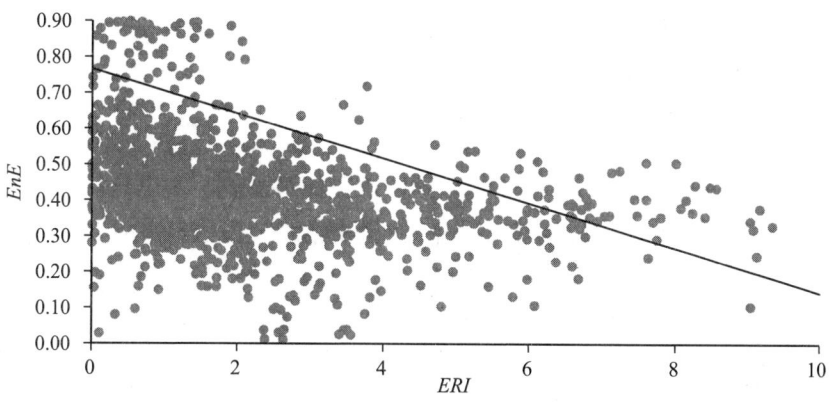

图 7 - 6　环境规制指数与能源效率的散点图

7.3　计量结果分析

7.3.1　基准模型的估计结果

表 7 - 1 报告了环境规制影响污染排放及能源效率的动态空间面板模型估计结果。其中，模型（1）至模型（3）展示的是环境规制对污染排放影响的估计结果，而模型（4）至模型（6）给出的是环境规制对能源效率影响的估计结果。在上述两类模型中，通过逐步引入环境规制与环境规制空间滞后项的方式进一步验证环境规制对污染排放及能源效率的影响效应及空间交互作用，发现核心解释

变量和控制变量的系数和显著性并未发生很大变化，这说明动态面板模型的估计结果表现出较强的稳健性。

表 7 - 1　　　　　　　　　　　动态空间面板模型的估计结果

变量	p_all			EnE		
	模型（1）	模型（2）	模型（3）	模型（4）	模型（5）	模型（6）
Y_{-1}	- 0. 0201 [- 0. 21]	- 0. 0313 [- 0. 34]	- 0. 0265 [- 0. 28]	- 0. 0001 [- 0. 00]	0. 0154 [0. 47]	- 0. 0053 [- 0. 17]
ERI	- 0. 0749 *** [- 5. 29]		- 0. 0698 *** [- 4. 96]	- 0. 0475 *** [- 15. 59]		- 0. 0470 *** [- 15. 45]
$WERI$		- 1. 19e - 06 *** [- 6. 72]	- 1. 12e - 06 *** [- 6. 38]		- 1. 78e - 07 *** [- 4. 32]	- 1. 47e - 07 *** [- 3. 74]
$Econ$	0. 0555 [1. 45]	0. 1084 *** [2. 72]	0. 1065 *** [2. 72]	0. 1232 *** [14. 12]	0. 1319 *** [14. 32]	0. 1300 *** [14. 68]
FDI	- 0. 0257 [- 0. 28]	- 0. 0168 [- 0. 18]	- 0. 0247 [- 0. 27]	0. 0248 [1. 26]	0. 0289 [1. 41]	0. 0247 [1. 25]
$Stru$	- 0. 1964 *** [3. 75]	- 0. 1230 ** [- 2. 30]	- 0. 1263 ** [- 2. 37]	0. 0215 * [1. 91]	0. 0337 *** [2. 82]	0. 0301 *** [2. 62]
Gov	1. 0785 *** [7. 75]	1. 2121 *** [8. 83]	1. 0647 *** [7. 68]	- 0. 0722 ** [- 2. 33]	0. 0216 [0. 68]	- 0. 0746 ** [- 2. 41]
Edu	0. 0047 [0. 14]	- 0. 0151 [- 0. 45]	- 0. 0429 [- 1. 26]	0. 0216 *** [2. 99]	0. 0342 *** [4. 51]	0. 0160 ** [2. 17]
$Agj - R^2$	0. 0789	0. 0838	0. 0915	0. 1554	0. 1604	0. 1546
LogL	- 4277. 9262	- 4253. 5048	- 4247. 3064	173. 6744	64. 5821	117. 8909
n	3135	3135	3135	3135	3135	3135

注：（1）＊、＊＊、＊＊＊分别表示通过10%、5%、1%水平下的显著性检验；（2）方括号内为 T 值检验结果。

由表 7 - 1 的估计结果可知：（1）环境规制对污染排放及能源效率均具有负向作用且都通过了 1% 水平下的显著性检验。这意味着中国城市的环境规制存在明显的"只减排、不增效"的生态效应。可能的解释是：一方面，自"十一五"以来，中国政府将主要污染物的减排作为"硬约束"纳入约束性指标考核，从而有效控制了污染物的总量排放，也改善了生态环境；另一方面，面对环境规制所带来的环境支付成本，企业倾向于采用末端治理方式来规避，而末端治污技术往往成本较低且易模仿，使环境规制对企业的影响更多地表现为"成本效应"，从而抑制了能源效率的改善。这也为汤贝和温特（Tombe and Winter, 2015）的研究结论提供了中国证据，即环境规制的非对称影响很容易产生资源错配效应。（2）环境规制的空间滞后项对污染排放及能源效率也都存在显著的负向影响。这说明周边地区的环境规制强度增加，对本地区也能形成"只减排、不增效"的生态效应。究其原因可能在于，周边地区较强的环境规制能对新企业进入和区际产业转移产生一定的"壁垒效应"，导致"三高"（高投入、高能耗、高污染）行业仅存在三种选择，即要么加大治污投资、要么淘汰落后产能或要么转移到环境规制强度较低的地区。

控制变量的估计结果显示，经济发展水平的提高在不断促进能源效率提升的同时，也进一步加剧了该地区的污染排放，这主要源于中国经济发展整体上仍处于工业化发展阶段。该结论也可以从产业结构的估计结果得到验证，即产业结构服务化调整不仅明显降低了污染排放，并且对能源效率提升存在显著的促进作用。另外，财政分权体制加剧了污染排放，并且降低了能源效率。究其原因在于，污染程度较高的部门往往是当地地区生产总值、税收和就业的主要来源，因而在财政分权体制下，有些重点污染部门在环境治理方面经常会受到地方政府的保护或默许（Jia and Nie, 2017）。人力资本作为提升企业管理效率和创新效率的主要来源，也是能源效率提升的关键投入要素。

7.3.2　稳健性检验

为进一步检验上述结论的稳健性，借鉴黄志基等（2015）的处理方法，通过工业废水排放量、工业二氧化硫排放量和工业烟（粉）尘排放量重新构建环境规制指数（ERI）。首先，计算 i 城市在全国范围内的环境污染排放相对强度（G_{ij}），其计算方法为：

$$G_{ij} = \frac{\dfrac{p_{ij}}{GDP_i}}{\dfrac{1}{n}\sum_{i=1}^{n}\dfrac{p_{ij}}{GDP_i}} \qquad (7-10)$$

式中，p_{ij}、GDP_i 与前文指标相同。G_{ij} 表示 i 城市污染物 j 在全国范围内的相对排放强度，其值越高说明 i 城市的环境规制强度就越大。

由于 G_{ij} 是一个无量纲的变量，因而可以通过对每类污染物 j 的相对排放强度进行加总平均，以获得污染排放相对强度综合指数（G_i）：

$$G_i = \frac{\sum_{j=1}^{m} G_{ij}}{m} \qquad (7-11)$$

式中，m 为污染物种类。

由此，可以得到环境规制强度的综合指数（ERI）：

$$ERI_i = \frac{1}{G_i} \qquad (7-12)$$

表 7-2 给出了将重新构建的环境规制指数作为解释变量的估计结果。环境规制及其空间滞后项对污染排放及能源效率影响效应的估计结果与上述研究结论基本一致，即也得到了环境规制具有"只减排、不增效"的生态效应。控制变量的估计结果显示，经济发展水平、外商直接投资、产业结构、财政分权和人力资本对污染排放及能源效率影响效应与表 7-1 的研究结论也基本一致。因此，上述关于环境规制对污染排放及能源效率的影响效应及空间交互作用的研究结论，具有较强的稳健性和可靠性。

表 7-2　　　　　　　　　　稳健性检验：更换环境规制指数指标

变量	p_all			EnE		
	模型（1）	模型（2）	模型（3）	模型（4）	模型（5）	模型（6）
Y_{-1}	-0.0187 [-0.20]	-0.0303 [-0.33]	-0.0231 [-0.25]	0.0207 [0.63]	0.0147 [0.45]	0.0161 [0.49]
ERI	-18.2939 *** [-7.79]		-18.2512 *** [-7.80]	0.6869 [1.30]		0.7026 [1.35]
$WERI$		-0.0002 *** [-4.44]	-0.0002 *** [-4.52]		-0.0001 *** [-8.33]	-0.0001 *** [-8.37]
$Econ$	0.0752 * [1.93]	0.0791 ** [2.00]	0.1004 ** [2.54]	0.1238 *** [13.67]	0.1370 *** [15.46]	0.1367 *** [15.43]
FDI	-0.0080 [-0.09]	-0.0261 [-0.28]	-0.0174 [-0.19]	0.0290 [1.41]	0.0258 [1.26]	0.0256 [1.25]
$Stru$	-0.0488 [-0.88]	-0.1651 *** [-3.11]	-0.0181 [-0.32]	0.0179 [1.43]	0.0351 *** [3.00]	0.0294 ** [2.37]
Gov	1.3383 *** [9.71]	1.1819 *** [8.54]	1.2818 *** [9.27]	0.2149 [0.68]	0.0028 [0.09]	-0.0012 [-0.04]

续表

变量	p_all			EnE		
	模型（1）	模型（2）	模型（3）	模型（4）	模型（5）	模型（6）
Edu	0.0486 [1.48]	0.0128 [0.38]	0.0250 [0.75]	0.0406 *** [5.48]	0.0313 *** [4.23]	0.0307 *** [4.15]
Agj – R^2	0.0881	0.0837	0.0809	0.1615	0.1636	0.1660
LogL	–4251.2029	–4263.2635	–4228.0960	59.0910	63.3146	63.3863
n	3135	3135	3135	3135	3135	3135

注：（1）*、**、***分别表示通过10%、5%、1%水平下的显著性检验；（2）方括号内为T值检验结果。

接下来，继续通过构建经济空间权重矩阵来替换上述地理空间权重矩阵对实证结果进行再检验。表7-3给出了经济空间权重矩阵条件下环境规制效应的估计结果。估计结果也显示，表7-3与表7-1的研究结论（包括环境规制及其空间滞后项、控制变量的估计结果）基本一致，仅在系数的大小及其显著性上有了一定程度的变化。这进一步验证上述研究结论是稳健和可靠的。

表7-3   **稳健性检验：更换空间权重矩阵**

变量	p_all			EnE		
	模型（1）	模型（2）	模型（3）	模型（4）	模型（5）	模型（6）
Y_{-1}	– 0.0200 [– 0.21]	– 0.0313 [– 0.34]	– 0.0265 [– 0.28]	– 0.0004 [– 0.01]	– 0.0152 [0.47]	– 0.0055 [– 0.17]
ERI	– 0.0748 *** [– 5.28]		– 0.0698 *** [– 4.96]	– 0.0475 *** [– 15.59]		– 0.0470 *** [– 15.45]
$WERI$		– 1.18e – 06 *** [– 6.66]	– 1.11e – 06 *** [– 6.33]		– 1.74e – 07 *** [– 4.23]	– 1.44e – 07 *** [– 3.64]
$Econ$	0.0593 [1.53]	0.1126 *** [2.81]	0.1103 *** [2.79]	0.1240 *** [14.24]	0.1329 *** [14.43]	0.1307 *** [14.77]
FDI	– 0.0250 [– 0.27]	– 0.0157 [– 0.17]	– 0.0236 [– 0.26]	0.0252 [1.28]	0.0293 [1.43]	0.0251 [1.27]
$Stru$	– 0.1962 [– 3.74]	– 0.1236 ** [– 2.31]	– 0.1271 ** [– 2.39]	0.0213 * [1.88]	0.0334 *** [2.79]	0.0296 ** [2.58]

变量	p_all			EnE		
	模型（1）	模型（2）	模型（3）	模型（4）	模型（5）	模型（6）
Gov	1.0669 *** [7.67]	1.1972 *** [8.72]	1.0507 *** [7.58]	-0.0761 ** [-2.46]	0.0170 [0.54]	-0.0790 ** [-2.56]
Edu	0.0056 [0.17]	-0.0134 [-0.40]	-0.0411 [-1.12]	0.0222 *** [3.07]	0.0349 *** [4.60]	0.0168 ** [2.28]
Agj - R²	0.0926	0.0911	0.0910	0.2036	0.1418	0.1535
LogL	-4278.3842	-4254.3081	-4248.0463	173.3301	64.2060	177.5312
n	3135	3135	3135	3135	3135	3135

注：（1）*、**、*** 分别表示通过10%、5%、1%水平下的显著性检验；（2）方括号内为 T 值检验结果。

7.3.3 按地区分组的考察

在"两个大局"战略思想的制度安排下，中国经济社会发展采取的是非均衡发展道路，不同地区具有不同的资源禀赋和环境要素，环境规制的生态效应也不尽相同，这从环境规制"西部＞中部＞东部"的空间格局中也得到了体现。环境规制强度大小在很大程度上体现了当地政府的行为偏好与发展目标。为了识别区域差异对于环境规制效应的异质性影响，将在前文实证研究的基础上，分别对东部、中部和西部地区环境规制的生态效应，采用了动态空间面板模型进行了估计（见表7-4）。

表7-4 不同区域环境规制的生态效应估计结果

变量	东部地区		中部地区		西部地区	
	p_all	EnE	p_all	EnE	p_all	EnE
Y₋₁	0.2133 *** [5.45]	0.1199 ** [2.36]	-0.0200 [-0.91]	0.0292 [0.59]	-0.0553 [-0.69]	-0.0124 [-0.24]
ERI	-0.0997 [-0.73]	-0.0347 [-1.11]	-0.0982 *** [-2.84]	-0.0583 *** [-10.25]	-0.0348 [-1.26]	-0.035 *** [-8.46]
WERI	-2.35e-06 *** [-3.45]	2.39e-07 [1.54]	-3.17e-07 [-1.02]	-2.78e-07 *** [-4.72]	-1.83e-06 *** [-6.36]	-4.73e-08 [-0.63]

变量	东部地区		中部地区		西部地区	
	p_all	EnE	p_all	EnE	p_all	EnE
Econ	0.0255 [0.26]	0.2366 *** [10.00]	0.1194 [1.41]	0.1566 *** [9.04]	0.0423 [0.79]	0.1204 *** [8.89]
FDI	− 0.2312 [− 0.76]	0.1467 ** [2.15]	− 1.2259 [− 0.99]	0.2669 [1.24]	4.7183 *** [3.14]	1.1787 *** [3.00]
Stru	0.4343 ** [1.97]	− 0.1171 ** [− 2.35]	− 0.1730 [− 1.29]	0.0855 *** [3.73]	0.0114 [0.15]	− 0.0016 [− 0.08]
Gov	0.3796 [0.75]	0.1190 [1.02]	0.7357 ** [2.11]	− 0.3470 *** [− 5.54]	1.8224 *** [7.53]	− 0.1577 ** [− 2.50]
Edu	− 0.3045 ** [− 2.12]	0.0866 *** [2.67]	0.0401 [0.56]	0.0244 ** [2.02]	− 0.1673 *** [− 2.87]	0.0313 ** [2.07]
Agj − R^2	0.0488	0.1628	0.0303	0.1998	0.1448	0.2214
LogL	− 1245.4502	− 60.0615	− 1922.9265	51.4043	− 963.7664	51.0807
n	1111	1111	1199	1199	825	825

注：（1） ** 、*** 分别表示通过5%、1%水平下的显著性检验；（2）方括号内为 T 值检验结果。

表7-4的估计结果表明，环境规制的生态效应存在显著的地区差异：
（1）对于东部地区，环境规制对污染排放及能源效率的影响均为负，但并未通过显著性检验。相比之下，周边地区的环境规制强度增大可以显著降低本地区的环境污染。从控制变量的估计结果来看，东部地区具有较高的经济发展水平、外商直接投资、人力资本积累都可以提高能源效率。需要指出的是，产业结构服务化调整显著提高了污染排放，并且明显阻碍了能源效率提升。可能原因在于：东部地区起步较早，产业层次较高，尤其战略性新兴产业和高新技术产业发展充分，而这类创新型工业的发展较服务业更能降低污染排放和促进能源效率提升。（2）对于中部地区，环境规制对污染排放及能源效率的影响显著为正，这说明中部地区的环境规制也存在"只减排、不增效"的生态效应。不仅如此，周边地区环境规制强度的增大也不利于本地区能源效率的提升。与东部地区不同的是，中部地区的产业结构服务化调整可以显著提升能源效率，这可能与产业发展层次、经济发展阶段密切相关，即中部地区产业层次降低且服务业发展不足。（3）对于西部地区，环境规制对能源效率的影响显著为负，而且周边地区的环境

规制有利于降低本地区的污染排放。该结论的启示是，对于欠发达地区而言，高强度的环境规制并不利于当地的能源效率提升，这也可以从上述关于西部地区环境规制强度明显高于东部和中部地区的结论中得到验证。

7.3.4 按分期讨论的考察

由于 2008 年的国际金融危机给中国外需拉动型经济增长模式提出了重大挑战，从而也对后来中国经济社会发展造成了潜移默化的影响。因此，以 2008 年为界，分 2004～2008 年和 2009～2014 年两个时期比较环境规制的生态效应（见表 7-5）。估计结果显示，环境规制在两个时期的作用形态发生了重要变化：一方面，前一个阶段的环境规制虽然对污染排放的影响为负，但并未通过显著性检验，而后一个阶段的环境规制则可以明显降低污染排放，并通过了 1% 水平下的显著性检验；另一方面，与前一个阶段相比，后一个阶段的周边地区环境规制强度增大，也能够显著降低本地区的污染排放。这说明，后一个阶段环境规制的"减排"效应较前一个阶段更为明显。尤其是金融危机以后，中国政府从"转变经济发展方式"开始到将"生态文明"纳入"五位一体"总布局，进一步加强通过环境规制实现节能减排的约束性目标。但环境规制及其空间滞后项在两个阶段都未实现"增效"，这进一步验证了环境规制"只减排、不增效"的生态效应，即环境规制更多体现的是"成本效应"而非"创新效应"。

表 7-5　　　　　　　　不同时期环境规制的生态效应估计结果

变量	2004～2008 年		2009～2014 年	
	p_all	EnE	p_all	EnE
Y_{-1}	0. 2489 ** [2. 37]	0. 0146 [0. 31]	0. 0222 [0. 97]	- 0. 0082 [- 0. 20]
ERI	- 0. 1235 [- 1. 54]	- 0. 0353 *** [- 8. 18]	- 0. 0966 *** [- 3. 40]	- 0. 0651 ** [- 13. 96]
WERI	- 3. 27e - 07 [- 1. 28]	- 2. 11e - 07 *** [- 3. 68]	- 9. 79e - 07 *** [- 3. 37]	- 1. 13e - 07 ** [- 2. 30]
Econ	0. 1880 ** [2. 53]	0. 0632 *** [4. 14]	0. 0588 [0. 68]	0. 0633 *** [4. 38]

续表

变量	2004~2008 年		2009~2014 年	
	p_all	EnE	p_all	EnE
FDI	1.4209 * [1.83]	0.6300 *** [4.51]	−0.0323 [−0.28]	0.0184 [0.98]
Stru	0.1033 [0.87]	0.0066 [0.36]	−0.1393 [−1.33]	0.0157 [0.92]
Gov	0.8638 ** [3.20]	0.1081 ** [1.98]	1.0694 *** [3.88]	0.0104 [0.23]
Edu	−0.2291 ** [−2.41]	0.0296 * [1.96]	0.0151 [0.27]	−0.0001 [−0.01]
Agj − R^2	0.1025	0.2142	0.1237	0.1997
LogL	−1298.0179	96.6913	−2356.3734	266.0379
n	1425	1425	1710	1710

注：（1）*、**、***分别表示通过10%、5%、1%水平下的显著性检验；（2）方括号内为 T 值检验结果。

此外，2004~2008 年，外商直接投资在加剧污染排放的同时，也提高了能源效率，而 2009~2014 年，外商直接投资的影响效应并不明显。这一研究结论验证了外商直接投资的"污染天堂"假说（许和连和邓玉萍，2012），即中国在 2008 年之前大力引进外资之时，也引入了一些污染密集型产业。同时，外商直接投资也为本土企业的技术创新带来显著的外溢效应，从而有助于提升能源效率，这与夏业良和程磊（2010）的研究结论基本一致。

7.3.5 按其他因素的考察

由安特韦勒等（Antweiler et al.，2001）的 ACT 环境污染模型可知，经济规模和产业结构都会影响污染排放。前文的实证研究结果也发现，经济发展水平和产业结构调整是影响污染排放和能源效率的重要因素。究其原因主要在于，一个地区的经济发展水平达到一定程度，才会有足够的人力资本、物质资本、技术条件和管理经验来应用产业结构升级带来的正外部性。这意味着生态环境改善和能源效率提高，往往是产业结构升级与环境规制效应交互作用的结果。同时，库兹涅茨环境曲线也认为，随着经济发展水平的提高，生态环境会经历先恶化后改善的过程。因此，本章将在动态面板回归模型中添加人均地方生产总值的二次项以及产业结构与环境规制的交叉项，以剖析这两大异质性因素在环境规制生态效应中的作用机制。

表7-6的估计结果显示，人均地方生产总值的二次项对环境污染的影响为正且尚未通过显著性检验，这说明库兹涅茨环境曲线并未得到中国城市数据的支持。但人均地方生产总值的二次项对能源效率的影响显著为正，而人均地方生产总值一次项系数则显著为负。这意味着从长期来看，经济发展将有利于能源效率提升，并且二者呈"U"形结构变化趋势，只不过目前中国经济发展正处于"U"形结构的左侧。另外，产业结构与环境规制交叉项对能源效率具有正向影响，并且通过了1%水平下的显著性检验，而环境规制系数则显著为负。这表明，通过产业结构调整可以有效改善环境规制"只减排、不增效"的生态效应。可能的解释是：一方面，产业结构服务化本身就降低了工业比重，同时也为工业转型升级提供了更为配套的服务业尤其是生产性服务业；另一方面，产业结构服务化调整也是产业结构优化升级的过程，并且加快了工业企业服务业外包进程，从而使其专注于核心业务和技术，以达到降低成本、提高效率的目的。

表7-6　　环境规制的生态效应估计结果：引入经济发展与产业结构的考察

变量	p_all			EnE		
	模型（1）	模型（2）	模型（3）	模型（4）	模型（5）	模型（6）
Y_{-1}	-0.0259 [-0.27]	-0.2550 [-0.27]	-0.0249 [-0.26]	-0.0077 [-0.24]	0.0014 [0.05]	-0.0014 [-0.05]
ERI	-0.0938*** [-3.62]	-0.0699*** [-4.97]	-0.0940*** [-3.63]	-0.0686*** [-12.33]	-0.0471*** [-15.57]	-0.0689*** [-12.46]
WERI	-1.12e-06*** [-6.40]	-1.13e-06*** [-6.42]	-1.13e-06*** [-6.44]	-1.50e-07*** [-3.82]	-1.67e-07*** [-4.28]	-1.70e-07*** [-4.38]
$Stru \times ERI$	0.0281 [1.10]		0.0282 [1.11]	0.0251*** [4.62]		0.0254*** [4.69]
$Econ^2$		0.0113 [0.72]	0.0114 [0.73]		0.0204*** [6.11]	0.0205*** [6.16]
Econ	0.1120*** [2.83]	-0.1073 [-0.36]	-0.1038 [-0.35]	0.1353 [1.24]	-0.2553*** [-3.99]	-0.2518*** [-3.95]
FDI	-0.0255 [-0.28]	-0.0238 [-0.26]	-0.0246 [-0.27]	0.0239 [1.21]	0.0263 [1.34]	0.0256 [1.31]

续表

变量	p_all			EnE		
	模型（1）	模型（2）	模型（3）	模型（4）	模型（5）	模型（6）
Stru	-0.1689** [-2.58]	-0.1279** [-2.40]	-0.1707*** [-2.60]	-0.0075 [-0.54]	0.0272** [2.38]	-0.0109 [-0.78]
Gov	1.0674*** [7.69]	1.0319*** [7.08]	1.0343*** [7.09]	-0.0723** [-2.35]	-0.1379*** [-4.27]	-0.1360*** [-4.23]
Edu	-0.0436 [-1.28]	-0.0422 [-1.24]	-0.0429 [-1.26]	0.0153** [2.08]	0.0171** [2.34]	0.0163** [2.24]
Agj-R^2	0.0915	0.0873	0.0913	0.2151	0.2137	0.2279
LogL	-4246.7077	-4247.5677	-4246.9710	185.6414	185.4096	193.5289
n	3135	3135	3135	3135	3135	3135

注：（1）**、***分别表示通过5%、1%水平下的显著性检验；（2）方括号内为 T 值检验结果。

7.4 环境规制的产能化解效应

中国财政分权改革和以地区生产总值增长为目标的政府官员晋升体制，使得地方政府具有过度干预微观经济的强烈动机，诸如通过税收优惠、低价供地、压低水电和劳动力等生产要素价格来追求工业投资的高增长率。不仅如此，许多地方政府放宽环保标准，容忍甚至纵容本地区工业企业通过污染环境来换取工业投资，尤其是对高能耗、高污染、高排放的重化工业严重缺乏环境检测和污染防治，进而大大降低了企业的生产成本。各地区均存在大批未通过国家环境标准而违规上马的工业项目，生产成本外部化严重扭曲了生产企业的投资行为，加剧了工业部门过度投资和产能过剩现象（Feng and Jia，2014）。生产成本外部化导致的环境问题是一种市场价格扭曲，不考虑环境成本就会导致价格失真，使工业企业对行业利润产生误判，投资和产能都会相应增加，进而导致严重的工业产能过剩问题。因此，为了化解工业产能过剩问题，将环境成本纳入企业生产成本范畴就显得十分必要。

根据研究目的，为了增强实证研究的可比性和延续性，继续采用动态空间面板模型来考察环境规制对工业产能利用率的影响效应，建立如下基础计量模型：

$$CU_{it} = \partial_0 + \lambda CU_{it-1} + \rho \sum_{j=1}^{n} W_{ij}CU_{it} + \varphi ERI_{it} + \phi X_{it}$$

$$+ \alpha_i + \nu_t + \varepsilon_{it}, \quad \varepsilon_{it} = \lambda \sum_{j=1}^{n} W_{ij}\varepsilon_{it} + \mu_{it} \qquad (7-13)$$

式中，i 和 t 分别表示地区和时间，ICU_{it} 表示工业产能利用率，ERI_{it} 表示环境规制强度，X_{it} 表示控制变量，W_{ij} 是为空间权重矩阵。

为了进一步识别环境规制通过遵循成本效应和创新补偿效应影响工业产能利用率的传导机制，接下来将利用中介效应检验方法，在模型（7-13）的基础上构建如下递归方程：

$$M_{it} = \partial_0 + \lambda M_{it-1} + \rho \sum_{j=1}^{n} W_{ij}M_{it} + \varphi ERI_{it} + \phi X_{it} + \alpha_i + \nu_t + \varepsilon_{it},$$

$$\varepsilon_{it} = \lambda \sum_{j=1}^{n} W_{ij}\varepsilon_{it} + \mu_{it} \qquad (7-14)$$

$$CU_{it} = \partial_0 + \lambda CU_{it-1} + \rho \sum_{j=1}^{n} W_{ij}CU_{it} + \varphi ERI_{it} + \theta M_{it} + \phi X_{it} + \alpha_i + \nu_t + \varepsilon_{it},$$

$$\varepsilon_{it} = \lambda \sum_{j=1}^{n} W_{ij}\varepsilon_{it} + \mu_{it} \qquad (7-15)$$

式中，M_{it} 代表中介变量，包括遵循成本效应和创新补偿效应。根据中介效应检验方法，首先，对模型（7-13）进行回归，检验环境规制对工业产能利用率的影响效应；其次，对模型（7-14）进行回归，检验环境规制对中介变量的影响效应；最后，对模型（7-15）进行回归，同时检验环境规制和中介变量对工业产能利用率的影响效应。当环境规制对中介变量影响显著的条件下，在模型（7-15）的估计结果中，如果环境规制对工业产能利用率的影响仍然显著，且影响程度变小，则说明环境规制对工业产能利用率存在部分中介效应；如果环境规制对工业产能利用率的影响不显著，但中介变量对工业产能利用率的影响显著，则说明环境规制对工业产能利用率存在完全中介效应。

上述计量模型中的相关变量选择如下：

（1）工业产能利用率（CU）。直接利用第6章对工业产能利用率的计算结果。

（2）环境规制（ERI）。为了从多个维度来检验环境规制的生态效应，这里采用排污费征收额与污染排放量的比重来表示环境规制强度，其计算公式为：

$$ERI_i = \frac{PF_i}{PS_i + PC_i} \qquad (7-16)$$

式中，ERI_i 表示 i 地区的环境规制强度，PF_i 表示 i 地区的排污费征收额；PS_i 表示 i 地区的工业 SO_2 的排放量；PC_i 表示 i 地区的工业化学需氧量（COD）的排放量。由于固体废弃物的排污费征收额在总排污费征收额的占比很小，并且各省份的固体废弃物排放量存在较多缺失值，因此，并未将固体废弃物纳入污染物排放量指标中。

（3）中介变量：遵循成本（*Cost*）和创新补偿（*Inno*）。遵循成本是指企业为了达到环境规制政策所规定的环境标准而需要支付的额外生产成本，因而采用工业污染治理投资额占工业总产值的比重来表示。创新补偿是指企业为了应对环境规制政策的约束，不断增加技术创新投入，通过创新收益来弥补环境规制所带来的额外生产成本，甚至通过技术创新来获取更高的利润水平，这里采用规模以上工业企业 R&D 经费支出占工业总产值的比重来表示。

（4）控制变量。主要包括经济发展水平（*Econ*）、产业结构（*Stru*）、外商直接投资（*FDI*）、国内消费水平（*Con*）和政府干预程度（*Gov*）。

这里仍选择中国 30 个省份的面板数据作为样本进行实证分析，数据来源于 2005～2016 年的《中国统计年鉴》《中国环境统计年鉴》《中国环境年鉴》《中国能源统计年鉴》《中国科技统计年鉴》《中国社会统计年鉴》《中国人口和就业统计年鉴》以及高校财经数据库。

那么，中国环境规制强度与工业产能利用率到底存在怎样的关系呢？通过观察中国环境规制强度与工业产能利用率的散点图，发现环境规制强度与工业产能利用率存在较为稳健的正相关关系（见图 7-7）。这表明，环境规制有可能是化解工业产能过剩的关键途径，当然具体的作用机制还需要通过下文的回归分析进行验证。

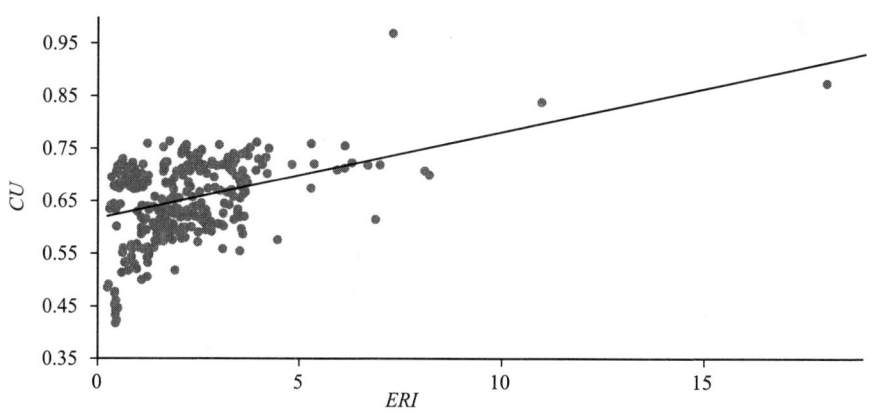

图 7-7 环境规制与工业产能利用率的散点图

为了验证动态空间面板模型的优越性和有效性，以及环境规制强度对工业产能利用率影响的稳健性，表 7-7 同时给出了一般动态面板模型、静态空间面板模型和动态空间面板模型的估计结果并进行比较分析。对于一般动态面板模型，采用系统 GMM 方法对参数进行估计。一般动态面板模型的估计结果显示，AR（1）和 AR（2）的 Z 统计量分别为 0.023 和 0.681，这说明选择工业产能利用率的滞后一期是合适的，而 Sargan 检验结果表明模型估计效果良好。

表 7-7　　　　　　　　　三种模型的估计结果

变量	一般动态面板模型	静态空间面板模型	动态空间面板模型
CU_{-1}	0.2778 *** [13.16]		0.2838 *** [5.70]
ERI	0.0077 ** [2.31]	0.0138 [0.86]	0.2988 ** [2.04]
Econ	0.0122 *** [15.98]	0.0062 *** [3.30]	0.0275 *** [2.77]
Stru	0.0021 [0.97]	−0.00208 [−0.16]	0.0131 [0.31]
FDI	0.0008 [1.38]	0.0014 [0.60]	0.0095 [0.39]
Con	0.0368 *** [7.90]	0.0459 * [1.81]	−0.2703 * [−1.61]
Gov	0.0068 *** [5.18]	−0.0000 [−0.00]	−0.0302 ** [−1.99]
ρ		0.5870 *** [7.57]	0.3810 *** [3.24]
n	360	360	360

注：（1）*、**、*** 分别表示通过 10%、5%、1% 水平下的显著性检验；（2）方括号内为 T 值检验结果。

从动态空间面板模型的估计结果可知，环境规制强度对工业产能利用率的影响显著为正。这说明，当考虑动态效应和空间效应时，提高环境规制强度能明显提高工业产能利用率，即环境规制是解决工业产能过剩的有效手段。不仅如此，动态空间面板模型中环境规制强度的系数要远大于一般动态面板模型和静态空间面板模型的估计系数。这表明，当考虑动态效应和空间效应时，环境规制化解工业产能过剩的效果更加明显。控制变量的估计结果显示，三个模型中经济发展水平对工业产能利用率均显著为正，即持续提高经济发展水平是化解工业产能过剩的重要途径。这一结论也可以在国际经验中找到证据：一方面，与发达国家相比，发展中国家在工业发展过程中更容易形成产能过剩；另一方面，大部分发达国家在经济发展过程中都经历过工业产能过剩，但都随着经济发展水平的提高而得以解决。需要指出的是，在动态空间面板模型中，内需水平和政府干预程度对工业产能利用率均存在较为显著的负向影响，而一般动态面板模型和静态动态面板模型关于这两个指标的估计结果则正好相反。究其原因主要在于：一方面，由于中国经济发展长期处于产业结构与消费结构的"失衡状态"，即国内产业结构层次偏低，而内需水平的提高主要扩大了对高档产品的需求；另一方面，由于中国行政区划导致省域之间存在较为明显的"各自为政"和"市场分割"现象，地方政府对于经济发展的过度干预是工业产能过剩的重要原因之一。当同时考虑动态效应和空间效应时，更加突出了内需水平和政府干预程度对工业产能利用率的负向影响。

为了准确识别环境规制影响工业产能利用率的中介效应，直接采用动态空间模型对各参数进行估计（见表7－8）。遵循成本效应的估计结果显示，环境规制强度对遵循成本的影响为正但并未通过显著性检验。当在表7－7中的动态空间面板模型的基础上引入遵循成本变量时，发现环境规制强度对工业产能利用率的影响也未通过显著性检验，但遵循成本对工业产能利用率存在显著的促进作用。这表明，遵循成本的增加通过挤占生产性投资、淘汰落后产能的方式降低了产出，从而提高了工业产能利用率。但是，环境规制通过遵循成本来影响工业产能利用率的中介效应并不明显，即环境规制的遵循成本效应并未得到中国数据的支持。创新补偿效应的估计结果显示，环境规制强度对创新补偿的影响为正且通过了1%水平下的显著性检验。这说明，环境规制强度增加能够有效激发企业研发创新。当在表7－7中的动态空间面板模型的基础上引入创新补偿变量时，发现环境规制强度和创新补偿对工业产能利用率均存在显著的促进作用，而且环境规制强度的回归系数为0.1714，与表7－7中的系数估计值0.2988相比出现了明显下降（下降了42.64%）。这表明，环境规制会通过激励企业加大创新投入和优化要素结构，提升企业竞争力和产品市场需求来实现创新补偿效应，进而促进工业产能利用率提升。换言之，环境规制的创新补偿效应得到了中国数据的验证。

表7-8 中介变量的估计结果

变量	遵循成本效应		创新补偿效应	
	Cost	CU	Inno	CU
CU_{-1}	0.1858 * [1.61]	0.1890 *** [2.91]	0.1357 ** [2.14]	0.2884 *** [7.89]
ERI	0.6683 [1.27]	0.2166 [1.46]	2.0330 *** [3.58]	0.1714 ** [2.32]
Cost		0.1209 ** [2.20]		
Inno				0.0584 *** [8.31]
Econ	-0.0671 ** [-1.99]	0.0373 *** [3.65]	0.2697 *** [3.80]	0.0289 *** [5.89]
Stru	0.1229 [0.70]	-0.0150 [-0.31]	1.3184 *** [16.65]	-0.1200 *** [-4.53]
FDI	-0.0215 [-0.26]	0.0073 [0.31]	-0.2778 *** [-4.80]	-0.0048 [-0.39]
Con	-0.5189 [-0.86]	-0.2018 [-1.21]	3.9327 *** [6.70]	0.05685 [0.62]
Gov	0.0280 [0.50]	-0.0321 ** [-2.13]	-0.0169 [-0.39]	-0.0049 [-0.61]
ρ	-2.4148 ** [-2.34]	-0.5719 ** [-2.35]	0.1557 * [1.75]	1.6564 ** [2.09]
n	360	360	360	360

注：（1）*、**、***分别表示通过10%、5%、1%水平下的显著性检验；（2）方括号内为T值检验结果。

7.5 本章小结

本章从创新效应、成本效应和壁垒效应三个维度构建了环境规制与经济绩效的分析框架，利用中国数据和动态空间面板模型实证检验了环境规制的经济绩效。首先，从环境规制的节能减排效应来看，中国城市的环境规制具有显著的"只减排、不增效"的生态效应，并且周边地区的环境规制强度增加，对本地区也产生"只减排、不增效"的生态效应，这一研究结论十分稳健。从分区讨论的估计结果看，本地区及周边地区环境规制"只减排、不增效"的生态效应均在东、中、西部三个地区得到验证，尤其是在中部地区更为明显。从分期讨论的估计结果看，国际金融危机以后，中国城市环境规制的"减排"效应明显增强。库兹涅茨环境曲线并未得到中国城市数据的支持，但经济发展与能源效率呈"U"形结构变化趋势，并且中国正处于"U"形结构的左侧，而通过产业结构调整可以有效改善环境规制"只减排、不增效"的生态效应。其次，从环境规制的产能化解效应来看，环境规制强度的增加能够显著促进工业产能利用率提升。中国省级层面的经验证据表明，环境规制主要通过创新补偿效应来提高工业产能利用率，而环境规制的遵循成本效应并不明显。本章研究结论得到的一些政策启示有以下四方面。

第一，加快建设区域联动的环境规制网络，合理分配区域环境保护成本。前文的研究结论显示，环境规制存在明显的空间溢出效应，有利于抑制区域之间的污染排放。这就需要在城市群或都市圈层面加大环境规制政策制定与实施之间的协调，通过构建区域联动的环境规制网络，提升区域整体的环境效益。中国应明晰环境产权，完善环境税、排污权交易等市场制度的建立，健全环境保护相关法律并保证其有效执行，切实落实企业环境责任。对严重污染环境的生产经营行为征收环境税，建立能够反映资源稀缺程度的价格形成机制，倒逼落后的工业产能顺利退出市场。将环境管理和污染控制纳入地方官员政绩考核体系，发挥地方政府对环境污染的监督管理作用，建立环境污染终身追责制度。

第二，在制定环境规制政策时，应将能源效率提升作为主要目标之一。政府在制定环境规制政策时只重视污染减排本身，割裂了环境规制与能源效率之间的关系，从而导致企业更多地关注生产末端的治污投资，而忽视了新生产技术和新能源技术的研发与应用。随着完全依靠减排设施控制污染的空间逐渐被压缩，要在环境规制政策上实现结构、管理、技术的"三架齐驱"。一方面，要加大环境科技投入，推进节能减排技术的应用，淘汰落后产能；另一方面，借鉴发达国家先进的节能环保技术和管理经验，创造有利于节能、可再生能源研发等方面的市场环境和政策环境。

第三，实施差别化的环境规制政策，应与当地经济发展水平与产业结构状况相匹配。一方面，各地区在制定环境规制政策时，要根据当地的经济发展水平和产业结构状况，在考量环境综合承载能力基础上，充分发挥环境规制"减排"和"增效"的生态效应；另一方面，在产业转移与承接的过程中，要正确评估转出地和承接地的环境承载能力和比较优势，选择合适的产业进行转移或承接，以促进经济—环境—资源的可持续发展。中国应针对不同地区、不同污染强度的行业制定不同的环境规制政策，尤其是对高污染、高耗能和高排放的行业进行重点监督和专项治理，加大惩罚力度，实现污染严重的企业环境成本内部化，促使其进行生产调整。对轻度污染行业，环境规制强度应控制在企业可承受的范围内，建立通过环境硬约束来化解产能过剩的长效机制。既不加重企业生产经营负担，又能够利用环境规制增强自主创新能力，进而提高企业市场竞争力和活力。

第四，地方政府应积极鼓励和引导制造业企业加大研发投入，进行技术改造和技术创新，提高产品技术含量和附加值，改善产品质量和产品服务。在环境规制政策初步开始实施的过程中，由于环境规制挤占了企业的技术创新资金，政府应从资金、技术、人才等方面积极扶持技术创新水平较低的企业，在研发税收和融资方面给予政策扶持，强化环境规制对排污企业的"创新补偿效应"，鼓励企业利用技术创新创造出新的市场需求，赢得市场竞争优势。

参 考 文 献

[1] 包群，彭水军. 经济增长与环境污染：基于面板数据的联立方程估计 [J]. 世界经济，2006 (11)：48 – 58.

[2] 蔡昉，都阳，王美艳. 经济发展方式转变与节能减排的内在动力 [J]. 经济研究，2008 (6)：4 – 12.

[3] 蔡昉. 中国经济增长如何转向全要素生产率驱动型 [J]. 中国社会科学，2013 (1)：56 – 71.

[4] 陈德敏，张瑞. 环境规制对中国全要素能源效率的影响——基于省际面板数据的实证检验 [J]. 经济科学，2012 (4)：49 – 65.

[5] 陈建军，陈国亮，黄洁. 新经济地理学视角下的生产性服务业集聚及其影响因素研究 [J]. 管理世界，2009 (4)：83 – 95.

[6] 陈菁泉，刘伟，杜重华. 环境规制下全要素生产率逆转拐点的空间效应——基于省际工业面板数据的验证 [J]. 经济理论与经济管理，2016 (5)：57 – 67.

[7] 程开明，李金昌. 城市偏向、城市化与城乡收入差距的作用机制及动态分析 [J]. 数量经济技术经济研究，2007 (7)：116 – 125.

[8] 程叶青，王哲野，张守志，叶信岳，姜会明. 中国能源消费碳排放强度及其影响因素的空间计量 [J]. 经济学报，2013 (10)：1418 – 1431.

[9] 戴永安. 中国城市化效率及其影响因素——基于随机前沿生产函数的分析 [J]. 数量经济技术经济研究，2010 (12)：103 – 117.

[10] 董敏杰，梁咏梅，张其仔. 中国工业产能利用率：行业比较、地区差距及影响因素 [J]. 经济研究，2015 (1)：84 – 98.

[11] 段文斌，刘大勇，皮亚彬. 现代服务业集聚的形成机制：空间视角下的理论与经验分析 [J]. 世界经济，2016 (3)：144 – 165.

[12] 范建双，虞晓芬，张利花. 中国区域城镇化综合效率测度及动力因子分析 [J]. 地理科学，2015 (9)：1077 – 1085.

[13] 冯泰文. 生产性服务业的发展对制造业效率的影响——以交易成本和制造成本为中介变量 [J]. 数量经济技术经济研究, 2009 (3): 56 – 65.

[14] 干春晖, 郑若谷, 余典范. 中国产业结构变迁对经济增长和波动的影响 [J]. 经济研究, 2011 (5): 4 – 16.

[15] 高振宇, 王益. 我国能源生产率的地区划分及影响因素分析 [J]. 数量经济技术经济研究, 2006 (9): 46 – 57.

[16] 格鲁伯, 沃克. 陈彪如译. 服务业的增长: 原因与影响 (1989) [M]. 上海: 上海三联书店, 1993.

[17] 工业化与城市化协调发展研究课题组. 工业化与城市化关系的经济学分析 [J]. 中国社会科学, 2002 (2): 44 – 55.

[18] 公维凤, 周德群, 王传会. 全国及省级能耗强度与碳强度约束下经济增长优化研究 [J]. 财贸经济, 2012 (3): 120 – 128.

[19] 辜胜阻, 李睿. 以互联网创业引领新型城镇化 [J]. 中国软科学, 2016 (1): 6 – 16.

[20] 辜胜阻, 刘江日. 城镇化要从"要素驱动"走向"创新驱动" [J]. 人口研究, 2012 (6): 3 – 12.

[21] 顾乃华. 我国服务业发展状况区域差异及其影响因素的实证分析 [J]. 财贸经济, 2004 (9): 84 – 88.

[22] 关伟, 郑舒婷. 中国能源生态效率的空间格局与空间效应 [J]. 地理学报, 2015 (6): 980 – 992.

[23] 韩超, 张伟广, 冯展斌. 环境规制如何"去"资源配置——基于中国首次约束性污染控制的分析 [J]. 中国工业经济, 2017 (4): 115 – 134.

[24] 韩峰, 柯善咨. 追踪我国制造业集聚的空间来源: 基于马歇尔外部性与新经济地理的综合视角 [J]. 管理世界, 2012 (10): 55 – 70.

[25] 韩峰, 王琢卓, 阳立高. 生产性服务业集聚、空间技术溢出效应与经济增长 [J]. 产业经济研究, 2014 (2): 1 – 10.

[26] 韩晶, 王赟, 陈超凡. 中国工业碳排放绩效的区域差异及影响因素研究——基于省域数据的空间计量分析 [J]. 经济社会体制比较, 2015 (1): 113 – 124.

[27] 胡秋阳. 回弹效应与能源效率政策的重点产业选择 [J]. 经济研究, 2014 (2): 128 – 140.

[28] 胡霞. 中国城市服务业空间集聚变动趋势研究 [J]. 财贸经济, 2008 (6): 103 – 107.

［29］黄亮雄，王贤彬，刘淑林，韩永辉．中国产业结构调整的区域互动——横向省际竞争和纵向地方跟进［J］．中国工业经济，2015（8）：82 – 97．

［30］黄群慧．"新常态"、工业化后期与工业增长新动力［J］．中国工业经济，2014（10）：5 – 19．

［31］黄志基，贺灿飞，杨帆，周沂．中国环境规制、地理区位与企业生产率增长［J］．地理学报，2015（10）：1581 – 1591．

［32］简新华，罗钜钧，黄锟．中国城镇化的质量问题和健康问题［J］．当代财经，2013（9）：5 – 16．

［33］江飞涛，耿强，吕大国，李晓萍．地区竞争、体制扭曲与产能过剩的形成机理［J］．中国工业经济，2012（6）：44 – 56．

［34］金碚．中国经济发展新常态研究［J］．中国工业经济，2015（1）：5 – 18．

［35］金浩，李瑞晶，李媛媛．基于ESDA – GWR的三重城镇化协调性空间分异及驱动力研究［J］．统计研究，2018（1）：75 – 81．

［36］金晓雨．中国生产性服务业发展与城市生产率研究［J］．产业经济研究，2015（6）：32 – 41．

［37］柯善咨，赵曜．产业结构、城市规模与中国城市生产率［J］．经济研究，2014（4）：76 – 88．

［38］蓝庆新，陈超凡．新型城镇化推动产业结构升级了吗？——基于中国省际面板数据的空间计量研究［J］．财经研究，2013（12）：57 – 71．

［39］蓝庆新，刘昭洁，彭一然．中国新型城镇化质量评价指标——基于2003—2014年31个省市的空间差异研究［J］．南方经济，2017（1）：111 – 126．

［40］雷明，虞晓霞．我国低碳经济增长的测算和动态作用机制——基于非期望DEA和面板VAR模型的分析［J］．经济科学，2015（2）：44 – 57．

［41］李兰冰．中国全要素能源效率评价与解构：基于"管理 – 环境"双重视角［J］．中国工业经济，2012（6）：57 – 69．

［42］李林，丁艺，刘志华．金融集聚对区域经济增长溢出作用的空间计量分析［J］．金融研究，2011（5）：113 – 123．

［43］李梦洁，杜威剑．环境规制与就业的双重红利适用于中国现阶段吗？——基于省际面板数据的经验分析［J］．经济科学，2014（4）：14 – 26．

［44］李梦蕴，谢建国，张二震．中国区域能源效率差异的收敛性分析——基于中国省区面板数据研究［J］．经济科学，2014（1）：23 – 38．

［45］李培．中国城市经济增长的效率与差异［J］．数量经济技术经济研究，

2007（7）：97-106.

[46] 李小平，卢现祥. 中国制造业的结构变动和生产率增长 [J]. 世界经济，2007（5）：52-64.

[47] 李晓萍，李平，吕大国，江飞涛. 经济集聚，选择效应与企业生产率 [J]. 管理世界，2015（4）：25-37.

[48] 林伯强，杜克锐. 理解中国能源强度的变化：一个综合的分解框架 [J]. 世界经济，2014（4）：69-87.

[49] 林伯强，杜克锐. 要素市场扭曲对能源效率的影响 [J]. 经济研究，2013（9）：125-136.

[50] 林伯强，刘希颖，邹楚沅，刘霞. 资源税改革：以煤炭为例的资源经济学分析 [J]. 中国社会科学，2012（2）：58-78.

[51] 林毅夫，孙希芳，姜烨. 经济发展中的最优金融结构理论初探 [J]. 经济研究，2009（8）：4-17.

[52] 林毅夫，巫和懋，邢亦青. "潮涌现象"与产能过剩的形成机制 [J]. 经济研究，2010（10）：4-19.

[53] 刘航，孙早. 城镇化动因扭曲与制造业产能过剩——基于2001—2012年中国省级面板数据的经验分析 [J]. 中国工业经济，2014（11）：5-17.

[54] 刘家骏，董锁成，李宇. 产业结构对区域能源效率贡献的空间分析——以中国大陆31省（自治区、直辖市）为例 [J]. 自然资源学报，2011（12）：1999-2011.

[55] 刘军，黄解宇，曹利军. 金融集聚影响实体经济机制研究 [J]. 管理世界，2007（4）：152-153.

[56] 刘生龙，胡鞍钢. 基础设施的外部性在中国的检验：1988—2007 [J]. 经济研究，2010（3）：4-15.

[57] 刘胜，顾乃华. 行政垄断、生产性服务业集聚与城市工业污染——来自260个地级及以上城市的经验证据 [J]. 财经研究，2015（11）：95-107.

[58] 刘伟，张辉，黄泽华. 中国产业结构高度与工业化进程和地区差异的考察 [J]. 经济学动态，2008（11）：4-8.

[59] 刘修岩，李松林，秦蒙. 城市空间结构与地区经济效率——兼论中国城镇化发展道路的模式选择 [J]. 管理世界，2017（1）：51-64.

[60] 刘彦随，杨忍. 中国县域城镇化的空间特征与形成机理 [J]. 地理学报，2012（8）：1011-1020.

[61] 刘燕妮，安立仁，金田林. 经济结构失衡背景下的中国经济增长质量

[J]. 数量经济技术经济研究, 2014 (2): 20 - 35.

[62] 陆铭, 陈钊. 城市化、城市倾向的经济政策与城乡收入差距 [J]. 经济研究, 2004 (6): 50 - 58.

[63] 陆铭, 冯皓. 集聚与减排: 城市规模差距影响工业污染强度的经验研究 [J]. 世界经济, 2014 (7): 86 - 114.

[64] 陆铭, 向宽虎. 地理与服务业——内需是否会使城市体系分散化? [J]. 经济学 (季刊), 2012 (3): 1079 - 1096.

[65] 马丽, 金凤君, 刘毅. 中国经济与环境污染耦合度格局及工业结构解析 [J]. 地理学报, 2012 (10): 1299 - 1307.

[66] 蒙荫莉. 金融深化、经济增长与城市化的效应分析 [J]. 数量经济技术经济研究, 2003 (4): 138 - 140.

[67] 潘雄锋, 杨越, 张维维. 我国区域能源效率的空间溢出效应研究 [J]. 管理工程学报, 2014 (4): 132 - 136.

[68] 彭冲, 陈乐一, 韩峰. 新型城镇化与土地集约利用的时空演变及关系 [J]. 地理研究, 2014 (11): 2005 - 2020.

[69] 彭冲, 李春凤, 李玉双. 产业结构变迁对经济波动的动态影响研究 [J]. 产业经济学, 2013 (3): 91 - 100.

[70] 彭建, 王仰麟, 叶敏婷, 常青. 区域产业结构变化及其生态环境效应——以云南省丽江市为例 [J]. 地理学报, 2005 (5): 798 - 806.

[71] 仇保兴. 新型城镇化: 从概念到行动 [J]. 行政管理改革, 2012 (12): 11 - 18.

[72] 齐绍洲, 罗威. 中国地区经济增长与能源消费强度差异分析 [J]. 经济研究, 2007 (7): 74 - 81.

[73] 钱争鸣, 刘晓晨. 环境管制、产业结构调整与地区经济发展 [J]. 经济学家, 2014 (7): 73 - 81.

[74] 秦炳涛. 中国区域能源效率研究——地级市的视角 [J]. 世界经济文汇, 2014 (1): 95 - 104.

[75] 屈小娥. 中国省际全要素能源效率变动分解——基于 Malmquist 指数的实证研究 [J]. 数量经济技术经济研究, 2009 (8): 29 - 43.

[76] 任远. 人的城镇化: 新型城镇化的本质研究 [J]. 复旦学报, 2014 (4): 134 - 139.

[77] 单豪杰. 中国资本存量 K 的再估算: 1952 - 2006 年 [J]. 数量经济技术经济研究, 2008 (10): 17 - 31.

[78] 沈坤荣，金刚，方娴．环境规制引起了污染就近转移吗？——来自中国地级及以上城市的证据 [J]．经济研究，2017（5）：21－37.

[79] 师博，沈坤荣．市场分割下的中国全要素能源效率：基于超效率 DEA 方法的经验检验 [J]．世界经济，2008（9）：49－59.

[80] 史丹，吴利学，傅晓霞，吴滨．中国能源效率地区差异及其成因研究——基于随机前沿生产函数的方差分解 [J]．管理世界，2008（2）：35－43.

[81] 孙广生，杨先明，黄玮．中国工业行业的能源效率（1987—2005）——变化趋势、节能潜力与影响因素研究 [J]．中国软科学，2011（11）：29－39.

[82] 孙国茂，范跃进．金融中心的本质、功能和路径选择 [J]．管理世界，2013（11）：1－13.

[83] 孙晶，李涵硕．金融集聚与产业结构升级——来自2003—2007年省际经济数据的实证分析 [J]．经济学家，2012（3）：80－86.

[84] 孙祁祥，王向楠，韩文龙．城镇化对经济增长作用的再审视：基于经济学文献的分析 [J]．经济学动态，2013（11）：20－27.

[85] 孙晓华，刘小玲，瞿钰．地区产业结构优度的测算及应用 [J]．统计研究，2017（12）：48－62.

[86] 谭洪波．细分贸易成本对中国制造业和服务空间集聚影响的实证研究 [J]．中国工业经济，2013（9）：147－159.

[87] 王迪，聂锐，赵月英，龙如银．结构变动、技术进步的节能测算与区域比较——基于中国东部的实证分析 [J]．科研管理，2011（6）：59－66.

[88] 王菲，董锁成，毛琦梁．中国工业结构演变及其环境效应时空分异 [J]．地理研究，2014（10）：1793－1806.

[89] 王锋，冯根福．基于 DEA 窗口模型的中国省际能源与环境效率评估 [J]．中国工业经济，2013（7）：56－68.

[90] 王杰，刘斌．环境规制与企业全要素生产率——基于中国工业企业数据的经验分析 [J]．中国工业经济，2014（3）：44－56.

[91] 王立国，赵婉妤．我国金融发展与产业结构升级研究 [J]．财经问题研究，2015（1）：22－29.

[92] 王强，樊杰，伍世代．1990—2009年中国区域能源效率时空分异特征与成因 [J]．地理研究，2014（1）：43－56.

[93] 王秋彬．工业行业能源效率与工业结构优化升级——基于2000—2006年省际面板数据的实证研究 [J]．数量经济技术经济研究，2010（10）：49－63.

[94] 王伟同．城市化进程与城乡基本公共服务均等化 [J]．财贸经济，

2009（2）：40 - 45.

[95] 王文举，向其凤. 中国产业结构调整及其节能减排潜力评估 [J]. 中国工业经济，2014（1）：44 - 56.

[96] 王艳飞，刘彦随，严镔，李裕瑞. 中国城乡协调发展格局特征及影响因素 [J]. 地理科学，2016（1）：20 - 28.

[97] 王玉潜. 能源消耗强度变动的因素分析方法及其应用 [J]. 数量经济技术经济研究，2003（8）：151 - 154.

[98] 魏楚，沈满洪. 结构调整能否改善能源效率：基于中国省级数据的研究 [J]. 世界经济，2008（1）：77 - 85.

[99] 魏楚，沈满洪. 能源效率及其影响因素：基于 DEA 的实证分析 [J]. 管理世界，2007（8）：66 - 76.

[100] 魏后凯，苏红健，韩镇宇. 中国城镇化效率评价分析 [J]. 中国地质大学学报（社会科学版），2017（2）：65 - 73.

[101] 魏后凯，张燕. 全面推进中国城镇化绿色转型的思路与举措 [J]. 经济纵横，2011（9）：15 - 19.

[102] 魏守华，陈扬科，陆思桦. 城市蔓延、多中心集聚与生产率 [J]. 中国工业经济，2016（8）：58 - 75.

[103] 吴琦，武春友. 我国能源效率关键影响因素的实证研究 [J]. 科研管理，2010（5）：164 - 171.

[104] 席强敏，陈曦，李国平. 中国城市生产性服务业模式选择研究——以工业效率提升为导向 [J]. 中国工业经济，2015（2）：18 - 30.

[105] 夏业良，程磊. 外商直接投资对中国工业企业技术效率的溢出效应研究——基于 2002—2006 年中国工业企业数据的实证分析 [J]. 中国工业经济，2010（7）：55 - 65.

[106] 肖挺，刘华. 产业结构调整与节能减排问题的实证研究 [J]. 经济学家，2014（9）：58 - 68.

[107] 谢家智，王文涛. 金融发展的经济增长效率：影响因素与传递机理 [J]. 财贸经济，2013（7）：59 - 67.

[108] 熊湘辉，徐璋勇. 中国新型城镇化水平及动力因素测度研究 [J]. 数量经济技术经济研究，2018（2）：44 - 63.

[109] 徐朝阳，周念利. 市场结构内生变迁与产能过剩治理 [J]. 经济研究，2015（2）：75 - 87.

[110] 徐海洋，陈乐天，罗美思. "合意"的产能利用率是多少？[R]. 日

信证券产能过剩系列研究报告，2013.

[111] 徐盈之，管建伟. 中国区域能源效率趋同性研究：基于空间经济学视角 [J]. 财经研究，2011（1）：112-123.

[112] 许和连，邓玉萍. 外商直接投资导致了中国的环境污染吗？——基于中国省际面板数据的空间计量研究 [J]. 管理世界，2012（2）：30-43.

[113] 宣烨. 生产性服务业空间集聚与制造业效率提升——基于空间外溢效应的实证研究 [J]. 财贸经济，2012（4）：121-128.

[114] 薛德升，曾献君. 中国人口城镇化质量评价及省际差异分析 [J]. 地理学报，2016（2）：194-204.

[115] 杨仁发. 产业集聚与地区工资差距——基于我国269个城市的实证研究 [J]. 管理世界，2013（8）：41-52.

[116] 杨振兵，张诚. 产能过剩与环境治理双赢的动力机制研究——基于生产侧和消费侧的产能利用率分解 [J]. 当代经济科学，2015（6）：42-52.

[117] 于斌斌. 产业结构调整如何提高地区能源效率？——基于幅度与质量双维度的实证考察 [J]. 财经研究，2017a（1）：86-97.

[118] 于斌斌. 产业结构调整与生产率提升的经济增长效应——基于中国城市动态空间面板模型的分析 [J]. 中国工业经济，2015（12）：83-98.

[119] 于斌斌，陈露. 新型城镇化能化解产能过剩吗？[J]. 数量经济技术经济研究，2019（1）：22-41.

[120] 于斌斌. 基于产业链与技术链融合的浙江纺织产业升级 [J]. 纺织学报，2015（6）：148-154.

[121] 于斌斌，金刚，程中华. 环境规制的经济效应："减排"还是"增效"[J]. 统计研究，2019（2）：88-100.

[122] 于斌斌，金刚. 中国城市结构调整与模式选择的空间溢出效应 [J]. 中国工业经济，2014（2）：31-44.

[123] 于斌斌. 金融集聚促进了产业结构升级吗：空间溢出的视角——基于中国城市动态空间面板模型的分析 [J]. 国际金融研究，2017b（2）：12-23.

[124] 于斌斌，陆立军. 专业市场线上线下双渠道选择的策略研究 [J]. 科研管理，2019（11）：185-195.

[125] 于斌斌，申晨. 产业结构、空间结构与城镇化效率 [J]. 统计研究，2020（2）：65-79.

[126] 于斌斌. 生产性服务业集聚能提高制造业生产率吗？——基于行业、地区和城市异质性视角的分析 [J]. 南开经济研究，2017c（2）：112-132.

［127］于斌斌.生产性服务业集聚如何促进产业结构升级？——基于集聚外部性与城市规模约束的实证分析［J］.经济社会体制比较，2019（2）：30－43.

［128］于斌斌.生产性服务业集聚与能源效率提升［J］.统计研究，2018（4）：30－40.

［129］于斌斌，杨宏翔，金刚.产业集聚能提高地区经济效率吗？——基于中国城市数据的空间计量分析［J］.中南财经政法大学学报，2015（3）：121－130.

［130］于斌斌，余雷.基于演化博弈的集群企业创新模式选择研究［J］.科研管理，2015（4）：30－38.

［131］于斌斌.中国城市群产业集聚与经济效率差异的门槛效应研究［J］.经济理论与经济管理，2015（3）：60－73.

［132］于斌斌.中国城市生产性服务业集聚模式选择的经济增长效应——基于行业、地区与城市规模异质性的空间杜宾模型分析［J］.经济理论与经济管理，2016（1）：98－112.

［133］余永泽，刘大勇，宣烨.生产性服务业集聚对制造业生产效率的外溢效应及其衰减边界——基于空间计量模型的实证分析［J］.金融研究，2016（2）：23－36.

［134］余泳泽，宣烨，沈扬扬.金融集聚对工业效率提升的空间外溢效应［J］.世界经济，2013（2）：93－116.

［135］余壮雄，杨扬.大城市的生产率优势：集聚与选择［J］.世界经济，2014（10）：31－51.

［136］袁晓玲，张宝山，杨万平.基于环境污染的中国全要素能源效率研究［J］.中国工业经济，2009（2）：76－89.

［137］原毅军，郭丽丽，孙佳.结构、技术、管理与能源利用效率——基于2000—2010年中国省际面板数据的分析［J］.中国工业经济，2012（7）：18－30.

［138］Acemoglu, D., Zilibotti, F. Productivity Difference［J］. The Quarterly Journal of Economics, 2001, 16（2）：563－606.

［139］Alberti, M. The Effects of Urban Patterns on Ecosystem Function［J］. International Regional Science Review, 2014, 28（2）：168－192.

［140］Alessandrini, P., Presbitero, A. F., Zazzaro, A. Bank Size or Distance：What Hampers Innovation Adoption by SMEs? ［J］. Journal of Economic Geography, 2010, 10（6）：845－881.

[141] Almeida, H. , Wolfenzon, D. The Effect of External Finance on the Equilibrium Allocation of Capital [J]. Journal of Financial Economics, 2005, 75 (1): 133 – 164.

[142] Almeida, T. A. D. N. , Cruz, L. , Barata, E. , García – Sánchez, I. Economic Growth and Environmental Impacts: An Analysis Based on a Composite Index of Environmental Damage [J]. Ecological Indicator, 2017, 76: 119 – 130.

[143] Alonso, W. Urban Zero Population Growth [J]. Daedalus, 1973, 102 (4): 191 – 206.

[144] An, L. , Linderman, M. , Qi, J. G, Shortridge, A. , Liu, J. G. Exploring Complexity in a Human-environment System: An Agent-based Spatial Model for Multidisciplinary and Multiscale Integration [J]. Annals of the Association of American Geographers, 2005, 95 (1): 54 – 79.

[145] Anselin, L. , Gallo, J. L. , Jayet, H. Spatial Panel Econometrics [J]. The Econometrics of Panel Data, 2008 (46): 625 – 660.

[146] Antweiler, W. , Copeland, B. R. , Taylor, M. S. Is Free Trade Good for the Environment? [J]. American Economic Review, 2001, 91 (4): 877 – 908.

[147] Arabi, Behrouz. , Munisamy, Susila. , Emrouznejad, Ali. , Shadman, Foroogh. Power Industry Restructuring and Eco-efficiency Changes: A New Slacks-based Model in Malmquist – Luenberger Index Measure [J]. Energy Policy, 2014, 68: 132 – 145.

[148] Arimoto, Y. , Nakajima, K. , Okazaki, T. Sources of Productivity Improvement in Industrial Clusters: The Case of the Prewar Japanese Silk-reeling Industry [J]. Regional Science and Urban Economics, 2014, 46 (1): 27 – 41.

[149] Arnold, J. M. , Javorcik, B. S. , Mattoo, A. Does Services Liberation Benefit Manufacturing Firms?: Evidence from the Czech Republic [J]. Journal of International Economics, 2012, 85 (1): 136 – 146.

[150] Arrow, K. J. The Economic Implications of Learning by Doing [J]. The Review of Economic Studies, 1962, 29 (3): 155 – 173.

[151] Azman – Saini, W. N. W. , Law, S. H. , Ahmad, A. H. FDI and Economic Growth: New Evidence on the Role of Financial Markets [J]. Economics Letters, 2010, 107 (2): 211 – 213.

[152] Baldwin, E. , Okubo, T. Heterogeneous Firms, Agglomeration and Economic Geography: Spatial Selection and Sorting [J]. Journal of Economic Geography,

2006, 6 (3): 323 – 346.

[153] Barbera, A. J. , McConnel, V. D. The Impact of Environmental Regula-tion on Industry Productivity: Direct and Indirect Effects [J]. Journal of Environmental Economics and Management, 1990, 18 (1): 50 – 65.

[154] Bas, M. Does Services Liberalization Affect Manufacturing Firms' Export Performance? Evidence from India [J]. Journal of Comparative Economics, 2014, 42 (3): 569 – 589.

[155] Basu, S. , Weil, D. N. Appropriate Technology and Growth [J]. The Quarterly Journal of Economics, 1998, 113 (4): 1025 – 1054.

[156] Becker, R. A. Local Environmental Regulation and Plant-level Productivity [J]. Ecological Economics, 2011, 70 (12): 2516 – 2522.

[157] Behrens, K. , Duranton, G. , Robert – Nicoud, F. Productive Cities: Sorting, Selection, and Agglomeration [J]. Journal of Political Economy, 2014, 122 (3): 507 – 553.

[158] Bencivenga, V. R. , Smith, B. D. Financial International and Endogenous Growth [J]. Review of Economic Studies, 1991, 58 (2): 195 – 209.

[159] Berkhout, F. , Hertin, J. De-materialising and Re-materialising: Digital Technologies and the Environment [J]. Futures, 2004, 36 (8): 903 – 920.

[160] Berndt, E. R. , Morrison, C. J. Capacity Utilization Measures: Underly-ing Economic Theory and Alternative Approach [J]. American Economic Review, 1981, 71 (2): 48 – 52.

[161] Binh, K. B. , Park, S. Y. , Shin, S. Financial Structure and Industrial Growth: A Direct Evidence from OECD Countries [R]. Working Paper, 2005.

[162] Blanchard, O. J. , Dell'Ariccia, G. , Paolo, M. Rethinking Macroeco-nomic Policy [J]. Journal of Money, Credit and Banking, 2010, 42 (s1): 199 – 215.

[163] Blinder, A. S. The Anatomy of Double – Digit Inflation in the 1970s Infla-tion: Causes and Effects [M]. Chicago: The University of Chicago Press, 1982.

[164] Boschma, R. , Minondo, A. , Navarro, M. The Emergence and Indus-tries at the Regional Level in Spain: A Proximity Approach Based on Product Related-ness [J]. Economic Geography, 2013, 89 (1): 29 – 51.

[165] Boyd, G. A. , Mcclell, J. D. The Impact of Environmental Constraint on Productivity Improvement in Integrate Paper Plants [J]. Journal of Environmental Eco-

nomics and Management, 1999, 38 (2): 121 – 142.

［166］Brezzi, M., Venerri, P. Assessing Polycentric Urban Systems in the OECD: Country, Regional and Metropolitan Perspective ［R］. OECD Regional Development Working Paper, 2014.

［167］Buera, F., Kaboski, J., Shin, Y. Finance and Development: A Tale of Two Sectors ［R］. NBER Working Paper, 2010.

［168］Bunse, K., Vodicka, P., Schönsleben, P., Brülhart, M., Ernst, F. O. Integrating Energy Efficiency Performance in Production Management-gap Analysis between Industrial Needs and Scientific Literature ［J］. Journal of Clearner Production, 2011, 19 (6 – 7): 667 – 679.

［169］Burton, M. L., Samuelson, L. J. Influence of Urbanization on Riparian Forest Diversity and Structure in Georgia Piedmont ［J］. US. Plant Ecology, 2008, 195 (1): 99 – 115.

［170］Cainelli, G., Fracasso, A., Marzetti, G. V. Spatial Agglomeration and Productivity in Italy: A Panel Smooth Transition Regression Approach ［J］. Papers in Regional Science, 2014, 93 (3): 1 – 29.

［171］Camagni, R., Capellp, R., Caragliu, A. Static vs. Dynamic Agglomeration Economics: Spatial Context and Structural Evolution behind Urban Growth ［J］. Papers in Regional Science, 2015, 95 (1): 133 – 158.

［172］Capello, R. Recent Theoretical Paradigm in Urban Growth ［J］. European Planning Studies, 2013, 21 (3): 316 – 333.

［173］Carter, R. A. Innovation without in Urban System: the Interrelationships between Urban and National Economic Development ［J］. Annals of Regional Science, 1988, 22 (3): 66 – 79.

［174］Chang, T. P., Hu, J. L. Total-factor Energy Productivity Growth, Technical Progress and Efficiency Change: A Empirical Study of China ［J］. Applied Energy, 2010, 87: 3262 – 3270.

［175］Chen, B., Bai, Z., Cui, X., Chen, J., Anderson, A., Gustafsson, Ö. Light Absorption Enhancement of Black Carbon from Urban Haze in Northern China Winter ［J］. Environmental Pollution, 2017, 221: 418 – 426.

［176］Chenery, H. B., Robinson, S., Syrquin, M. Industrializtion and Growth: A Comparative Study ［M］. Cambridge : Oxford University Press, 1986.

［177］Cheng, Z. H., Li, L. S., Liu, J. Identifying the Spatial Effects and

Driving Factors of Urban PM$_{2.5}$ Pollution in China [J]. Ecological Indicators, 2017, 82: 61 – 75.

[178] Cheng, Z. H. , Li, L. S. , Liu, J. , Zhang, H. M. Total-factor Carbon Emission Efficiency of China's Provincial Industrial Sector and Its Dynamic Evolution [J]. Renewable and Sustainable Energy Reviews, 2018, 94: 330 – 339.

[179] Chen, M. X. , Liu, W. D. , Lu, D. D. , Chen, H. , Ye, C. Progress of China's New-type Urbanization Construction since 2014: A Preliminary Assessment [J]. Cities, 2018, 78: 180 – 193.

[180] Chen, Z. , Wang, J. N. , Ma, G. X. , Zhang, Y. S. China Tackles the Health Effects of Air Pollution [J]. The Lancet, 2013, 382 (9909): 1959 – 1960.

[181] Chikaraishi, M. , Fujiwara, A. , Kaneko, S. , Poumanyvong, P. , Komatsu, S. , Kalugin, A. The Moderating Effects of Urbanization on Carbon Dioxide Emission: A Latent Class Modeling Approach [J]. Technological Forecasting and Social Change, 2015, 90: 302 – 317.

[182] Ciccone, A. Agglomeration Effects in Europe [J]. European Economic Review, 2002, 46 (2): 213 – 227.

[183] Ciccone, A. , Hall, R. E. Productivity and the Density of Economic Activity [J]. American Economic Review, 1996, 86 (1): 54 – 70.

[184] Cole, M. A. , Elliott, R. J. R. Determining the Trade-environment Composition Effect: The Role of Capital, Labor and Environmental Regulation [J]. Journal of Environmental Economics and Management, 2003, 46 (3): 363 – 383.

[185] Combes, P. P. Economic Structure and Local Growth: France, 1984 – 1993 [J]. Journal of Urban Economic, 2000, 47 (3): 329 – 355.

[186] Combes, P. P. , G. Duranton, L. Gobillon, D. Puga, and S. Roux. Productivity Advantages of Large Cities: Distinguishing Agglomeration from Firm Selection [J]. Econometrics, 2012, 80 (6): 2543 – 2594.

[187] Costa – Campi, M. T. , Garcia – Quevedo, J. , Segarra – Blasco, A. Energy Efficiency Determinants: An Empirical Analysis of Spanish Innovative Firms [J]. Energy Policy, 2015, 83: 229 – 239.

[188] Cotugno, M. , Monferra, S. , Sampagnaro, G. Relationship Lending, Hierarchy Distance and Credit Tightening: Evidence from the Financial Crisis [J]. Journal of Banking and Finance, 2013, 37 (5): 1372 – 1385.

[189] Crozet, M. Do Migrants Follow Market Potentials? An Estimation of a

New Economic Geography Model [J]. Journal of Economic Geography, 2004, 4 (4): 439 - 458.

[190] Daniels, P. W. The Locational Geography of Advanced Producer Services Firms in the United Kingdom [J]. Progress in Planning, 1995, 43 (2 - 3): 128 - 138.

[191] DaRin, M., Hellmann, T. Banks as Catalysts for Industrialization [J]. Journal of Financial Intermediation, 2002 (11): 366 - 397.

[192] Davis, J. C., Henderson, J. V. Evidence on the Political Economy of the Urbanization Progress [J]. Journal of Urban Economics, 2003, 53 (1): 98 - 125.

[193] Deng, X., Huang, J., Rozelle, S., Zhang, J. P., Li, Z. H. Impact of Urbanization on Cultivated land Changes in China [J]. Land Use Policy, 2015, 45: 1 - 7.

[194] Dergiades, T., Tsoulfidis, L. A New Method for the Estimation of Capacity Utilization Theory and Empirical Evidence from 14 EU Countries [J]. Bulletin of Economic Research, 2007, 59 (4): 361 - 381.

[195] Dogan, E., Turkekul, B. CO_2 Emissions, Real Output, Energy Consumption, Trade, Urbanization and Financial Development: Testing the EKC Hypothesis for USA [J]. Environmental Science and Pollution Research, 2016, 23 (2): 1203 - 1213.

[196] Dong, F., Bian, Z. F., Yu, B. L., Wang, Y., Zhang, S. N., Li, J. Y., Su, B. L., Long, R. Y. Can Land Urbanization Help to Achieve CO_2 Intensity Reduction Target or Hinder it? Evidence from China [J]. Resources Conservation and Recycling, 2018, 134: 206 - 215.

[197] Drucker, J., Feser, E. Regional Industrial Structure and Agglomeration Economies: An Analysis of Productivity in Three Manufacturing Industries [J]. Regional Science and Urban Economics, 2012, (42): 1 - 14.

[198] Duranton, G., Puga, D. Diversity and Specialization in Cities: Why, Where and When Does It Matter? [J]. Urban Studies, 2000, 37 (3): 533 - 555.

[199] Duranton, G., Puga, D. Nursery Cities: Urban Diversity, Process Innovation, and the Life Cycle of Products [J]. The American Economic Review, 2001, 91 (5): 1454 - 1477.

[200] Elhorst, J. P. Dynamic Spatial Panels: Models, Methods, and Inferences [J]. Journal of Geographical System, 2012, 14 (1): 5 - 28.

［201］ Elhorst, J. P. Unconditional Maximum Likelihood Estimation of Linear and Log-linear Dynamic Models for Spatial Panels ［J］. Geographical Analysis, 2005, 37 (1): 85 – 106.

［202］ Elhorst, P. Applied Spatial Econometrics: Raising the Bar ［J］. Spatial Economic Analysis, 2010, 5 (1): 9 – 28.

［203］ Esposito, F. F., Louis, E. Excess Capacity and Market Structure ［J］. Review of Economics and Statistics, 1974, 56 (2): 188 – 194.

［204］ Eswaran, M., Kotwal, A. The Role of the Service Sector in the Process of Industrialization ［J］. Journal of Development Economics, 2002, 68 (2): 401 – 420.

［205］ Fang, W., An, H. Z., Li, H. J., Gao, X. Y., Sun, X. Q., Zhong, W. Q. Accessing on the Sustainablity of Urban Ecological – Economic Systems by Means of a Coupled Energy and System Dynamic Model: A Case Study of Beijing ［J］. Energy Policy, 2017, 100: 326 – 337.

［206］ Fare, R., Grosskopf, S., Kokkelenberg, E. C. Measuring Plant Capacity, Utilization and Technical Change: A Nonparametric Approach ［J］. International Economic Review, 1989, 30 (3): 655 – 666.

［207］ Feser, E. Tracing the Sources of Local External Economies ［J］. Urban Studies, 2002, 39 (13): 2485 – 2506.

［208］ Findeisen, S., Südekum, J. Industry Churning and the Evolution of Cities: Evidence for Germany ［J］. Journal of Urban Economics, 2008, 64 (2): 326 – 339.

［209］ Fogarty, M. S., Garofalo, G. A. Urban Spatial Structure and Productivity Growth in the Manufacturing Sector of Cities ［J］. Journal of Urban Economics, 1998, 23 (1): 60 – 70.

［210］ Forslid, R., Okubo, T. Which Firms Are Left in the Periphery? Spatial Sorting of Heterogeneous Firms with Scale Economies in Transportation ［J］. Journal of Regional Science, 2015, 55 (1): 51 – 65.

［211］ Fujita, M., Ogawa, H. Multiple Equilibria and Structural Transition of Non – Monocentric Urban Configurations ［J］. Regional Science and Urban Economic, 1982, 12 (2): 161 – 196.

［212］ Fukao, K., Ikeuchi, K., Kim, Y., Kwon, U. Do More Productive Firms Locate New Factories in More Productive Location? An Empirical Analysis Based on Panel Data from Japan's Census of Manufactures [R]. RIETI discussion Paper, 2011.

[213] Gale, A., Boyd, E., Mark, C. Evidence of an "Energy – Management" in U. S. Manufacturing: Spillovers from Firm Management Practices to Energy Efficiency [J]. Journal of Environmental Economics and Management, 2014, 68 (3): 463 – 479.

[214] Gao, T. Regional Industrial Growth: Evidence from Chinese Industries [J]. Regional Science and Urban Economics, 2004, 34 (1): 101 – 124.

[215] Gaubert, C. Firm Sorting and Agglomeration [J]. American Economic Review, 2018, 108 (11): 3117 – 3153.

[216] Gehrig, T. Cities and the Geography of Financial Centers [M]. London: Cambridge University Press, 2000.

[217] Getis, A., Griffth, D. Comparative Spatial Filtering in Regression Analysis [J]. Geographical Analysis, 2002, 34 (2): 130 – 140.

[218] Getis, A., Ord, J. K. The Analysis of Spatial Association by Use of Distance Statistics [J]. Geographical Analysis, 1992, 24 (3): 189 – 206.

[219] Glaeser, E. L., Kallal, H. D., Scheinkman, J. A, Shleifer, A. Growth in Cities [J]. Journal of Political Economy, 1992, 100 (6): 1126 – 1152.

[220] Glaeser, E. L., Ponzetto, G. A. M., Zou, Y. Urban Networks: Connecting Markets, People, and Ideas [J]. Papers in Regional Science, 2016, 95 (1): 17 – 59.

[221] Glaeser, E. L. The Weather of Cities: Agglomeration Economies and Spatial Equilibrium in the United States [J]. Journal of Economic Literature, 2009, 47 (4): 983 – 1028.

[222] Gómez – Calvet, R., Conesa, D., Gómez – Calvet, A. R., Tortosa – Ausina, E. Extending the Use of Super-efficiency Under Undesirable Output: An Application to Energy Efficiency in the European Union [R]. Working Paper, 2014.

[223] Gollop, F. M., Roberts, M. J. Environmental Regulation and Productivity Growth: The Case of Fossil-fueled Electric Power Generation [J]. The Journal of Political Economy, 1983, 91 (4): 654 – 674.

[224] Grafts, N. Regulation and Productivity Performance [J]. Oxford Review of Economic Policy, 2006, 22 (2): 186 – 202.

［225］ Gray, W. B. , Shadbegian, R. J. Environment Regulation, Investment Timing, and Technology Choice ［J］. The Journal of Industrial Economics, 1998, 46 (2): 235 – 256.

［226］ Gray, W. B. The Cost of Regulation: OSHA, EPA and the Productivity Slowdown ［J］. American Economic Review, 1987, 77 (5): 998 – 1006.

［227］ Greening, L. A. , Davis, W. B. , Schipper, L. , Khrushch, M. Comparison of Six Decomposition Methods: Application to Aggregate Energy Intensity for Manufacturing in 10 OECD Countries ［J］. Energy Economics, 1997, 19 (3): 375 – 390.

［228］ Greenwood, J. , Jovanovic, B. Financial Development, Growth, and the Distribution of Income ［J］. Journal of Political Economy, 1990, 98 (5): 1076 – 1107.

［229］ Griffth, D. A Linear Regression Sohition to the Spatial Autocorrelation Problem ［J］. Journal of Geographical Systems, 2000, 2 (2): 141 – 156.

［230］ Guan, X. L. , Wei, H. K. , Lu, S. S. , Dai, Q. , Su, H. J. Assessment on the Urbanization Strategy in China: Achievements, Challenges and Reflections ［J］. Habital International, 2018, 71: 97 – 109.

［231］ Gu, C. , Wu, L. , Cook, L. Progress in research on Chinese urbanization ［J］. Frontiers of Architectural Research, 2012, 1 (2): 101 – 149.

［232］ Hamamoto, M. Environmental Regulation and the Productivity of Japanese Manufacturing Industries ［J］. Resource and Energy Economics, 2006, 28 (4): 299 – 312.

［233］ Han, F. , Xie, R. , Lu, Y. , Fang, J. , Liu, Y. The Effects of Urban Agglomeration Economics on Carbon Emissions: Evidence from Chinese Cities ［J］. Journal of Cleaner Production, 2018, 172: 1096 – 1110.

［234］ Hansen, B. E. , Sample Splitting and Threshold Estimation ［J］. Econometrica, 2000, 68 (3): 575 – 603.

［235］ Hanssens, H. , Derudder, B. , Witlox, F. Are Advanced Producer Services Connectors for Regional Economies? An Exploration of the Geographies of Advanced Producer Service Procurement in Belgium ［J］. Geoforum, 2013, 47 (2): 12 – 21.

［236］ Harberger, A. C. A Vision of the Growth Process ［J］. American Economic Review, 1998, 88 (1): 1 – 32.

［237］Harris, C. The Market as a Factor in the Localization and Geographic Concentration ［J］. Annals of the Association of American Geographers, 1954 (64)：315 – 348.

［238］Harris, J. P. , Todaro, M. P. Migration, Unemployment and Development：A Two-sector Analysis ［J］. American Economic Review, 1970, 60 (1)：126 – 142.

［239］Hayes, J. K. The Developing Carbon Financial Service Industry：Expertise, Adaptation and Complementarities in London and New York ［J］. Journal of Economic Geography, 2009, 9 (6)：749 – 777.

［240］Hübler, M. , Keller, A. Energy Savings Via FDI? Empirical Evidence from Developing Countries ［J］. Environment and Development Economics, 2010, 15 (1)：59 – 80.

［241］Head, K. , Mayer, T. Market Potential and the Location of Japanese Investment in the European Union ［J］. The Review of Economics and Statistics, 2004, 84 (6)：959 – 972.

［242］He, C. , Zhou, Y. , Huang, Z. J. Fiscal Decentralization, Political Centralization, and Land Urbanization in China ［J］. Urban Geography, 2015, 37 (3)：436 – 457.

［243］He, Feng. , Zhang, Qing – Zhi. , Lei, Jia – Su. , Fu, Wei – Hui. , Xu, Xiao – Ning. Energy Efficiency and Productivity Change of Chia's Iron and Steel Industry：A Accounting for Undesirable Output ［J］. Energy Policy, 2013, 54：204 – 213.

［244］Helsley, R. W. , Strange, W. C. Matching and Agglomeration Economies in a System of Cities ［J］. Regional Science and Urban Economics, 1990, 20 (2)：189 – 212.

［245］Henderson, J. V. , Kuncoro, A. , Turner, M. Industrial Development in Cities ［J］. Journal of Political Economy, 1995, 103 (5)：1067 – 1090.

［246］Henderson, J. V. Marshall's Scale Economies ［J］. Journal of Urban Economics, 2003, 53 (1)：1 – 28.

［247］Henderson, J. V. Urbanization in China：Policy Issue and Options ［R］. China Economic Research and Advisory Programmer, 2009.

［248］Hu, Bai – Ding. Measuring Plant Level Energy Efficiency in China's Energy Sector in the Presence of Allocates Inefficiency ［J］. China Economic Review,

2014, 31: 130 - 144.

[249] Illeris, S. , Philippe, J. Introduction: The Role of Services in Regional Economic Growth [J]. Service Industries Journal, 1993, 13 (2): 3 - 10.

[250] Ishida, H. The Effect of ICT Development on Economic Growth and Energy Consumption in Japan [J]. Telematics and Informatics, 2015, 32 (1): 79 - 88.

[251] Jacobs, J. The Economy of Cities [M]. New York: Vintage, 1969.

[252] Jacobs, W. , Koster, H. R. A. , Van, O. F. Co-agglomeration of Knowledge-intensive Business Services and Multinational Enterprises [J]. Journal of Economic Geography, 2014, 14 (2): 443 - 475.

[253] Jaffe, A. B. , Palmer, K. Environmental Regulation and Innovation: A Panel Data Study [J]. The Review of Economics and Statistics, 1997, 79 (4): 610 - 619.

[254] Jahansson, B. , Qiegley, J. M. Agglomeration and Networks in Spatial Economics [J]. Papers in Regional Science, 2004, 83: 165 - 176.

[255] James, P. L. , Kelly, P. R. Introduction to Spatial Econometrics [M]. Boca Raton: CRC Press Taylor and Francis Group, 2009.

[256] Jia, R. , Nie, H. Decentralization, Collusion and Coalmine Deaths [J]. Review of Economics and Statistics, 2017, 99 (1): 105 - 118.

[257] Jorge, M. L. , Madueño, J. H. , Martínez - Martínez, D. , Sancho, M. P. L. Competitiveness and Environmental Performance in Spanish Small and Medium Enterprises: Is There a Direct Link? [J]. Journal of Cleaner Production, 2015, 101: 26 - 37.

[258] Jorgenson, D. W. , Wilcoxen, P. J. Environmental Regulation and U. S. Economic Growth [J]. The RAND Journal of Economics, 1990, 21 (2): 314 - 340.

[259] Kasman, A. , Selman, D. Y. CO_2 Emissions, Economic Growth, Energy Consumption, Trade and Urbanization in New EU Member and Candidate Countries: A Panel Data Analysis [J]. Economic Modelling, 2015, 44 (6): 97 - 103.

[260] Kates, R. , Clark, W. , Corell, R. , Hall, J. M. , Jaeger, C. C. , Lowe, I. , McCarthy, J. J. , Schellnhuber, H. J. , Bolin, B. , Dickson, N. M. , Faucheux, S. , Gallopin, G. C. , Grübler, A. , Huntley, B. , Jäger, J. , Jodha, N. S. , Kasperson, R. E. , Mabogunje, A. , Matson, P. , Mooney, H. , Moore, B. , O'Riordan, T. , Svedlin, U. Environment and Development: sustainability science [J]. Science, 2001, 292: 641 - 642.

［261］Ketels, C. Recent Research on Competitiveness and Clusters: What are the Implication for Reginal Policy? ［J］. Cambridge Journal of Regions, 2013, 6 (2): 269 - 284.

［262］Khuntia, J. , Saldanha, T. , Mithas, S. , Sambamurthy, V. Information Technology and Sustainablity: Evidence from an Emerging Economy ［J］. Production and Operations Management, 2018, 27 (4): 756 - 773.

［263］Kim, J. , Heo, E. Effect of ICT Capital on the Demands for Labor and Energy in Major Industries of Korea, US, and UK ［J］. Environmental and Resource Economics Review, 2014, 23 (1): 91 - 132.

［264］Kindleberger, C. P. The Formation of Financial Centers: A Study of Comparative Economic History ［M］. Princeton: Princeton University Press, 1974.

［265］King, R. , Levine, R. Finance and Growth: Schumpeter Might be Right ［J］. Quarterly Journal of Economics, 1993, 108 (3): 717 - 737.

［266］Kirkley, J. , Paul, C. M. , Squires, D. Capacity and Capacity Utilization in Common-pool Resource Industries ［J］. Environmental and Resource Economics, 2002, 22 (1 - 2): 71 - 97.

［267］Klein, L. R. Some Theoretical Issues in the Measurement of Capacity ［J］. Econometrica, 1960, 28 (2): 272 - 286.

［268］Kolko, J. Urbanization, Agglomeration, and Coagglomeration of Service Industries ［M］. Chicago: University of Chicago Press, 2010.

［269］Kortelainen, Mika. Dynamic Environmental Performance Analysis: A Malmquist Index Approach ［J］. Ecological Economics, 2007, 64 (1): 701 - 715.

［270］Krugman, P. Increasing Returns and Economic Geography ［J］. Journal of Political Economy, 1991, 99 (3): 483 - 499.

［271］Kukenova, M, , Monteiro, J. A. Spatial Dynamic Panel Model and System GMM: A Monte Carlo Investigation ［R］. Working Paper, 2008.

［272］Kuznets, S. Modern Economic Growth: Rate, Structure and Spread ［M］. New Haven: Yale University Press, 1966.

［273］Lanoie, P. , Laurent-lucchetti, J. , Johnstone, N. , Ambec, S. Environmental Policy, Innovation and Performance: New insights on the Porter Hypothesis ［J］. Journal of Economics and Management Strategy, 2011, 20 (3): 803 - 842.

［274］Lee, L. , Yu, J. Estimation of Spatial Autoregressive Panel Data Models with Fixed Effects ［J］. Journal of Econometrics, 2010, 154 (2): 165 - 185.

[275] LeSage, J., Pace, R. Regional Convergence and International Integration [J]. Journal of Urban Economics, 2009, 48 (2): 286 – 306.

[276] Levine, R. Stock Markets, Banks and Economic Growth [J]. American Economic Review, 1998, 88 (3): 537 – 558.

[277] Levinson, A. Environmental Regulation and Manufacture's Location Choices: Evidence from the Census of Manufactures [J]. Journal of Public Economics, 1996, 62 (1 – 2): 5 – 29.

[278] Lewis, W. A. Economic Development with Unlimited Supplies of Labor [J]. Manchester School of Economic Social Studies, 1954, 22 (2): 139 – 191.

[279] Liao, H., Fan, Y., Wei, Y. M. Wei. What Induced China's Energy Intensity to Fluctuate: 1997 – 2006 [J]. Energy Policy, 2007, 35: 4640 – 4649.

[280] Li, J. P., Duan, H. M., Qiu, M. Study on Urban Sustainable Development Based on System Dynamics [J]. Applied Mechanics and Materials, 2014, 587 – 589: 171 – 175.

[281] Li, Lan – Bing., Hu, Jin – Li. Ecological Total – Factor Energy Efficiency of Regions in China [J]. Energy Policy, 2012, 46: 216 – 224.

[282] Lin, Bo – Qiang., Yang, Li – Sha. The Potential Estimation and Factor Analysis of China's Energy Conservation on Thermal Power Industry [J]. Energy Policy, 2013, 62: 354 – 362.

[283] Lin, B. Q., Du, K. R. Energy and CO_2 Emissions Performance in China's Regional Economies: Do Market-oriented Reforms Matter [J]. Energy Policy, 2015, 78: 113 – 124.

[284] List, J. A., Milimet, D. L., Fredriksson, P. G., McHone, W. W. Effects of Environmental Regulation on Manufacturing Plant Births: Evidence from a Propensity Score Matching Estimator [J]. The Review of Economics and Statistics, 2003, 85 (4): 944 – 952.

[285] Liu, H., Lei, J. J. The Impacts of Urbanization on Chinese Households' Energy Consumption: An Energy Input-output Analysis [J]. Journal of Renewable and Sustainable Energy, 2018, 10 (1).

[286] Lucas, Jr, R. E. Life Earning and Rural – Urban Migration [J]. Journal of Political Economy, 2004, 112 (1): 29 – 59.

[287] Lu, Wei – Wei., Su, Mei – Rong., Zhang, Yan., Yang, Zhi – Feng., Chen, Bin., Liu, Geng – Yuan. Assessment of Energy Security in China Based on Ec-

ological Network Analysis: A Perspective from the Security of Crude Oil Supply [J]. Energy Policy, 2014, 74: 406 – 413.

[288] Ma, C. , Stern, D. I. China's changing energy intensity trend: A decomposition analysis [J]. Energy Economics, 2008, 30: 1037 – 1053.

[289] Mani, M. , Wheeler, D. In Search of Pollution Havens? Dirty Industry in the Word Economy, 1960 – 1995 [J]. Journal of Environment and Development, 1998, 7 (3): 215 – 247.

[290] Mann, H. M. , James, W. , Glen, R. A. Market Structure and Excess Capacity – Look at Theory and Some Evidence [J]. Review of Economics and Statistics, 1979, 61 (1): 156 – 159.

[291] Marek, P. Agglomeration and FDI in East German Knowledge-Intensive Business Services [J]. Economia Politica, 2012, 29 (3): 343 – 360.

[292] Markusen, J. R. Trade in Producer Services and Other Specialized Intermediate Inputs [J]. American Economic Review, 1989, 79 (1): 85 – 95.

[293] Marshall, J. U. The Structure of Urban Systems [M]. Toronto: University of Toronto Press, 1989.

[294] Martin, P. , Mayer, T. , Mayneris, F. Spatial Concentration and Plant – Level Productivity in France [J]. Journal of Urban Economics, 2011, 69 (2): 182 – 195.

[295] May, G. , Stahl. , B. , Taisch, M. , Kiritsis, D. Energy Management in Manufacturing: From Literature Review to a Conceptual Framework [J]. Journal of Clearner Production, 2017. 167: 1464 – 1489.

[296] McKinnon, R. L. Money and Capital in Economic Development [M]. Washington, D. C. : Brookings Institution Press, 1973.

[297] Meijers, E. J. , Burger, M. J. Spatial Structure and Productivity in US Metropolitan Areas [J]. Environment and Planning A, 2010, 42 (6): 1383 – 1402.

[298] Meijers, E. J. , Hoogerbrugge, M. M. Borrowing Size in Networks of Cities: City Size, Network Connectivity and Metropolitan Functions in Europe [J]. Papers in Regional Science, 2016, 95 (1): 181 – 198.

[299] Melitz, J. , Ottaviano, I. Market Size, Trade, and Productivity [J]. The Review of Economic Studies, 2008, 75 (1): 295 – 316.

[300] Melitz, J. The Impact of Trade on Intra-industry Reallocations and Aggregate Industry Productivity [J]. Econometrica, 2003, 71 (6): 1695 – 1725.

[301] Melo, P. C., Graham, D. J., Levinson, D., Aarabi, S. Agglomeration, Accessibility and Productivity: Evidence for Large Metropolitan Areas in the US [J]. Urban Studies, 2017, 54 (1): 179 – 195.

[302] Melo, P. C., Graham, D. J., Noland, B. B.. A Meta-analysis of Estimates of Urban Agglomeration Economies [J]. Regional Science and Urban Economics, 2009, 39 (3): 332 – 342.

[303] Michael, P. Rural Geography [M]. New York: Harper and Row, 1984.

[304] Michaels, G., Rauch, F., Redding, S. J. Urbanization and Structure Transformation [J]. The Quarterly Journal of Economics, 2012, 127 (2): 535 – 586.

[305] Millimet, D. L., Osang, T. Environmental Regulation and Productivity Growth: An Analysis of U. S. Manufacturing Industries [J]. Empirical Modeling of the Economy and the Environment, 2003, 59 (2): 7 – 22.

[306] Moomaw, R. L., Shatter, A. M. Urbanization and Economic Development: A Bias Towards Large Cities? [J]. Journal of Urban Economics, 1996, 40 (1): 13 – 37.

[307] Moretti, E. Local Multipliers [J]. American Economic Review, 2010, 100 (2): 373 – 377.

[308] Moyer, J. D., Hughes, B. B. ICTs: Do They Contribute to Increased Carbon Emission [J]. Technological Forecasting and Social Change, 2012, 79 (5): 919 – 931.

[309] Neffke, F., Henning, M., Boschma, R. How do Regions Diversity Over Time? Industry Relatedness and the Development of New Growth Paths in Regions [J]. Economic Geography, 2011, 87 (3): 29 – 51.

[310] Nikiforos, M. The (Normal) Rate of Capacity Utilization at the Firm Level [J]. Metroeconomica, 2013, 64 (3): 513 – 538.

[311] Obrien, R. Global Financial Integration: the End of Geography [M]. New York: Council on Foreign Relations Press, 1992.

[312] Ottaviano, G. I. P., Pinelli, D. Market Potential and Productivity: Evidence from Finnish Regions [J]. Regional Science and Urban Economics, 2006, 36 (5): 636 – 657.

[313] Pan, W., Huang, J. T., Chiang, T. F. Empirical Study of the Local Government Deficit: Land Finance and Real Estate Markets in China [J]. China Eco-

nomic Review, 2015, 32: 57 – 67.

[314] Parent, O., LeSage, J. P. A Spatial Dynamic Panel Model with Random Effects Applied to Commuting Times [J]. Transportation Research Part B, 2010, 44 (5): 633 – 645.

[315] Parkinson, M., Meegan, R., Karecha, J. City Size and Economic Performance: Is Bigger Better, Small more Beautiful or Middling Marvellous? [J]. European Planning Studies, 2015, 23 (6): 1054 – 1068.

[316] Park, Y. S., Musa, M. H. E. International Banking and Financial Centers [M]. Boston: Kluwer Academic Pubisher, 1989.

[317] Peneder, M. Structural Change and Aggregate Growth [J]. Structural Change and Economic Dynamics, 2003, 14 (4): 427 – 448.

[318] Peuckert, J. What Shapes the Impact of Environmental Regulation on Competitiveness? Evidence from Executive Opinion Surveys [J]. Environmental Innovation and Societal Transitions, 2014, 10: 77 – 94.

[319] Phelps, N. A., Ozawa, T. Contrasts in Agglomeration: Proto-industrial, Industrial and Post-industrial Forms Compared [J]. Progress in Human Geography, 2003, 27 (5): 583 – 604.

[320] Porteous, D. J. The Geography of Finance: Spatial Dimensions of Intermediary Behaviors [M]. Aldershot: Avebury Press, 1995.

[321] Porter, M. E., Linde, C. V. D. Toward a New Conception of the Environment-competitiveness relationship [J]. Journal of Economic Perspective, 1995, 9 (4): 97 – 118.

[322] Poumanyvong, P., Kaneko, S. Dose Urbanization Lead to Less Energy Use and Lower CO_2 Emissions? A Cross-country Analysis [J]. Ecological Economics, 2010, 70 (2): 434 – 444.

[323] Puga, D. The Rise and Fall of Regional Inequality [J]. European Economic Review, 1999, 43 (2): 303 – 334.

[324] Qian, L. Economic Growth and Pollutant Emission in China: A Spatial Econometric Analysis [J]. Stochastic Environmental Research and Risk Assessment, 2014 (2): 429 – 442.

[325] Redding, S., Venables, A. J. Economic Geography and International Inequality [J]. Journal of International Economics, 2004, 62 (1): 53 – 82.

[326] Reid, W. V., Chen, D., Goldfard, L., Hackmann, H., Mokhele,

K., Ostrom, E., Raivio, K., Rockstrom, J., Schellnhuber, H. J., Whyte, A. Earth System Science for Global Sustainablity: Grand Challenge [J]. Science, 2010, 330: 916 – 917.

[327] Rey, S. J., Montouri, B. D. US Regional Income Convergence: A Spatial Econometric Perspective [J]. Regional Studies, 1999, 33 (2): 143 – 156.

[328] Rodriguez – Pose, A., Fratesi, U. Between Development and Social Policies: The Impact of European Structural Funds in Objective 1 Regions [J]. Regional Studies, 2004, 38 (1): 97 – 113.

[329] Romer, P. M. Increasing Returns and Long – Run Growth [J]. Journal of Political Economy, 1986, 94 (5): 1002 – 1037.

[330] Rubashkina, Y., Gateotti, M., Verdolini, E. Environmental Regulation and Competitiveness: Empirical Evidence on the Porter Hypothesis from European Manufacturing Sectors [J]. Energy Policy, 2015, 83 (35): 288 – 300.

[331] Saint – Paul, G. Technology Choice, Financial Markets and Economic Development [J]. European Economic Review, 1992, 36 (3): 763 – 781.

[332] Sarkar, S. A Real-option Rationale for Investing in Excess Capacity [J]. Managerial and Decision, 2009, 30 (2): 119 – 133.

[333] Sassen, S. The Locational and Institutional Embeddedness of Electronic Markets: The Case of the Global Capital Markets [A]. In Bevir, M., Trentmann, F., eds. Markets in Historical Context: Ideas and Politics in the Modern World [C]. London: Cambridge University Press, 2004.

[334] Schulte, P., Welsch, H., Rexhäuser, S. ICT and the Demand for Energy: Evidence from OECD Countries [J]. Environmental and Resource Economics, 2016, 63 (1): 199 – 146.

[335] Schumpeter, J. A. The Theory of Economic Development [M]. Cambridge: Harvard University Press, 1911.

[336] Segerson, K., Squires, D. Capacity Utilization under Regulatory Constraints [J]. Review of Economics and Statistics, 1993, 75 (1): 76 – 85.

[337] Seiford, L. M., Zhu, J. Modeling Undesirable Factors in Efficiency Evaluation [J]. European Journal of Operational Research, 2002, 142 (1): 16 – 20.

[338] Seto, K. C., Güneralp, B., Hutyra, L. R. Global Forecasts of Urban Expansion to 2030 and Direct Impacts on Biodiversity and Carbon Pools [J]. Proceedings of the National Academy of Sciences of the United States of America, 2012, 109

（40）：16083 - 16088.

[339] Shadbegian, R. J. , Gray, W. B. Pollution Abatement Expenditures and Plant-level Productivity: A Production Function Approach [J]. Ecological Economics, 2005, 54 (2 - 3): 196 - 208.

[340] Shaw, E. S. Financial Deeping in Economic Development [M]. New York: Oxford University Press, 1973.

[341] Simonen, J. , Rauli, S. , Juutinen, A. Specialization and Diversity as Drivers of Economic Growth: Evidence from High - Tech Industries [J]. Papers in Regional Science, 2015, 94 (2): 229 - 247.

[342] Syverson, C. Market Structure and Productivity: A Concrete Example [J]. Journal of Political Economy, 2014, 112 (6): 1181 - 1222.

[343] Tadesse, S. Financial Architecture and Economic Performance: International Evidence [J]. Financial Development and Technology, 2002, 11 (4): 429 - 454.

[344] Thrift, N. On the Social and Cultural Determinants of International Financial Centers: the Case of the City of London. In: Corbridge, S. , Martin, R. L. , Thrift, N. , eds. , Money, power and space [C]. Cambridge: Blackwell, 1994.

[345] Timmer, M. P. , Szirmai, A. Productivity Growth in Asian Manufacturing: the Structural Bonus Hypothesis Examined [J]. Structural Change and Economic Dynamics, 2000, 11 (4): 371 - 392.

[346] Tombe, T. , Winter, J. Environmental Policy and Misallocation: The Productivity Effect of Intensity Standards [J]. Journal of Environmental Economic and Management, 2015, 72 (1): 137 - 163.

[347] Tone, K. A Slacks-based Measure of Super - Efficiency in Data Envelopment Analysis [J]. European Journal of Operational Research, 2002, 143 (1): 32 - 41.

[348] Trianni, A. , Cagno, E. , Worrell, E. Innovation and Adoption of Energy Efficiency Technologies: A Exploratory Analysis of Italian Primary Metal Manufacturing SMES [J]. Energy Policy, 2013, 61: 430 - 440.

[349] Udall, A. Urbanization and Rural Labor Supply: A Historical Study of Bogota, Colombia since 1920 [J]. Studies in Comparative International Development, 1980, 15 (3): 70 - 83.

[350] Viswanathan, K. K. , Omar, I. H. , Jeon, Y. , Kirkeley, J. , Squires,

D. , Susilowati, I. Fishing Skill in Developing Country Fisheries: The Kedah, Malaysia Trawl Fishery [J]. Marine Resource Economics, 2003, (16): 293 –314.

[351] Wang, P. Agglomeration in a Linear City with Heterogeneous Households [J]. Regional Science and Economics, 1993, 23 (2): 291 –306.

[352] Wang, S. J. , Ma, H. T. , Zhao, Y. B. Exploring the Relationship between Urbanization and the Eco-environment: A Case Study of Beijing – Tianjin – Hebei Region [J]. Ecological Indicators, 2014, 45: 171 –183.

[353] Watanable, M. , Tanaka, K. Efficiency Analysis of Chinese Industry: A Directional Distance Function Approach [J]. Energy Policy, 2007, 35 (12): 6323 –6331.

[354] Wieand, K, F. An Extension of the Monocentric Urban Spatial Equilibrium Model to Multi-center Setting: the Case of the Two-center City [J]. Journal of Urban Economics, 1987, 21 (3): 259 –271.

[355] Winters, M. S. , Karim, A. G. , Martawardya, B. Public Service Provision under Conditions of Insufficient Citizen Demand: Insights from the Urban Sanitation Sector in Indonesia [J]. World Development, 2014, 60: 31 –42.

[356] World Bank. , State Environmental Protection Administration of P. R. China. Cost of Pollution in China – Economic Estimates of Physical Damages [M]. World Bank, 2007.

[357] Wurgler, J. Financial Markets and the Allocation of Capital [J]. Journal of Financial Economics, 2000, 58 (5): 187 –214.

[358] Xu, H. Z. , Zhang, W. J. he Causal Relationship between Carbon Emissions and Land Urbanization Quality: A Panel Data Analysis for Chinese Provinces [J]. Journal of Cleaner Production, 2016, T137: 241 –248.

[359] Yang, C. H. , Tseng, Y. H. , Chen, C. P. Environmental Regulations, Induced RandD, and Productivity: Evidence from Taiwan's Manufacturing Industries [J]. Resource and Energy Economics, 2012, 34 (4): 514 –532.

[360] Yao, L. , Liu, J. R. , Wang, R. S. , Yin, K. , Han, B. L. A Qualitative Network Model for Understanding Regional Metabolism in the Context of Social – Economic – Natural Complex Ecosystem Theory [J]. Ecological Informatics, 2015, 26 (1): 29 –34.

[361] York, D. Structural Influence on Energy Production in South and East Asia: 1971 –2002 [J]. Sociological Forum, 2007, 22 (4): 532 –554.

［362］Yu, B. Industrial Structure, Technological Innovation and Total-factor Energy Efficiency in China ［J］. Environmental Science and Pollution Research, 2020, 27: 8371 – 8385.

［363］Yu, B. , Shen, C. Environmental Regulation and Industrial Capacity Utilization: An Empirical Study of China ［J］. Journal of Cleaner Production, 2020, 246: 1 – 15.

［364］Yu, D. , Lee, J. R. , Lee, J. Quasi-maximum Likelihood Estimators for Spatial Dynamic Panel Data with Fixed Effects When Both n and T are Large ［J］. Journal of Econometric, 2008, 146 (1): 118 – 134.

［365］Zhang, C. , Liu, H. , Bressers, H. T. A. , Buchanan, K. S. Productivity Growth and Environmental Regulations-accounting for Undesirable Outputs: Analysis of China's Thirty Provincial Regions Using the Malmquist – Luenberger Index ［J］. Ecological Economics, 2011, 70 (12): 2369 – 2379.

［366］Zhang, W. J. , Xu, H. Z. Effects of Land Urbanization and Land Finance on Carbon Emission: A Panel Data Analysis for Chinese Provinces ［J］. Land Use Policy, 2017, 63: 493 – 500.

［367］Zhang, Z. X. Why Did the Energy Intensity Fall in China's Industrial Sector in the 1990s? The Relative Importance of Structural Change and Intensity Change ［J］. Energy Economics, 2003, 25: 625 – 638.

［368］Zhao, X. B. Spatial Restructuring of Financial Centers in Mainland China and Hong Kong: Geography of Finance Perspective ［J］. Urban Affairs Review, 2003, 21 (4): 535 – 571.

［369］Zhou, P. , Ang, B. W. , Zhou, D. Q. Measuring Economy-wide Energy Efficiency Performance: A Parametric Frontier Approach ［J］. Applied Energy, 2012, 90 (1): 196 – 200.

［370］Zoppi, C. , Lai, S. Urban Development and Expenditure Efficiency in the 2000 – 2006 Regional Operational Program of Sardinia ［J］. Land Use Policy, 2011, 28 (3): 472 – 485.